U0470840

分析美国战略在后冷战时代的演变
研判未来美国对时代变迁做出的回应

冷战后的时代变迁与美国战略

焦世新◎著

THE TIMES
CHANGE AFTER THE COLD WAR
AND AMERICAN STRATEGY

时事出版社

上海社会科学院青年创新人才项目
上海社会科学院创新工程国际安全学科项目
同时得到了中国国际经济交流中心上海分中心的支持

目 录
CONTENTS

序 论

后冷战时代从冷战时代脱胎而来，它如何演变一直是学者们关注的问题。本书以 2008 年的全球性金融危机为界，[①] 将冷战后的时代划分为两个阶段：前一个阶段就是我们通常所说的后冷战时代，它与冷战时代具有很强的历史联系性，它的许多时代特征和内涵都是依据冷战时代的遗产而确立；后一个阶段是一个新的时代，这个时代的冷战痕迹已经大大消融了，它无疑也具有某些后冷战时代的因子，但相比于冷战时代，这个时代则是个崭新的历史时期。当然，它仍处于一个过渡性的历史阶段，其新的时代特征和内涵还没有完全确立，它的一个特征就是二十国集团（G20）代替八国集团（G8）成为全球经济治理的主要平台，西方发达资本主义国家和非西方的新兴国家在此机制下共同应对金融危机和开展全球经济治理，中美关系越来越成为构建世界秩序的一对核心关系。

本书的任务就是解读冷战结束之后的美国战略。后冷战时代，美国如何逐步从一个“单极霸权”隆起为“美利坚帝国”？随后如

---

① 焦世新等：《后冷战时代的终结及其对中国的启示》，载《世界经济与政治》，2009 年 12 期。

何在单极实力下降的趋势下从帝国跌落？进入到新时代后，奥巴马政府又是如何挽救美利坚帝国的？这些都是本书要研究的问题。

在本书的写作中，笔者设定了三个要求。第一，避免把“战略研究”变成“政策研究”，力争做到从客观的宏观角度去研究这些问题，从一个较长的历史时期把握和理解美国战略。从整个时代的视角去分析，可以在一个较合理的时间跨度内对美国战略进行分析，这样就保持了历史内在逻辑的完整性，也更容易看清美国战略的逻辑和发展演变过程。战略研究不同于一般的政策研究，政策研究主要关注眼前具体的问题，而战略研究则往往着眼于五年、十年，甚至更长的时间跨度。当前学术界对美国战略的研究大多聚焦于某一任政府的战略，由于每届美国政府的任期只有四年，每届政府总是提出不同于前一届的战略，即便是连任也往往在第二任期内调整自己的战略，这就使得这种战略研究往往因美国政府的换届而割裂原有的历史联系，割裂了战略的完整性，也使得这种研究常常是片面的，缺少历史纵深感和预见性，它更像是政策研究，而不是战略研究。本文认为时代背景和趋势有其客观性，不会因为美国总统的换届而发生大的转变，每个总统推出的战略虽然话语表述有很大不同，但其战略的时代关注往往承前继后，具有内在的联系性。有时看起来是相互对立的，但实际上是一个问题的不同方面。第二，在对美国战略的研究中尽力避免“美国战略文献”依赖症。当前的学界，对美国战略的研究往往“等同于”对美国战略文献的解读，研究美国战略就是对美国某几届政府发布的各种国家安全战略报告、四年防务报告、美国各级官员的讲话等进行解读和分析。诚然，美国政府公布的各种文献是我们进行战略研究必须要认真分析和阅读的基本资料，对我们把握美国对战略环境的判断、对战略目标的制定、对战略措施的实施都具有极端重要的地位，但过度依赖文本也有其弊端。因为美国政府的各种文献往往是美国官方基于对客观的国际形势的分析和判定，其观点也是随着形势的变化而调整的。过度依赖美国战略文献的文本分析，容易被美国官方的观点“牵着鼻子走”。结合宏观的时代背景去看美国战略，就更容易理解为什么美国在某时会做出某种战略决策，就能更好地理解美国制定、实施战略的行为。结合时代变迁的角度来分析美国战略的演变，有利于将客观的趋势与美国的战略文献结合起来，使得我们对美国战略文献的看法更加客观、深刻，也更具有前瞻性和预见性，对摆脱当前美国战略研究中的“文献依赖症”有很大帮助。第三，从美国实力地位的变化及美国的本质和内因来分析美国战略走向，也就是将外因和内因相结合的角度。宏观的时代背景只是为美国战略的制定和实施提供了条件和限制，美国内部的因素对美国战略方向、目标和途径的选择发挥着决定性作用。现有对美国战略的研究往往根据美国战略利益认知的变化和战略手段的变化来划分不同的战略，比如对克林顿执政时期和小布什执政时期的战略进行的研究，学者们往往关注的是两者对美国战略利益的判定和战略手段的选择等方面的不同，依此来分析美国战略发生了多么大的变化，两任政府的战略有多么大的不同。如果我们从美国单极的实力地位相对稳定来看，就会更容易地从互补的角度来看待这两任政府战略的差异性，也就是两任政府的全球扩张虽然一个是以经济为主，一个是以军事反恐的地缘为主，但都是基于单极实力优势所展开的，是对美国国家战略利益的完善和相互补充。由于时代的变化，即美国实力地位的相对下降，奥巴马政府的战略则是截然不同的新阶段，从全球扩张转向重振美国领导地位和经济繁荣，将美国战略的重点向亚太地区转移和聚集。当然，除了实力地位外，美国内因也决定着美国始终将自己的战略置于扩张的轨道上，决定着美国去追求霸权、帝国秩序。

为了这些要求，本书的大致思路为：

首先，对后冷战时代给美国推行帝国战略提供的机遇和美国内在的帝国本性做出分析。第一章提出单极力量结构和美国体系向全球扩张为美国追求帝国战略提供了时代机遇：从单极力量结构看，由于苏联集团的解体和苏联的崩溃而形成的美国单极优势地位构成后冷战时代的首要特征，这一单极优势地位自工业革命以来是从来没有过的，它必定给作为单极霸权国的美国和作为一般大国的其他国家的战略行为及其取向带来直接影响。也就是说，从国际力量格局的角度来寻找国家战略行为的根源，我们发现美国具有更加灵活和不受约束的战略主动性和战略能力，也更加具有修正主义的动力去修订两极体制下的国际秩序和制度，以获得更大的单极霸权优势；从美国体系的全球扩张来看，冷战是以美苏为首的资本主义和社会主义两大阵营、两大体系的对抗，以苏东集团的崩溃和社会主义体系的解体为标志而结束的，则意味着美国自由资本主义体系取得了胜利，这种胜利就意味着美国自由主义国际秩序从西方阵营内部的秩序变为西方阵营外部的秩序，进入到扩张的轨道，它所蕴涵的自由民主价值观、市场经济、民主政治和安全体系成了“后冷战时代全球体系的组织逻辑”。[①] 第一章还分析了美国追求帝国战略的内在基因，这决定了美国为什么会追求帝国战略，而不是其他什么战略。当然，贯穿于冷战和后冷战时代，并始终推动时代变迁的另一大趋势就是世界各国追求和平与发展的强大动力，国与国之间以经济和科技为核心的综合国力的竞争，其背后的根源则是各国探索适合自己发展道路和发展模式的竞争。

后冷战时代美国经历了老布什一任、克林顿和小布什各两任的

---

① ［美］约翰·伊肯伯里，赵明昊译：《自由主义利维坦——美利坚世界秩序的起源、危机和转型》，上海人民出版社，2013 年版，第 202 页。

总统任期，美国战略在后冷战时代的背景下得以展开，这就是第二章所要关注的内容。老布什政府处在历史发生变动的过度时期，许多的时代趋势都还不明朗，老布什的战略也有许多的局限性。但他确立了替代冷战时代遏制战略的新的战略框架，这就是“霸权领导+全球扩张”，随后的克林顿政府和小布什政府都延续了这一战略框架，只不过在全球扩张的道路上填充上了属于自己的战略内涵。克林顿政府提出了“参与和扩展”的战略，注重通过全球化和国际制度扩展来推广西方体系，以新经济为内核来实现美国经济的扩张，结果造成美国历史上最长的一次经济增长周期，美国的单极实力优势大大强化。小布什政府则在克林顿政府建立的实力优势基础上推行了更具“帝国”特点的布什主义战略，借助“9·11事件”发动了阿富汗战争和伊拉克战争，将美国的军事力量第一次打入并部署到了中亚地区，这是美国在地缘政治上的扩张。当然，无论是克林顿政府还是小布什政府，都将美国的自由民主价值观作为自己基本的立场和观念向全球扩散，克林顿发动了“人权高于主权”的人道主义干预战争——科索沃战争，小布什则希望通过军事更迭伊拉克政权，植入美国民主制度，为中东树立民主样板，这就是所谓的“大中东计划”。对于克林顿政府来说，他的战略扩张就是“经济+民主”，而小布什的战略扩张则是“地缘+民主”。当然，两者都是围绕着美国的全球领导地位展开的。第二章还提出过度扩张是导致美帝国衰落的最重要的根源之一，这可以从所谓的超地区霸权战略的理论框架找到很好的理论分析。

金融危机的爆发标志着后冷战时代的局部崩坍和新时代的逐渐形成，这不是一蹴而就的历史进程。事物的基本矛盾或基本矛盾的主要方面决定着事物的性质。在第三章中，本书将分析后冷战时代的基本矛盾及其运动是什么。我们知道，冷战时代的世界基本矛盾是东西矛盾，表现为美国为首的资本主义阵营与以苏联为首的社会主义阵营之间的竞争与对抗，后冷战时代这一矛盾随着美帝国战略的展开而逐渐演变为美国与多元文明国家之间的矛盾，包括美国与伊斯兰世界、俄罗斯、以中国为代表的社会主义国家、委内瑞拉等拉美国家之间的矛盾。这个矛盾的核心就是美国扩张的战略和多元文明国家之间的矛盾，是美国向全世界推广美国的自由民主模式与多元文明国家自主探索自己发展道路之间的矛盾。其最突出的表现就是美国与伊斯兰世界之间的矛盾。这一世界基本矛盾也深刻影响着全球化的进程，美国自由资本主义模式的缺陷也成为全球性问题的一个重要根源。但是，一些因素始终存在并推动着世界基本矛盾的演变，推动着后冷战时代走向终结，这在书中都有详细的论述。本书将金融危机作为后冷战时代终结的一个标志性事件，也是有其根源的，其中最重要的根源就是它标志着美国实力的相对衰落和美国及西方模式神话的终结，同时也标志着多元文明发展道路的确立。

后冷战时代终结后新的时代趋势又是什么呢？由于当前时代具有过渡的性质，新的时代趋势和特征的确立还需要时间。第四章基于后冷战时代趋势的分析，将其归结为：一是美国的单极霸权优势有所褪色，其单极优势不像后冷战时代那样凸显，而中国的崛起则称为新兴国家的代表。二是西方体系的全球扩展终结，美国模式的合法性“神话”被打破。自由资本主义模式也给全球化带来了巨大的负面影响，其根源则在于美国自由资本主义模式本身的缺陷。三是国家之间综合国力的竞争逐渐转变为不同发展模式的重新兴起。非西方的发展模式与西方发展模式的共存与竞争将共同构成发展模式多元化的格局，多元文明国家自主探索现代化道路和发展道路的权利得到世界的确认，世界将进入话语权转变的时代。在三个时代趋势的作用下，世界秩序也在发生变化，本章还分析了一些代表性学者的代表性观点。

第五章认为奥巴马政府的战略仍然是追求帝国秩序的战略，从时代背景和趋势的角度，本章从三个方面对奥巴马的战略进行了分析，这三个方面分别是：第一，美国如何应对单极实力优势的下降，也就是美国通过全球战略收缩和调整新的全球战略重点，将下降的实力和有限的战略资源用到最需要应对的地区和问题上，此即“亚太再平衡”战略，本章分析了“再平衡”战略的实质，及其如何提出和实施的。第二，美国如何参与全球治理，也就是如何渡过金融危机的冲击，使得美国经济脱离危机的影响，并通过全球经济治理及贸易政策的调整为美国未来的发展谋求新的优势。奥巴马政府将参与全球经济治理作为克服金融危机的战略手段，将改革国际金融体系作为吸纳新兴经济体进行全球经济治理的途径，将调整其贸易政策和重构全球贸易体系作为谋求美国经济优势的突破口，这两者都是围绕着国内的经济复苏和重振美国领导地位而展开的。第三，美国如何处理与中国的关系，也就是如何处理新兴国家的崛起，这关系着未来国际秩序的调整和改革中的美国领导地位，本章分析了奥巴马政府的对华战略。当然，对于这三个部分的分析，都有其内在的矛盾和制约，本章亦对此进行了分析。

在尾章部分，本书认为未来的世界更需要大国之间协调和共同应对各种全球性事务，未来的“领导”将会不同于历史上的“领导”或“霸权”，需要承担起更多的责任和义务。奥巴马政府对帝国的追求仍然没有摒弃其原来的“霸权”或“帝国”思维，它不可能实现，所谓的“美利坚帝国”将逐步成为历史。也许，我们还能看到美国在进行战略谋划时依然表露出的帝国雄心，但那更像是历史上回响的帝国“余音”。

第一章
后冷战时代美国的“帝国机遇”

冷战的结束既是一个重要历史阶段的终结，也把美国推向了一个前所未有的、新的战略起点。单极的霸权优势意味着美国正处于其建国以来最接近于“帝国”的时刻。从世界力量对比看，处于单极地位的美国，相对实力基础优势处于历史上最突出的时候，单极格局下的国家战略行为取向和战略逻辑使得美国更不容易受到权力制衡，美国也具有更强的单边主义动力；从国际体系和秩序来看，冷战的胜利使得美国体系突破西方阵营的范围而向全球扩张，美国主导建立的经济体系、安全体系正扩张到原有社会主义体系国家，美国自由民主价值观和自由资本主义发展模式也在向全球扩展；从美国自身来看，它内在的普世主义本性、一元论世界观的战略思维都决定了它必然要追求帝国秩序，美国自从二战结束成长为世界性霸权后一直处于霸权扩张的轨道上，在通过冷战打败了苏联进入到独霸时代后，如何确立帝国秩序成为其霸权继续扩张的自然延伸。以上三个方面中，世界力量对比和体系、秩序等都属于外部的、宏观的时代背景，而美国的普世主义和一元论战略思维则是其追求帝国秩序的内在基因。我们认为，美国自其建国以来一直追求霸权扩张的战略，而帝国统治则是霸权扩张的最高目标，冷战的结束为美国提供了这种时代机遇。在后冷战时代，美国力图将“单极时刻”转变为“单极时代”，也注定会寻求从单极霸权走向帝国。

第一节　单极及单极体系下的战略逻辑

冷战的结束造成的最直接后果就是与美国实力差距最小、同等级别的竞争对手的消失，这将美国的优势地位推向一个更加不可匹敌的高度，美国在全球实力排行榜中所占有的首屈一指的地位成为后冷战时代国际体系最突出的特征。有学者评论，历史上没有任何大国曾经享有如此巨大优势的硬实力，从军事、经济、科技到地缘上，也没有任何大国拥有过如此吸引人的软实力，它的政治制度、价值观、生活方式成为全球学习的榜样。更重要的是，进入后冷战时代之后美国经济经历了一个长周期的持续增长，这与日本和西欧在20世纪90年代的经济缓慢增长形成鲜明对比，更加凸显了美国的单极实力优势和潜力。美国异常庞大的军事支出，仍然在加大着这种差距。

一、美国处于空前优势的单极地位

学者们常常用“极”的概念来界定国际体系中具有极端优势实力的国家。所谓“单极”，是物质实力被高度集中于一个国家，拥有首屈一指的各类权力资源，使得这个国家居于其他国家之上。单极与“霸权”或“帝国”的概念并不相同，霸权和帝国的概念也包含有政治关系、等级地位、影响程度等内涵，而单极则指得的是国家物质实力的分布，传统上界定为国土幅员和人口的大小、资源禀赋、经济能力、军事实力和组织机构“竞争力”。单极体系的结构就是这样一个事实，一个国家可以在所有这些标准上都占有巨大优势，那么就可以称作是单极。这表明，“极”的实力优势不是一个绝对的规模，而是一个相对于其他大国而言来界定的。[①] 比如，在 1945 年之前，世界只有美国、英国、法国、德国、苏联、日本等国家称得上是“极”，可以说是一个多极的世界；而进入到冷战时代之后，则只有美国和苏联两个超级大国可以称得上是“极”，所以它是两极世界；随着冷战结束和苏联的最终解体，只剩下了一“极”，那就是美国，世界由此而进入到后冷战时代。

美国的单极地位既是苏联解体造成的，也是美国霸权长期扩张的结果。在第二次世界大战刚刚结束的短暂几年，美国也一度成为单极国，那时的苏联还没有从战争中恢复过来，欧洲还处于战争的废墟中，而美国则享有核垄断地位，拥有几百万陆军，并保持着世界上最强大的空军和海军。[②] 随着冷战爆发，这一单极状态很快就被打破了。虽然，至今仍然有学者质疑当时的苏联到底算不算得上是一极，但至少在军事等一些领域，苏联达到了与美国同等级别的水平。冷战结束后，苏联作为两极体系中的一个“极”消失了，而美国则成为了单极体系的单极国。美国不仅保持着原有的超级实力，而且在后冷战时代经历了一百多个月的“新经济”增长，使得其经济实力和各方面的实力优势继续扩大，这大大强化了单极体系的特

---

① G. John Ikenberry, Michael Mastanduno, and William G. Wohlforth, “Unipolarity, State Behavior, and Systemic Consequences”, World Politics, Vol. 61, no. 1, January 2009, pp. 4 – 7.

② ［美］罗伯特·阿特著，郭树勇译：《美国大战略》，北京大学出版社，2005 年 7 月版，第 14 页。

征。我们分别选取了冷战刚刚结束时的1992年、小布什政府刚上台时的2001年和金融危机爆发后的2009年为例，从国内生产总值（GDP）的指标来衡量后冷战时代的美国单极实力地位（详见表一）。

表一　1992年、2001年、2009年世界前六大经济体GDP及所占世界经济比重列表（联合国数据，GDP单位/百万美元，占世界GDP比重/%）①

	第一	第二	第三	第四	第五	第六
1992年	美国 6291500，占比25.3%	日本 3852793，占比15.2%	德国 2062247，占比8.3%	法国 1372689，占比5.5%	意大利 1265831，占比5.1%	英国 1091801，占比4.4%
2001年	美国 10233900，占比31.9%	日本 4159858，占比12.8%	德国 1880878，占比5.9%	英国 1470694，占比4.6%	法国 1338291，占比4.2%	中国 1317230，占比4.1%
2009年	美国 13898300，占比23.9%	中国 5069470，占比8.71%	日本 5035142，占比8.65%	德国 3298634，占比5.7%	法国 2619684，占比4.5%	英国 2183862，占比3.8%

由表一可以看出，美国的GDP在1992年苏联刚刚解体时为62915亿美元，占到世界总量的25.3%。这一数据比处于第二位的日本高了10多个百分点，几乎可以和后三位的总和相当。而此时的冷战竞争对手苏联的继任者俄罗斯的GDP只占到世界总量的不足2%，排在第十位。随后，就被挤出了世界前十的排名。后冷战时

① 《历年世界十大经济体国内生产总值列表》，维基解密，上网时间：2014年7月27日，http：//zh. wikipedia. org/wiki/历年世界十大经济体国内生产总值列表。

代，美国进入新一轮的经济增长周期。到世纪之交的2001年，美国的GDP已经突破了10万亿美元，占到世界经济总量的31.9%，比排在后面的5个国家的GDP总和还多。这说明美国的物质实力还在扩张，单极力量格局还在不断加强和巩固。同时还应看到，中国等新兴经济体也进入到了世界前十名的范围，在2001年单极的高峰时刻，中国的GDP达到第六位。随后，从2001年到2008年，随着新兴经济体的崛起和世界经济规模的扩大，美国GDP在世界总量中的占比呈现下降趋势，而中国、巴西等新兴经济体则表现更好，中国GDP于2009年达到了第二位，仅次于美国，而巴西也前进到了第八位。尽管如此，截至到2009年，美国GDP仍占世界总量的23.9%，约等于后面四个国家的总和，仍然处于十分明显的单极时代。

从军事支出衡量，美国的单极地位更加明显。冷战刚刚结束的时候，美国克林顿政府一度降低了军事支出，这主要是考虑到尽快从冷战体制下解脱出来，减轻美国的战略负担，也有防止其他大国联合起来制衡美国的考虑。但从克林顿政府后期开始，美国军事支出费用开始飙升，世界军费支出也进入到新一轮的增长周期。到2004年，美国军费开支达到4550亿美元，这个数字还超过了排在美国之后的32国军事支出的总和，占美国GDP的3.9%，1999年这一数据只有3.0%。[①] 2004年美国研发投入比德国、日本、法国和英国加起来的6倍还要多。一些人预测世界军事研发投入的一半来自美国。这种不平衡可能会持续30年时间。美国军事研发投入是欧盟国家总和的3倍多。2006年美国军费开支占世界军费总开支的一半。军事研发的大量投入使得美国相比仍比任何一个国家都处于非常明

---

① 《2004年全球军费接近冷战最高峰美英法日居前四》，新浪网，上网时间：2014年7月27日，http://news.sina.com.cn/w/2005-06-15/14346950491.shtml。

显的优势地位。[①] 2009 年最大的军费支出国仍是美国，在军费上的投资高达6610 亿美元，占据2009 年全球军费支出总额的43%。[②] 后冷战时代，已经没有任何一个国家的军事实力可能超过或者接近美国，美国与其他国家实力对比的差距在扩大而不是缩小。瑞典斯德哥尔摩世界和平研究所（SIPRI）统计显示，1988 年美国的国防开支是当时世界第二军事大国（苏联）的1.6 倍，21 年后的2009 年美国国防开支是第二大军事支出国（中国）的6.7 倍，而美国的海外军事基地则扩展到除了南极洲以外所有四大洲。[③]

从可能成为美国挑战者的其他大国看，俄罗斯、中国、日本、欧盟（英国、法国、德国）在后冷战时代都没有实质性改变单极的格局，巨大的实力差距也使得这些大国无法短期内改变美国的单极地位，甚至是2008 年金融危机之后的很长一段时间内，也只能是相对缩小美国的单极实力优势，而无法彻底改变单极格局。我们以俄罗斯和中国两国为例。从俄罗斯来看，自1992 年之后，它的GDP 就再也没有进入到世界排名的前十位。一直到2008 年，国际大宗商品和石油价格高涨，使得依赖石油出口的俄罗斯的GDP 达到世界第八位，为16608 万美元，占世界总量的2.7%，[④] 只占到美国的不到1/10（根据联合国的数据）。随后的两年，俄罗斯的GDP 排名又跌

---

① G. John Ikenberry, Michael Mastanduno, and William G. Wohlforth, “Unipolarity, State Behavior, and Systemic Consequences”, World Politics, Vol. 61, no. 1, January 2009, pp. 4 – 7.

② 《2009 年全球军费开支继续增加美国居首中国第二》，国际在线，上网时间：2014 年 7 月 27 日，http：//gb. cri. cn/27824/2010/06/02/2585s2872464. htm。

③ 《从历史角度探讨“美国是否衰弱”的老课题》，联合早报网，上网时间：2014 年 7 月 27 日，http：//www. zaobao. com/special/report/politic/sino – us/story20110103 – 98560。

④ 《历年世界十大经济体国内生产总值列表》，维基解密，上网时间：2014 年 7 月 27 日，http：//zh. wikipedia. org/wiki/历年世界十大经济体国内生产总值列表。

出世界前十。从军事上看，俄罗斯在整个后冷战时代也总体上呈现疲软的状态。虽然，普京在2000年底开始执行一项俄罗斯武装力量改革计划，要求建立一支规模不大、装备精良、工资优厚的现代职业军队，但这些改革受制于俄罗斯的经济基础，反而构成俄罗斯的经济负担。① 俄罗斯军事问题堆积成山，虽然仍保有许多先进装备和高科技优势，但由于财政困难而经常采购不足，“缺乏训练、维修和购买新装备的财力，战备总体上维持在低水平（核力量除外）”。② 普京就任总统后，致力于重振俄罗斯，但美国和俄罗斯之间的常规军事实力差距太大，在整个后冷战时代都无法对美国构成有力的制约。即使俄罗斯的经济未来几十年里健康发展，但它要对美国构成类似冷战时期那样的挑战也需要很长时间。对此，美国也心知肚明，美国国防部自1992年到1997年一直在对俄罗斯重新在欧亚大陆崛起为美国的同级别的挑战者的时间表进行测算，结果时间越来越长，从2年左右延长到10年到15年。③ 美国学者曾经做出这样的判断：“俄罗斯不再是一个大国，在未来几十年后也难以恢复其大国地位。”④

中国在后冷战时代的表现极其突出，其GDP（根据联合国数据）在1992年的时候约为美国的1/13，到2001年的时候，这个差距已经缩小到1/8，等2009年后冷战时代结束的时候，中国的GDP已跃居世界第二，为美国的1/3。而且，中国的发展呈现出政治、经济、

---

① ［美］罗伯特·阿特著，郭树勇译：《美国大战略》，北京大学出版社，2005年7月版，第13页。

② IISS, “The Military Balance 1999 - 2000”, Oxford University Press, 1999, p. 104.

③ Carl Conetta, America's New Deal with Europe: NATO Primacy and “Double Expansion”, Cambridge, Mass., Commonwealth Institute, January 1998, p. 10.

④ William E. Odom, “Realism about Russia”, The National Interest, No. 65, Fall 2001, p. 64.

军事等全面挺进的态势。但中国的起点低、底子薄，是在一个非常落后的农业国基础上进行现代化建设。中国的军事力量规模虽然庞大，但技术装备与美国等先进国家相比还有很大差距。在整个后冷战时代，中国都在致力于国内的经济改革和发展，离成为美国同等级别的竞争者还相去甚远。虽然，“中国威胁论”贯穿于整个后冷战时代，但那不是现实，充其量是一种担忧，或者，是一种别有用心地牵制中国发展的舆论。

所以，在整个后冷战时代，军事力量的集中、全面的经济优势等因素都使得美国成为体系中的单极国家，也使得当时的体系成为与前四个世纪以来都不同的体系，美国的优势地位是自 17 世纪以来少有的，其他大国只能在本国领土附近与美国的军事力量竞争。巴里·布赞称美国的这种优势地位为“控制公地”，也就是在海洋、空中和太空上不受攻击的军事主导地位。①

二、单极体系下的国家战略逻辑

体系和结构对国家行为的影响一直是结构现实主义理论关注的问题。根据这一理论，国际结构决定着国家的行为模式。虽然，我们并不认为结构是国家行为模式的唯一来源，但却承认力量结构对国家的偏好和行为模式有着重大而直接的影响，国家行为趋向其实也暗含着单极体系之下国家的战略逻辑，对国家的战略偏好和趋向有着直接影响。通过对单极体系下国家战略逻辑和取向的理论分析，

---

① David Wilkinson, “Unipolarity without hegemony,” International Studies Review 1, Spring 1999; hansen (fn. 12); Stuart kaufman, Richard little, and William Wohlforth, eds., The Balance of Power in World History, london: Palgrave Macmillan, 2007; and Posen, “Command of the Com-mons: The Military foundations of U. S. hegemony,” International Security 28, fall 2003.

我们可以得出结论：由于单极格局下单极霸权更难受到制衡，并拥有更强的单边主义行为动力，一般大国对单极国也有更强的跟随或结盟的动力，利用国际机构或多边机构也成为一般大国影响单极霸权的手段，这些都导致美国更容易去追求帝国秩序。

（一）单极国——美国的战略行为趋向

单极体系的具体特点、性质和动力都取决于单极国家如何行为。但是，单极国家的行为同样受到其所在体系中的结构位置的鼓励和制约。单极的确立对美国既带来新的权力优势，同时也失去了两极时代的某些权力优势。

从前者看，苏联的消失使得美国不再有可匹敌的安全竞争者，美国的权力资源不再被两极的安全竞争所束缚。与此同时，巨大的权力优势使得美国很难被其他大国所制衡，至少在全球层面上，在后冷战时代的条件下发起对美国的全面制衡是非常困难的，除非美国犯了重大的战略错误，导致了世界各大国的安全和生存面临来自美国的共同威胁。还有，在单极体系下，其他较弱的国家在寻求安全保护上的战略选择都大大减少了。换言之，苏东集团解体后，世界上与美国对抗的国家之间的集团、组织或体系也基本上不存在了，其他国家意图加入这些组织、集团或体系与美国对抗的可能性也大大降低，所有国家都无法回避单极体系下的等级结构，处于单极地位的美国对单极等级结构的影响是全方位的，任何全球性问题或地区性秩序的生成等等，都无法回避美国的影响和介入。①

但是，美国也失去了两极时代的一些优势，这包括：较弱国家或处于中等实力地位的国家不再受到其他全球性国家或霸权的安全

---

① ［美］约翰·伊肯伯里著，赵明昊译：《自由主义利维坦——美利坚世界秩序的起源、危机和转型》，上海人民出版社，2013 年 9 月版，第 121—122 页。

威胁，这种全球性威胁的最大来源就是美国，这一方面导致它们对安全的需求将会降低，对美国的安全依赖也将会下降，从某种程度上增加了这些国家对美国讨价还价的能力；另一方面，也导致这些国家对美国进行战略防备和通过各种方式进行制衡的可能性增加。由于安全关系的这种变化，也使得美国作为理所当然的安全提供者的合法性下降了。①

单极体系下，权势关系的这种变化对美国的行为趋向产生了一些影响：

首先，美国有更强的动力对现有体系进行修正主义的改变。在《世界政治中的战争与变革》中，吉尔平（Robert Gilpin）论述到，“如果预期的收益超过预期的付出，领导国将会试图改变国际体系”。② 但学者们很少讨论，这个修正体系的“预期的净收入”是否对美国是积极的。当然，在核武器和经济全球化时代，我们很难想像大国会用大规模的征服来改变领土的现状。但是，领土现状只是吉尔平所指的国际体系现状的一部分，国际体系的其他部分包括规则、机构和合法性标准，这些都会塑造着国际体系中日常的互动。

从两极转化到单极之后，世界权力也发生了有利于美国的巨大转移。但是，作为单极的美国是否仍是维持现状的国家？这有两种可能：一是美国已经按照自己的利益和偏好塑造了这个体系，所以它将坚持和维持这个秩序；二是从两极向单极的变化使得美国有能力获得它在两极结构中无法获得的利益。或者说，在单极体系下，美国有能力进一步扩大自己的利益，所以它将采取修正主义的立场。

---

① ［美］约翰·伊肯伯里著，赵明昊译：《自由主义利维坦——美利坚世界秩序的起源、危机和转型》，上海人民出版社，2013年9月版，第121—122页。

② Robert Gilpin, War and Change in World Politics, New york: Cambridge University Press, 1981, chapter 2.

罗伯特·杰维斯（Robert Jervis）支持了后一种可能，他认为权力的增长也扩展着利益，单极地位将推动美国追求更大的利益，美国采取修正主义的立场存在着动力。他认为，在一个单极体系中，如果单极国在获得单极地位之前已经通过自己的权力和偏好极大地塑造了这个国际体系，在这种情况下，单极国可能会理性地选择保守主义，也就是维持现状。同时，单极地位也为领导国提供了强有力的动机去修正国际体系，这些动力包括：缺乏权力制衡；随着单极国相对实力的增强，它的利益得以扩展，其他国家对它的恐惧也相应地上升；希望延长现有单极地位的心理。杰维斯进一步认为，这种单极结构提供的修正主义动力被“9·11”事件强化了。① 其实，杰维斯忽略了另外一种情况，那就是在两极结构下，虽然也是美国主导塑造了西方阵营内的国际体系，但面临苏联的威胁，美国愿意做出更大的妥协和自我约束来换取其他西方国家对它的支持。一旦苏联威胁消失了，美国自我约束和妥协的意愿将会降低，就会有更大的动力对在两极格局下它自己构建的体系进行修订，进一步减少自己在两极时代构建的制度中受到的束缚。不管哪种解释，美国的修正主义体现为许多方面，比如通过修改国际制度中的规则和义务，包括否决权、投票份额及其他决策规则等，获得更大的权威和权利；也可以通过减轻国际制度的约束力来减轻国际制度和制度的力量，如各种监督、遵守度和执行力等。当然，美国是否具有更强的修正主义倾向还受到内部因素的影响，比如不同的政府具有不同的理念，追求不同的战略目标等。

其次，相比两极时代，美国的战略行为受到更少权力制约，使得它倾向于采用单边主义，对多边主义也更倾向于采取机会主义的

---

① Robert Jervis, “Unipolarity——A Structural Perspective”, in *World Politics*, Vol. 61, No. 1, January 2009, pp. 188 –213.

态度。① 单极地位使得美国在许多情况下依靠自己的力量就可以达到目标，这也使得美国对多边主义采取了更加投机主义的态度，需要时就利用多边主义的方式达到目的，不需要时就以单边主义的方式来行事，单极地位给美国提供了更大的选择空间，我们从后冷战时代克林顿和小布什的战略中，可以清楚地看到以上种种情况或逻辑在现实中得到了验证和执行，尤其是克林顿政府末期，美国单极地位达到一个新的高峰，随着小布什入主白宫，他奉行了明显不同于克林顿时期的单边主义外交，这种单边主义行为在 2003 年发动伊拉克战争的时候达到顶峰。

再次，单极对美国提供国际公共物品也提供了更多的选择和更大的自主灵活性。单极地位对美国提供国际公共物品带来两个可能的影响：一是提供更多的公共物品。单极国家的能力比在两极体系下的任何一个主导国的能力都要大许多，所以单极国的动力应该更强，因为它现在有机会去影响全球性的国际后果，而不仅仅是特定的次体系范围了。单极国将会尽力地在一个持久的国际秩序中嵌入它的利益和价值观。二是由于它的优势能力，单极国反而会削减自己公共物品，不受纯粹竞争者的威胁和相对不受其他国家制约的现实，会促使单极国追求更加狭隘或地方观念的利益，而不是付出代价来维护国际秩序的稳定。极端强大的事实也意味着单极国将会更加倾向于促使其他国家付出成本，而不是它自己承担不成比例的负担。② 也存在另外一种情况，主导国既是体系的制定者也是获取的特权者，它将同时寻求提供公共物品，并利用它的优势地位获取自己

---

① ［美］约翰·伊肯伯里著，赵明昊译：《自由主义利维坦——美利坚世界秩序的起源、危机和转型》，上海人民出版社，2013 年 9 月版，第 123—124 页。

② G. John Ikenberry, Michael Mastanduno, and William G. Wohlforth, “Unipolarity, State Behavior, and Systemic Consequences”, *World Politics*, Vol. 61, no. 1, January 2009, pp. 13 – 14.

的利益，这也有许多事实做支撑。

（二）一般大国的战略行为取向

对一般大国而言，单极结构产生了不同战略制约，提供了不同的行为动力。从理论上看，单极体系对一般大国国家行为模式的塑造可能有三种形式：一是对单极不可抗衡的力量进行战略抵制或保持距离；二是结盟和追随强者；三是利用国际机构或多边机制进行牵制。

首先，形成均势的机制仍然存在，但制衡美国的成本高昂，其他大国尽量选择其他方式来抵制美国的霸权行为，比如软均势、避免正面冲突、绑定在一起、降低单极行为的合法性或采用国际规范进行约束。根据现实主义理论，权力的失衡必定会引起反制联盟。单极体系是国际体系中的高度权力失衡，但却并没有出现针对美国的均势，这引起了现实主义理论的反思。沃尔特（Stephen M. Walt）认为，标准的新现实主义均势理论预测到了单极条件下的均势缺失，[①] 然而他仍认为，均势的原因机制在单极背景下仍然在运作。沃尔特改进了这个理论，强调了用软均势和其他更加微妙的战略抵制作为手段来应对单极结构带来的那些非生死攸关的安全压力。他认为均势动力仍然隐藏在单极结构中，如果单极国以特别威胁的方式行事的话，这个均势还会形成。[②]

关于均势缺失的原因，有几点分析：一是美国的实力优势过于巨大，即便是其他大国联合起来也难以达到制衡美国的程度。二是

---

① ［美］斯蒂芬·沃尔特著，周丕启译：《联盟的起源》，北京大学出版社，2007 年 11 月版，第二章。

② Stephen M. Walt, "alliances in Theory and Practice: What lies ahead?" Journal of International Affairs 43, Summer-fall, 1989.

集体行动的困难。其他国家面临的、来自美国的威胁并不相同，结盟制衡美国的愿望也不一样，很难联合起来共同制衡美国。三是“民主和平论”发挥了作用。在单极体系下一大批的国家都是民主国家，美国也是民主国家，它们彼此都不将对方视为威胁。四是核武器改变了均势出现的机理，中俄这样的大国都已经确立了核威慑，它们不需要担心美国挑起战争。最后，美国所处的、遥远的地理位置使得其他国家对美国单极实力的担心有所减轻。①

关于一般大国的均势行为，芬尼莫尔（Finnemore）做出了分析，② 并提出了一个相对应的理论架构。她认为，这种既缺少均势行为，又缺少其他形式的战略抵制情况，只能从国际政治的社会结构中去寻找原因，而这正是物质主义所反对的。特别是，一般大国的战略如果有抑制单极国的效果，也不能理解为是追求安全最大化的结果。相反，它们部分的原因，是一般大国被国际规则和规范内涵自然内化的结果。如果单极的行为符合这些规则和规范，其他国家的抵制倾向将趋于和缓。芬尼莫尔建立了三个强制单极行为的社会机制：合法化、制度化和伪善动力（incentives for hypocrisy），如果单极行为违反了一定的社会规范的边界，都会受到一般大国的抵制。这种分析有一定道理，在国际机制或国际机构中，一般大国完全可以通过规范和合法性等手段去制衡单极国。但如前所述，如果超出单极国的承受范围或利益底线，单极国完全可以撇开这些规范和规则。这样，传统的均势机理就出现了。如果美国的单边行为对其他大国带来了强烈的、共同的安全威胁，针对美国的安全联合或制衡

---

① ［美］约翰·伊肯伯里著，赵明昊译：《自由主义利维坦——美利坚世界秩序的起源、危机和转型》，上海人民出版社，2013年9月版，第114—116页。

② G. John Ikenberry, Michael Mastanduno, and William G. Wohlforth, “Unipolarity, State Behavior, and Systemic Consequences”, World Politics, Vol. 61, no. 1, January 2009, pp. 19.

就会出现。

其次，其他国家与单极国结盟或追随单极国的动力增强。学者们很久以来就认识到，在单极体系下，结盟或追随的动力已经超过了结成针对霸权联盟的动力。将各自的能力聚集在一起，来反对一个单极国仅仅是许多联盟目的中的一个。一般大国也会选择与单极国结成联盟，要么是保护自己，要么是寻求影响单极国的政策。除此之外，一般大国可以相互结盟，但并不是直接以平衡单极国家为目的，它们可以相互影响彼此的国内政治或外交政策或协调在地区和功能性领域的政策。学者们认为，在古典的多极体系下，尤其是没有明确霸权的体系中，联盟行为的很大一部分与体系制衡的动力无关。在两极体系下，联盟行为的很大一部分是体系制衡逐步增加的动态结果，两个相互竞争的超级大国也给一般大国利用结盟提供了机会，以使这些国家将联盟作为一个杠杆，利用一个超级大国反对另一个超级大国。沃尔特认为，在单极体系下，所有有意义的联盟行为将以此种或彼种方式对“单极”进行反应，如限制、影响或是利用它。在单极体系下，所有用于两极的结盟动力都下降了，一般大国具有更大的动力去选择追随、中立或抵制等方式来限制单极国。

再次，通过国际机构来牵制和影响单极国。尽管单极国家拥有相对强大的权力去单独做某些事情，但是，仍然有一系列的原因使得单极国去利用国际机构。尤其是当前的国际体系反映了美国的价值和利益，这些国际机构也创造了一个行为模式，便利单极国家行驶权力。国际机构可以隐藏和软化权力的行驶，可以将霸权秩序内置其中而在实力衰落的“霸权之后”仍然保存下来。

较弱的国家在单极体系下也同样有利用国际机构的动力，有两个相关的动力：一是弱国将会通过参与单极国参加的、新的或重建的机构来接触单极国，以限制或牵制单极国。由于单极国家已经强大到可以按照自己的规则行事，这可能会损害弱国的利益，这些弱国可能在一个单极国相关的制度内诉诸行动，比如对单极国作为国际社会成员的名声或单极国与其他大国合作的需求等，弱国可以造成影响，从而说服单极国在基于规则的秩序中行事，甚至限制单极国不能单边地损害这些规则。比如，美国与其一些盟国在国际刑事法庭上的分歧，就显示了这一点。二是弱国可以加强或创造排斥单极的国际机构。这些机构或许是用来培养地区认同的，比如：欧盟、东盟等；建立抵御单极影响的能力，如建立欧洲共同货币；或者创造一个潜在的联合以应对单极行为，如上海合作组织、欧洲快速反应部队等。在单极条件下，我们可以假定弱国缺少平衡单极国的实力，所以将会转向不同的制度倡议，以限制单极国，或加强它们自己面对单极霸权的能力。

第二节　美国体系及其全球扩张

所谓后冷战时代实质就是以美国为首的西方在苏东阵营崩溃后，将冷战时期西方内部的国际体系和秩序及其意识形态、价值观和社会政治经济制度推向全球的时代。这一阶段与冷战时代具有不可分割的历史延续性，都属于美国成长为世界性霸权之后，力图按照自己的世界观改造整个世界的历史进程，只不过冷战是美国在与苏联对抗的条件下，向全世界推广自己的模式，而后冷战时代则是美国处于单极地位的条件下推广自己的模式。美国的单极霸权优势构成了后冷战时代最突出的特征。美国体系所蕴涵的自由民主价值观、市场经济、民主政治和安全体系成了“后冷战时代全球体系的组织逻辑"[1]。

一、冷战结束给美国带来的机遇

从冷战结束给美国带来的时代机遇看，美国体系向全球扩展的历史机遇主要体现在以下两个方面：

第一，西方自由主义模式获得了"唯一合法性"的地位。苏联社会主义制度在与美国自由资本主义制度竞争中的失败引起了学者们的反思，并提出了许多的理论来解释这一现象。其中，不得不提的就是"历史终结论"。这一理论认为，[2] 美国和苏联围绕着各自社会制度优越性的竞争实质上是人类发展阶段的竞争。马克思认为人类社会的发展是从低级阶段向高级阶段的过渡，从社会形态落后的奴隶社会、封建社会一直到资本主义社会、社会主义社会，共产主义社会是人类社会形态的最高阶段，也就是终点。福山借用了马克思关于历史终结的概念，不过他提出在冷战中社会主义制度对资本主义制度的失败表明，资本主义才是更优越的社会形态，自由民主制度是人类社会制度进化的历史终点。冷战结束也就意味着自由资本主义民主制度向全世界的普及。历史终结论提出的时候正好赶在冷战结束的前后，在全世界引起巨大反响，关于历史终结论的讨论甚至贯穿于整个后冷战时代。这一理论的危害性在于：它将自由民主制度作为人类社会形态进化的终点，为美国及西方向全世界扩展其发展模式提供了合法性的工具，并抹杀了多元文明国家基于各自

---

① ［美］约翰·伊肯伯里著，赵明昊译：《自由主义利维坦——美利坚世界秩序的起源、危机和转型》，上海人民出版社，2013 年 9 月版，第 202 页。

② ［美］弗朗西斯·福山著，黄胜强、许铭原译：《历史的终结及最后之人》，中国社会科学出版社，2003 年版；张盾：《"历史的终结"与历史唯物主义的命运》，载《中国社会科学》，2009 年第 1 期，第 17—19 页。

文明、国情探索自己发展道路的意义。也就是说，自由民主模式是世界唯一具有合法性的模式，冷战的胜利使得美国成为世界的榜样，其他国家都要学习和引入美国模式，剥夺了其他国家探索自己发展道路的权利。

第二，自由主义秩序的全球扩张也是冷战胜利的结果。作为冷战一方的美国在战胜社会主义阵营后，它必然要将自己主导的自由资本主义体系推向全球，世界面临着建立世界新秩序的历史时刻。历史上，每次大战之后，原有的国际秩序都会被战争打碎，国际力量格局被彻底洗盘，世界都面临着战后秩序重建的历史任务。围绕着这一历史任务，交战国之间（或许是交战国以停战谈判结束战争）或战胜国在如何处理战败国、如何建立战后的国际秩序的问题上进行谈判，制定国际规则、规范。比如1648年“三十年战争”后的维斯特伐利亚秩序建立、1713年英法战争后的《乌特勒兹条约》的签订、1815年拿破仑战争后的维也纳协调、1919年第一次世界大战之后的凡尔赛—华盛顿体系的建立，以及1945年第二次世界大战之后雅尔塔体系的建立。[①] 这些战争后，都建立了不同的秩序以确保战后的和平与安排。冷战是一场特殊的“战争”，虽然两大阵营进行了激烈的军备竞赛、地缘政治争夺、社会制度和意识形态的竞争，甚至发生了低烈度的代理人战争，但美国和苏联之间没有爆发直接的军事冲突。冷战的结束也不是战争导致的社会、政治体制的覆灭，冷战并非“伴随军事胜利、撤军和祝贺结束，而是另一方在不费一枪一弹的情况下举手投降，殊为始料未及”。[②] 所以，冷战的结束只是

---

① ［美］约翰·伊肯伯里著，门洪华译：《大战胜利之后——制度、战略约束与战后秩序重建》，北京大学出版社，2008年9月版。

② Robert Hutchings, America Diplomacy and the End of the Cold War: An Insider's Account of U. S. Policy in Europe, 1989－1992, Baltimore: John Hopkins Press, 1997, p. 343.

摧毁了雅尔塔体系中的一部分，是美国及西方民主工业化国家之间的秩序对苏联及东欧国家秩序的胜利，作为战争一方的美国及西方体系向原苏东地区扩展是它们获得冷战胜利后势在必行和自然而然的结果。

二、美国体系的内在逻辑

美国体系真正建立起来是在二战之后，它的本质特征就是代表着自由资本主义的模式。在冷战时代，美国体系在与苏联社会主义体系的“他者”进行对抗和竞争的过程中建立和完善起来的，苏联的威胁是资本主义国家之间团结的外部动力，也是将西方世界经济凝聚在一起的粘合剂，它也有解决在 20 世纪 30 年代资本主义世界所遇到的系统性危机的战略考虑。在美国的霸权秩序中，美国的政治经济制度和意识形态价值观成为整个秩序的一部分，美国的国内市场、货币和冷战同盟体系成为这个秩序建立和管理的关键机制。美国在冷战中的胜利很大程度上取决于美国体系所具有的活力和统合性，它得以创立和扩展得益于它本身所具有的内在逻辑，[①] 这种逻辑不断地延伸将西方凝结成一个阵营，在后冷战时代也自然成为扩张的主线条。

第一，开放的自由市场经济体系和经济、社会的安全。构建统一的市场体系是美国构建西方体系的基本历史经验。

首先，就是自由贸易体系。美国认为，世界经济被割裂为不同的集团和地区是二战爆发的重要根源。20 世纪 30 年代，面临危机的传统欧洲大国纷纷建立起各自主导的经济集团、贸易区，以求保护

① ［美］约翰·伊肯伯里著，赵明昊译：《自由主义利维坦——美利坚世界秩序的起源、危机和转型》，上海人民出版社，2013 年 9 月版，第 149—164 页。

各自的经济，尽快克服危机。这种以邻为壑的贸易政治不仅不能解决世界性的经济危机，反而带来阵营之间的对抗和市场的割裂、封闭，使得系统性的经济危机引发世界性地缘政治后果，二战由此而爆发。美国在二战后形成的一个“战后共识”就是，一个有效的自由市场经济体系将增强国家之间的相互依赖，开放市场所带来的效益将可以确保西方阵营的稳定和经济繁荣，也有利于美国长期和广泛利益的国际环境。正如当时的国务卿科德尔·赫尔（Cordell Hull）所言：“没有国际贸易的扩展，……在国家内部和国家之间久不会有稳定与安全——如果一个国家脱落了与外部世界之间的有序贸易关系，就会不可避免地导致对该国国家事务的全方位管制，导致人权受到压制，所有人都会非常频繁地为战争和对别国摆出挑衅姿态而做准备。”① 开放市场有助于各国的经济发展和相互依赖，这反过来会给各国带来在和平的国际秩序方面的共享利益。

二战结束后，美国经济拥有空前的竞争力优势，需要为自己的商品寻找市场和原材料，也是创立统一、开放的自由市场经济体系的动力。但这种建立统一市场的自由贸易体系到底选择多大的范围，美国还是经过认真的研究的，并提出了“大区域”的概念，就是为了维持美国全球力量地位而需保证进入权利和进行一定程度控制的地理区域。后来，得出结论，唯一足够大的区域就是整个世界经济体，单单一个美洲半球不能保证美国的市场及原材料的安全，必须拥有亚洲和欧洲的市场。所以，美国的目标是将统一、开放的世界性市场体系。西方体系扩展向全球受到自由市场体系扩展的推动，而市场的扩展则是其内在的客观动力。

其次，经济相互依赖和市场一体化也会给国家带来经济安全问

① Cordell Hull, “The Outlook for the Trade Agreements Program”, Speech delivered before the 25th National Foreign Trade Convention, New York, 1 Novenber 1938.

题，从而导致社会安全问题。开放的世界经济既可能给国家财富带来收益，也有可能让国家经济置于更加不利的境地。这就使得安全的意涵扩展了：国家安全、社会安全、经济安全等都成为重要的问题。如果没有补偿和调节机制，国家之间将会造成严重的失衡，整体社会并不能获益。在此需求下，布雷顿森林协议就产生了。表面上看，布雷顿森林协议主要着眼于便利以经济发展为导向的调控手段，同时可以处理汇率不平衡的问题，确立了自由兑换货币的规则和机制，这赋予各国政府管理经济开放性的工具。但从本质上看，它也是美国金融霸权主导的工具，美国占有的“一票否决”的投票权使得它能将自己的意志在体系中贯彻落实。货币机制同样是自由市场一体化的重要支撑，如果货币不能自由兑换，自由贸易很难实现。与经济安全相连的是国内的社会安全，自由贸易和经济发展可能使国内呈现出复杂的关系，孕育着各种社会运动。这种逻辑也是克林顿时期的接触战略的内核，其对华接触的战略目的就是通过将中国引入国际体系，促进中国国内的市场化改革，最终引起中国国内的政治变革，使中国按照美国希望的方向发展和演变。

第二，多边主义的机制性合作。多边主义的机制性合作包括正式的组织和非正式的机制性合作。美国在构建西方文明的政治、经济和安全关系时最重要的手段就是多边主义的机制性合作，无论是经济上的关税及贸易总协定、国际货币基金组织、世界银行，还是安全上的北大西洋公约，甚至是联合国、核不扩散机制等等，美国都选用了多边主义的机制。这成了美国体系确立的表现形式和基本途径，以美国为首的西方世界秩序也隐含在多边机制中。当然，美方认为单个国家无法凭一己之力解决经济稳定和国家安全问题，需要机制化的合作。还有许多观点认为，美国是一个建立在法治基础上的自由主义霸权，国内民主政治和文化使得美国更倾向于在对外关系中也使用多边主义的方式，“多边主义与构成美国国家身份核心的自由主义政治文化产生了共鸣”。美国通过构建这种多边主义的机制性合作方式来确立美国体系，是其内在的逻辑和动力。当然，在单极时代，美国对待多边主义机制具有修改的动力，希望在受到最小束缚和尽可能保持政策自主性的条件下运用多边主义机制谋求霸权利益的最大化，也就是说，单边主义的动力在增强。但在当今时代，任何国家无法单独应对全球性事务，这迫使美国不可能放弃多边主义。

第三，安全捆绑。所谓安全捆绑，就是合作安全，通过可构成相互约束的经济和安全制度将彼此联系在一起。它体现在美国通过北约将自己和西欧捆绑在一起，也体现在美国和二战战败国德国和日本结成联盟，同时也体现在西方体系内部比如德国和法国之间结成的安全捆绑关系。伊肯伯里认为，通过安全捆绑，西方世界可以建立起难以撤销的长期安全、政治和经济承诺，这种承诺一旦确定，各国就把自己嵌入很难破坏的多层的功能性制度之中，确保西方民主大国之间不会重返战略对抗和权力政治游戏。这种安全捆绑包括很多方式，比如建立联盟，或者经济协议和共同参与多边组织事务等制度化的合作形式。

第四，民主和民主共同体的集体身份，以及人权进步主义变革。大西洋秩序或大西洋共同体是西方世界的共享身份，民主是其核心价值理念。美国体系也就是大西洋秩序或大西洋共同体的别称。伊肯伯里认为，西方不单单是一个拥有固定边界的地理区域。它是一种理念——一种可以向外扩展的普世的组织形式，受自由主义的民主政府和行为原则的传播和推动。从这个意义上讲，战后的西方被视为一种可以增殖和向外扩展的分子复合体。西方自身可以作为更大的战后秩序的基础和出发点，这些民主国家可以组成更宽大和更扩展的世界秩序的核心。

从进步主义变革看，它有两个方面的理念：一方面，自由主义秩序是代表先进文明、进步的秩序，它在西方最先确立，并向外扩展至非西方和发展中国家，这也带来了西方的民主、人权等，并把后者整合入开放的资本主义体系；另一方面，自由主义秩序会推动它所包含的那些社会进步和政治进步。换言之，自由主义国际秩序可以为进步主义的变革提供一种基本架构。比如，美国想要通过组织战后体系来推广其进步主义的价值观，罗斯福提出的人权就是二战后美国所力推的。美国领导的秩序、西方化、经济整合以及政治发展是相互兼容和相互联系的，它们合在一起，带来了一个可以促进所有人生活条件的世界一体的全球体系。[①]

第五，美国的霸权主导。美国牵头组织和经营了这一秩序，提供了安全保护和市场开放性这些公共物品，倡导了规则和制度。美元成为国际货币，美国的国内市场成为世界经济增长动力的主要来源。同盟制度和一系列正式和非正式的政府间制度为国际秩序提供了协商与合作的机制和渠道。可以说，美国体系是一种等级性的秩序，美国是最强大的霸权，并领导这一秩序。[②] 这些霸权性功能的发挥需要美国的持续参与，使这一秩序保持开放、稳定和大致以规则为基础。当美国牵头提供规则和制度，它也是在为更大的秩序提供一种公共物品，伊肯伯里认为，这也以运用这些规则和制度对其自身权力作出克制和承诺为代价。当然，美国建立规则和制度并发挥

---

① ［美］约翰·伊肯伯里著，赵明昊译：《自由主义利维坦——美利坚世界秩序的起源、危机和转型》，上海人民出版社，2013 年 9 月版，第 163 页。

② ［美］约翰·伊肯伯里著，门洪华译：《大战胜利之后——制度、战略约束与战后秩序重建》，北京大学出版社，2008 年 9 月版，第六章。

领导作用的能力也是以它所掌握的安全和经济资产为基础。①

以上五点逻辑是美国构建自由主义霸权秩序的五个基本思路或指导思想。二战结束后，美国在构建美国体系中的具体措施都是按照这些基本思路进行的，“它通过一系列宣言和协议被表达出来：1941 年的《大西洋宪章》、1944 年的布雷顿森林协议、1945 年的《联合国宪章》、1947 年的马歇尔计划、1949 年的北约”。② 这些协议所体现出来的精神和理念，为西方民主国家重组它们之间的关系提供了基本的框架和指导思想，在美国的领导下塑造了一个由多边规则、制度、开放市场、民主社群和地区伙伴关系组成的世界。当然，美国在这一世界处于霸权领导和中心的地位。那么，在冷战结束后，这五个逻辑依然在发挥着作用。我们说，后冷战时代是美国的自由主义霸权秩序向全球扩展的时代，它本质上在这五个逻辑的动力作用机制下向全球延伸和扩展，将美国的自由资本主义模式及其构建的一系列的国际规则和制度推向了前社会主义阵营国家、广大的发展中国家等等，这也使得后冷战时代成为了名副其实的“美国时代”。

第三节　美国扩张的历史传统和“帝国基因”

“只集中于狭隘的现实主义构成要素——物质实力、其分配的变化及外部的威胁——的大战略算计是根本不全面的。它不能解释国

① ［美］约翰·伊肯伯里著，赵明昊译：《自由主义利维坦——美利坚世界秩序的起源、危机和转型》，上海人民出版社，2013 年 9 月版，第 164 页。

② ［美］约翰·伊肯伯里著，赵明昊译：《自由主义利维坦——美利坚世界秩序的起源、危机和转型》，上海人民出版社，2013 年 9 月版，第 22—23 页。

家所实际做出的行动。相反，国内各集团、社会观念、宪法的特征、（有时通过国际相互依存表现出来的）经济制约因素、历史上的社会趋势以及国内政治压力在大战略选择中起着重要的、实际上是关键性的作用。”① 我们仍然认为现实主义理论是大战略研究中不可替代的基础性部分，但现实主义战略研究，尤其是结构现实主义的战略研究，将其注意力集中在均势、军事平衡、核威慑、遏制等宏观要素上，作为大战略决定因素的国内因素遭到了忽视，这给战略研究带来了缺陷和不足。冷战的结束及后冷战时代等诸多事件都有力地证明国家观念、规制和相互依存在大战略的形成中发挥着重要的作用。“学界也越来越认识到，现实主义的结构理论过于简约，对诸多重大问题无从给出自己的解释，所做出的预测也是不确定或不正确的。”② 在战略研究出现了把国内政治这一单元层次的变量重新引入国际政治的趋势。基于此，在上一节关注宏观的单极结构带来的影响之后，本节将把分析视角投向美国单元层次的内在战略动力，分析美国寻求帝国战略的内在基因。

首先，普世主义是美国及西方文明的本性，这使得美国具有将自己的意识形态价值观、生活方式和发展模式向全球扩张的战略自觉和战略特征。西方文明的意识形态价值观、生活方式和发展模式在国际关系中之所以能发挥重要作用，在于西方世界的普世主义，它根源于：对上帝的信仰、“白人的责任”、西方中心主义，以及“天定命运”的宗教使命感等。西方在普世主义的趋势下传播自己的民主价值观，普世文明的概念或许是西方文明的独特产物。西方世

---

① ［美］理查德·罗斯克兰斯、阿瑟·斯坦主编，刘东国译：《大战略的国内基础》，北京大学出版社，2005 年 7 月版，第一部分第 5 页。

② ［美］杰克·斯奈德著，于铁军译：《帝国的迷思：国内政治与对外扩张》，北京大学出版社，2007 年 10 月版，译序第 17 页。

界一个根深蒂固的认知就是：非西方应当认同并接受西方的优越价值观，并将这些价值观纳入他们的体制。“用规范的方式说，西方的普世主义信念断定全世界人民都应当信奉西方的价值观、体制和文化，因为它们包含了人类最高级、最进步、最自由、最理性、最现代和最文明的思想”。[①] 美国作为西方文明的代表，是世界上最热衷于价值观外交的国家。它以“上帝的选民”自居，认为“天定命运”就是要将自己的民主价值观推广到世界的每一个角落，用美国的自由与民主来拯救全人类。在普世主义本性的驱使下，以美国为首的西方世界常常将自己的意识形态强加给其他国家与文明。整个世界近现代史实际就是处于强势地位的西方文明扩展自己势力范围的历史，西方凭借自己的坚船利炮进行殖民、打开市场，输出自己的生活方式和价值观。20 世纪下半叶的冷战也是一场意识形态的战争，以美苏矛盾为重点的东西矛盾本质上也是资本主义制度和社会主义制度之间的斗争。加迪斯在分析美国对苏联的遏制战略时指出：“颇大程度上，遏制更多地是美国国内运作的内部因素的产物，而不是源于苏联人干了些什么，或世界其他地方发生了什么。”[②] 苏联解体后，美国的霸权体系按照固有的逻辑运行，要向全世界扩展和输出美国模式，包括经济上的自由市场经济和私有化，政治上的西方政党竞争的选举式民主、言论和集会自由。同时，确保军事上无可匹敌的优势，以追求绝对安全。小布什政府时期，美国一度奉行“新帝国战略”要按照自己的模式来改造世界。这些都是西方文明的“普世主义”在作祟。

---

① ［美］塞缪尔·亨廷顿著，周琪、刘绯、张立平、王圆译：《文明的冲突与世界秩序的重建》，新华出版社，2002 年版，第 358 页。

② ［美］约翰·加迪斯著，时殷弘、李庆回、樊吉社译：《遏制战略：战后美国国家安全政策评析》，世界知识出版社，2005 年，第 372 页。

而且，从基督教信仰中衍生出来对异教徒的憎恨和排斥也是美国民族对外部世界一元思维的根源，只要现实条件许可，美国就会推广自己的自由民主模式和价值观，而不能容忍“异己”的存在。这种来自于基督教文化的价值观和意识形态具有狭隘性，是一种一元论的世界观,[①] 但美国人却把它作为“普世”的价值来认识世界（界定威胁）和改造世界（制定战略目标）。在这种从宗教背景出发的“异教徒观”的思维影响下，美国必然会不断地发现它的对立面或敌人。特别是当美国成为一个世界级的霸权之后，它缺乏从接受多样和多元，从建设性的角度来对世界整体性利益考虑的动力，而有着强烈地去发现和消灭异己的冲动。这是美国在第二次世界大战以后摆脱了孤立主义，成为一个世界性霸权后所显示出来的基本战略逻辑。冷战结束后，美国的本性并没有改变，一元论的世界观没有改变，美国的战略逻辑也没有改变。美国的普世主义本性推动着美国要民主改造整个世界，它必定要向全世界推广自由民主的西方秩序。

第二，“扩张”是美国主要的历史经验和“融入到骨子里”的战略传统，帝国特性是美国从建国到崛起为世界性的大国逐步树立起来的。美国一建国就走上了扩张的道路，学界通常把美国的扩张分为大陆扩张和全球扩张两个阶段，前者指美国在北美大陆逐步扩张的阶段，后者指美国完成了大陆扩张后向世界其他地方扩张的阶段。从大陆扩张看，刚刚独立不久的美国就开始了对印第安人的土地掠夺。1817 年，美国陆军部长约翰·卡尔霍恩开创了一项政策，要把印第安人迁移到东经 95 度以外去，这项政策在 1825 年变成了

① ［美］塞缪尔·亨廷顿著，周琪、刘绯、张立平、王圆译：《文明的冲突与世界秩序的重建》，新华出版社，2002 年 1 月版，第三章、第八章；于歌：《美国的本质》，当代中国出版社，2006 年 12 月版。

法律，这也是美国白人对印第安人的血腥掠夺。美国还不断蚕食欧洲列强的殖民地，1803 年通过路易斯安娜购地案从拿破仑手里以极低的价格购得 214 万平方公里土地；1845 年兼并了佛罗里达；19 世纪 40 年代吞并了新独立的德克萨斯，迫使英国把俄勒冈领地改属美国，还对墨西哥发动战争夺取了新墨西哥州和上加利福尼亚。这就使得美国拥有了今天这样贯通两洋的辽阔国土。[①] 还在进行所谓大陆扩张的时候，美国的规模虽小但非常活跃的海军就已经为美国海外利益的迅速发展提供了必不可少的帮助。此后，美国的扩张和强盗行为不亚于任何其他的帝国主义国家。我们以美军在亚太的军事干预为例：1843—1866 年，也就是从第一次鸦片战争到第二次鸦片战争结束，美国在中国进行了至少五次军事入侵行动来谋求利益；从 1853—1868 年对日本进行四次同样的军事战争；还有，从 1840—1870 年在斐济群岛、萨摩亚和夏威夷群岛也进行了五次这样的军事行动。[②] 美国是西方帝国主义在亚洲等地区的侵略和殖民行为的主要参与者。

这种扩张经历使得美国与“帝国”有关的特性更加明显，这是因为西欧的帝国主义国家经过两次世界大战和二战后的去殖民化运动已经基本上把它们对世界的野心消磨掉了，而对美国来说，帝国就是一个只要关注就存在的事实。19 世纪末和 20 世纪初，美国的不断扩张让人觉得它的能力是无限的。除了历史上内部统一的南北战争，美国从来没有经历过欧洲、俄罗斯或日本曾经经历过的那种历史灾难。相反，两次世界大战还成为了美国从边缘走向世界中心这段上升路径的垫脚石，这样的上升与美国作为世界帝国的“天定命

---

① 丁一凡：《美国批判》，北京大学出版社，2006 年 1 月版，第 9—11 页。

② ［法］菲利普·戈卢布著，廉晓红、王璞译：《动摇的霸权：美帝国的扩张史》，中国民主法制出版社，2014 年 8 月版，第 44 页。

运”是相辅相成、互相促进的。[①] 这种相对顺利的国家历程，使得“帝国”作为美国在世界历史中的作用和在国际结构中的地位的基本假设是始终不变的，只不过在不同的时期和不同的总统当政时略有变化而已。

美国这种向外扩张的帝国追求，在冷战时期如此，在后冷战时期也是如此，这种扩张包括经济的、政治和意识形态的、地缘军事上的，等各个方面。美国学者克里斯托弗·莱恩认为，美国大战略在二战后的历史就是一部扩张史，这一战略逻辑强力驱使美国在北美之外的西欧、东亚和波斯湾等世界上的三个重要地区建立霸权。美国之所以能够成为全球霸主，即帝国，一方面是凭借其得天独厚的地缘政治优势，同时也是美国自二战后一直追求霸权战略的结果。冷战只不过是美国霸权战略的一个阶段和过程，华盛顿的战略抱负已经远远超越了冷战。即使没有冷战，美国也会追求霸权目标。[②] 冷战结束后，美国成为单极霸权后，这一过程不会中断，它更会推进自己的霸权目标，朝着帝国的方向前进。

第三，除了意识形态的一元化和普世主义，美国精英和社会中根深蒂固的“帝国主义思维”也是一个重要根源。人数不多、凝聚力强、影响力大的精英群体对美国帝国欲望和观念的形成和兴起发挥着重要的作用。美西战争就是由一群“精力充沛的帝国公民”[③] 发动的，他们发动这些战争的目的就是动员美国人民，刺激美国社会支持战争行动和建立世界帝国。再加上 1893—1897 年的经济萧条

① ［法］菲利普·戈卢布著，廉晓红、王璞译：《动摇的霸权》，中国民主法制出版社，2014 年 8 月版，第 148—149 页。

② ［美］克里斯托弗·莱恩著，孙建中译：《和平的幻想：1940 年以来的美国大战略》，上海人民出版社，2009 年 11 月版，第 4 页。

③ William Appleman Williams, The Tragedy of American Diplomacy, New York, Delta Books, 1969.

使得美国急需找到国际销路，所以农业界和商业界都支持这样的扩张。美国社会充斥着帝国的论调。当时一名新闻记者写道，“美国是一个伟大的帝国主义共和国，它注定要对人类的行动施加控制性的影响，注定要影响这个世界的未来，甚至比罗马帝国对整个世界的影响都要深远。”① 这种帝国思维和论调在美国社会一直存在，每逢重要的历史时刻都会显现，并且与“冷战”后为帝国主义辩护的人的说法惊人的相似。面对20世纪90年代的单极格局，美国在政治、经济和安全等各个领域的全面优势点燃了美国关于建立帝国主义的想象。许多右翼保守人士毫不掩饰地表明了帝国主义的目的。他们不满足冷战后仅仅是达成对美国有利的国家间平衡，也不满足在美国支持下实现全球经济的一体化，试图支持依靠武力实现全球优势的战略，打破对美国实力单极优势的约束。这种观念不断积聚，1997年的“美国新世纪计划”是它的一个重要体现。蕴涵在社会和精英中的这种帝国渴望或追求也是美国在后冷战时代必然走向帝国的一个重要根源。

第四节　美国的“帝国机遇”和后冷战时代演变的内在动力

无论是从冷战后的单极结构，还是从美国体系获得冷战胜利后蓄势待发的国际形势，都给美国追求帝国战略提供了前所未有的历史机遇。而美国自从建国以来所形成的帝国基因和扩张传统，则是它在合适的历史时刻将“帝国理想”付诸实施的内在动力。放在其

① ［法］菲利普·戈卢布著，廉晓红、王璞译：《动摇的霸权：美帝国的扩张史》，中国民主法制出版社，2014年8月版，第49页。

建国后的整个历史进程看，美国在二战后成长为世界性的霸权，并且在冷战初期发展出一套国家安全战略体系之后，美国的战略扩张就进入到一个新阶段，冷战的结束又使得美国从“两极争霸”转变为“一超独霸”。所以，追求帝国战略也是其战略进程合乎逻辑的发展。

一、后冷战时代的“帝国机遇”

从单极结构看，它为美国的帝国机遇提供了物质实力基础，主要体现为美国具有巨大的单极实力优势去实施单边主义的外交，巨大的实力优势又使得一般大国采取制衡的难度加大，对美国结盟、追随和战略回避的动力增强，缺少制衡使得美国具有了更大的、追求帝国秩序的战略空间和可能性。单边主义本身体现出的就是一种“帝国做派”。从美国体系看，它为美国的帝国机遇提供了制度基础或体系基础，所包含的规范、规则和原则，体现出的意识形态和价值观，所建立的各种国际机构，都为美国追求其主导的帝国秩序提供了组织逻辑原则和组织架构，美国只需要修订它在两极格局下受到的约束、使得它在体系中的领导地位更加突出即可。从美国自身看，它为美国追求帝国战略提供了思想基础，帝国战略只不过是美国取得冷战胜利后合乎逻辑的发展，面对千载难逢的战略机遇，美国内在的帝国基因将会激发其内心的帝国想象，这使得它祭出帝国战略也是预料之中的事情。

具体说来，后冷战时代给美国提供的帝国战略机遇有：

第一，为美国提供了从冷战时代两极体系中的西方世界领袖向后冷战时代单极体系的霸权领导国转变的历史机遇。冷战中的胜利不仅加强了美国在西方世界作为领袖的合法性和威望，巩固了其主导地位，还为其向全球领导地位转变提供了历史性的战略机遇。

第二，单极格局使得美国受到更少的战略制约，处于更加主动的战略地位，战略选择更加多样、灵活，这体现在：一是从一般大国的战略取向看，巨大的实力差距也使得一般大国都将增强自身实力、缩小与美国差距的内部制衡作为首选，它们具有更加强烈的动机去发展与美国的合作关系，这使得美国在实现自己的目标时更容易得到支持，也可以选择联盟以外的多边形式来实现战略目标，比如联合阵线。二是从美国自身的战略取向看，美国拥有更大的权力优势，实现自己的战略目标时拥有更多的权力资源。一方面，从国际体系和国际制度看，这也意味着美国对待多边主义、提供公共物品、对待国际机制和国际机构等，都具有更大的实用性、选择性，对单边主义的需求上升；另一方面，从地缘政治看，巨大的权力优势，尤其是军事优势，使得美国受到传统的、生死攸关的大国军事威胁的现实可能性消失，传统的安全威胁成为潜在的、未来的可能性。非传统安全威胁在美国国家安全中的影响上升。

第三，与此同时，单极优势地位使得美国在地缘政治上的战略优势和选择余地更大，权力的优势地位也刺激着美国在地缘战略目标上更加富有进取性。实际上，单极霸权地位为美国全球的地缘政治扩张提供了机遇。

第四，为美国按照自己的意识形态价值观确立帝国秩序提供了战略机遇。美国体系向全球扩张也就是美国按照自己的逻辑来塑造国际体系，开放的市场经济、多边主义的规则、国际制度、民主和民主共同体、地区安全伙伴关系等这些逻辑实际上就构成了后冷战时代美国战略扩展的基本要素。这些逻辑的目标归结起来不外乎几点：全球领导地位；决定着美国维持单极实力优势的经济繁荣；维护美国安全；按照自由民主的意识形态价值观来改造世界，等等。由于没有了传统的大国安全威胁和大国权力竞争，实现美国的政治、经济和安全等功能性领域的全球性目标成为美国战略的考虑，而这些战略考虑的精髓和统领就是美国的全球领导地位和霸权地位。这些实际上也就是美国体系扩张的具体战略目标和内涵。所以，后冷战时代为美国体系的全球扩张提供了机遇，实际上也就是美国政治、经济、安全利益的全球扩张，这都体现为美国对全球霸权领导地位的追求上。

二、推动单极结构变迁的时代动力

单极的格局和蓄势待发的自由主义霸权秩序全球扩张构成了与冷战时代最不同的两大特征，也是界定后冷战时代的两大基本依据。与此同时，在冷战时代一直推动着时代演变的发展问题（即南北问题）仍然存在，并继续推动着后冷战时代的演变。

“东西南北问题”是邓小平同志在20世纪80年代对时代主题的概括。其中，东西问题就是指东西方的社会主义阵营与资本主义阵营之间的竞争和对抗，主要是指和平问题；而南北问题就是指发达国家和发展中国家围绕着建立国际政治经济新秩序的矛盾而产生的全局性问题。在这两大问题中，南北问题处于核心地位，和平力量的发展能有效制约战争力量的发展，决定世界的和平与稳定，这实际上也指出了当时的时代主题是和平与发展。邓小平提出这一论断的时候，还处于冷战阶段，美苏之间的竞争主宰着国际社会的发展。进入后冷战时代后，东西问题随着苏东社会主义集团的消失而面临着矛盾内涵的转变，而发展问题则随着单极格局的来临和世界力量对比的严重失衡而显得更加迫切，追求发展成为时代的一大潮流。

首先，单极结构要求其他国家更多通过增强实力的内部制衡来确保国家安全。美国作为单极霸权，其综合国力远远超出世界上任何其他一个国家，其经济总量在世界经济总量中的占比遥遥领先于其他大国，军事开支也远大于紧跟其后的若干个一般性大国的总和，这种严重失衡的力量格局使得一般大国通过结盟和联合来制衡美国的成本过高，这就促使这些国家寻求与美国交好、追随和结盟。单极结构带来的压力使得通过增强自身实力来制衡美国的动力在单极体系下更加普遍。大多数的一般大国都制定了经济发展和改革的国家发展战略，都避免与“单极国”发生直接的对抗，为自己谋求更有利的发展环境。同时，美国还推行霸权政策，给世界带来不稳定，对许多国家带来威胁，这也增强了一般大国通过发展自己、增强自身实力的动力，构成了单极体系下国家增强自身实力一大动力源。

其次，以经济和科技为核心的综合国力的竞争成为时代潮流。苏联和东欧社会主义阵营在冷战中的失败给世界带来了启示：如果没有建立在强大的经济和科技之上，军备竞赛将导致国家和社会的崩溃和失败。综合国力才是国家之间竞争获胜的根本。世界上许多国家都将以经济和科技为核心的综合国力作为国家间竞争的主要内容。许多国家都制定了产业发展规划，增大对科研的投入，积极参与国际市场和分工，加入到全球化的潮流中去。

再次，冷战的结束破除了市场全球化的最大政治障碍，新一轮的全球化与美国体系的全球化交织在一起，构成世界各国综合国力竞争的共同舞台。社会主义阵营崩溃之后，市场经济、政治民主、思想多元化、开放社会成为具有普遍意义的前进取向。居住在地球上的绝大多数人有史以来第一次在生活结构的基本原则方面达成了共识,[①] 这成为本轮全球化的思想基础。新一轮的全球化成为一个客观趋势。由于美国在冷战后的单极霸权地位，使得本轮全球化具有鲜明的美国特色，似乎成了“美国化”的代名词。美国体系的全球扩张借助了全球化的客观进程，但全球化和美国化实际上是两个过程。各个国家的综合国力的竞争也在全球化的进程中展开，利用全球化去占领全球市场，谋求发展优势。

最后，在美国向世界推行美国体系的历史条件下，多元文明国家开始探索符合自己发展道路的历史进程。苏联社会主义模式的失败给世界带来探索新的发展模式的契机。有些国家采纳了美国和西方模式，按照西方的要求建立起了自由市场模式，比如一些东欧国家；有些国家坚持了基于国情的改革，探索走出符合自身文明的发展道路，比如中国；也有一些国家在现代化的进程中出现了偏差，比如中东伊斯兰世界的一些国家。多元文明国家在不同的发展模式和发展道路上追求国家实力的崛起，这推动着世界力量格局对比的变化，推动着后冷战时代的发展。

结　　语

本章主要分析了单极权力结构下的国家战略取向，包括美国的战略行为取向、一般大国的战略行为取向。从美国的战略行为取向看，它相比冷战时代更具有修正主义的倾向，对国际机制和多边合作选择性、投机性的一面上升，不愿意更多地以自己的政策自主性

---

① ［俄］维克托·库瓦尔金:《全球性：人类存在的新维度》，载［俄］戈尔巴乔夫基金会编，赵国顺等译:《全球化的边界——当代发展的难题》，中央编译出版社 2008 年版，第一部分第 4 页。

来做出对国际机制和规则的承诺；从一般大国的战略取向看，由于制衡单极霸权的成本太高，它们更倾向于与美国发展合作关系或尽可能避免与美国战略对抗，对美国进行联盟、追随的动力增强。从国际体系的层面看，后冷战时代实际上就是美国体系在社会主义体系崩溃后向全球扩展的时代。从客观上看，冷战结束带来了西方自由主义模式“唯一合法性”的地位，自由主义秩序的全球扩张也成为冷战结束后自然而然的逻辑，世界面临着建立世界新秩序的历史任务；从主观上看，美国及西方的普世主义本性、美国自建国以来形成的帝国特性、社会和精英中的帝国思维都推动着美国从冷战时期的“两极争霸”向“一超独霸”转变，也塑造着美国的“帝国追求”。美国体系的内在逻辑既是这一体系建立的逻辑，也是其扩张的内涵和途径，包括：开放的自由市场经济、多边主义、安全上的共同体、民主共同体、美国的霸权领导等，这些也将成为后冷战时代美国按照自己利益确立“帝国秩序”的战略工具和手段。但是，后冷战时代以经济和科技为中心的综合国力的竞争，本质上也是各国探索发展道路和适合自己的发展模式的竞争，它推动着单极力量结构的转变，也带来新的国际规范、制度和价值。如果美国偏离了和平与发展的时代潮流，在综合国力的竞争中落后了，这最终将导致单极结构的改变和帝国的终结。

第二章
“帝国隆起”：后冷战时代的美国战略

后冷战时代[①]的到来给美国追求帝国战略带来了历史性的机遇。经过老布什政府、克林顿政府和小布什政府，美国的战略逐步朝着确立帝国秩序的方向前行。虽然，失去了竞争对手苏联后，美国在如何界定国家利益和规划战略的问题上一时失去了方向，陷入所谓的“失范”状态，[②] 但其内在的权力欲望和帝国追求很快就重新确立了新的“战略定位仪”，那就是确保美国永久领导地位和永久霸权优势，即确立美国主导的帝国秩序。如果说，老布什政府实际上确立了“美国领导的世界秩序”的帝国目标；那么克林顿政府则是聚焦经济，进一步的凝聚实力，将单极优势推向了帝国的顶峰；小布

---

① 本文认为自从苏联解体和冷战结束后世界就进入到了后冷战时代，2008 年的金融危机带来的影响已经使得支撑后冷战时代的因素发生了变化，世界进入到了新时代的确立阶段。关于时代划分，请参看焦世新、周建明：《后冷战时代的终结及其对中国的启示》，载《世界经济与政治》，2009 年 12 期。

② ［美］查尔斯·威廉姆·梅恩斯：《摆脱冷战后的美国》，载《冷战后的美国和世界》，时事出版社，1991 年版，第 12 页。Richard N. Haass，“Paradigm Lost”，Foreign Affair，January/February 1995。

什政府时期美国正式祭出帝国战略，力图通过单边主义和先发制人来建立帝国秩序，确保美国永久的领导地位和单极优势地位。本章将分析老布什、克林顿和小布什的战略是如何前承后继，一步步将美国推向“自由主义帝国”或“新的罗马帝国”的位置上。当然，对帝国的追求依然逃不出“过度扩张”的魔咒，小布什政府在全球反恐战争的地缘政治扩张中过度损耗了美国的实力和优势，加速了后冷战时代的终结。

第一节　“帝国”目标：美国领导的世界秩序

后冷战时代的到来给美国提供了向全球霸权领导地位跨越和进行全球扩张的历史性机遇，但这并不是说，美国即刻就制定出了一个完善的战略框架，或者早有准备和预案。事实上，冷战以出人意料的方式结束给美国战略制定者和学界也带来了冲击和挑战，局势的快速发展和演变使得他们一时难以把握。老布什政府（1989—1993 年）正好处于这一快速演变的冷战终结的历史进程中，很多情况下，都是被动地跟着历史事件走，美国国际战略的调整在很大程度上也是被动做出回应。客观地说，老布什政府的战略调整有其局限性。但是，面对急剧变化的国际局势和有利于美国的战略环境，他意识到了美国面临的历史机遇，并力图调整自己的战略以抓住历史机遇，其最成功之处就是基本确立了“美国领导的世界秩序”的帝国目标，这也是整个后冷战时代美国的基本战略目标。

一、“全球霸主地位”成为战略目标

冷战的胜利并不是自然而然就带来美国在全球事务中的霸权领

导，从表面看起来，苏联的解体使得美国成为单极霸权，从实力上具备了这样的可能性，但是美国的战略意愿和它能否抓住这个战略机遇则是一个重要的问题。从客观上看，老布什政府正好处在从冷战到后冷战时代的过渡阶段，形势的发展瞬息万变，许多趋势还不明了，美国对战略目标的把握也有一个从模糊到清晰的过程。还有，冷战的结束也给美国带来了许多的新问题、新挑战，尤其是国内政治方面的新挑战，都对美国寻找和确立新的战略目标来替代冷战时期的、打败苏联的争霸目标带来困难。在老布什政府时期，国际上的外部环境经历的剧烈变化给美国国内也带来了重大影响，这主要体现在精英阶层对单极趋势和美国未来战略走向的争论、国内政党政治及孤立主义给老布什调整战略框架的牵制等方面。①

从前者看，精英在美帝国战略追求中一直发挥着“鼓噪者”和民意引领的作用，对美国的战略制定也有重要影响，我们在前面涉及美西战争的时候已经分析了这一点。冷战结束后，美国精英对后冷战时代美国单极霸权是长期存在还是“单极时刻”众说纷纭，主要形成了三个流派：单极乐观主义、单极不可知论和单极悲观主义。② 单极乐观主义相信美国单极霸权可以持续很久，对美国和国际体系都非常有益。比如威廉·沃尔福斯（William C. Wohlforth）、福山、迈克尔·马斯坦杜诺（Michael Mastanduno）等；单极不可知论认为单极能否持续得更久与美国的霸权行为具有直接的关系，如果美国的战略能减轻其他国家对美国实力的恐惧和制衡，单极霸权持续的时间就会更长一些。比如，伊肯伯里、约瑟夫·奈、T. V. 保罗（T. V. Paul）等；单极悲观主义则认为美国霸权必将产生反美霸权的

① 潘忠岐：《与霸权相处的逻辑》，上海人民出版社，2012 年 6 月版，第 69—76 页。

② ［美］克里斯托弗·莱恩著，刘建中译：《和平的幻想：1940 年以来的美国大战略》，上海人民出版社，2009 年 11 月版，第 254 页。

对抗性反应，而在这种情况下维持美国日益式微的霸权将得不偿失。比如米尔斯海默、克里斯托弗·莱恩等。

其代表性的观点有，福山的“历史终结论”代表着乐观的、自由主义的范式，他认为，自由资本主义模式的全球扩展成为历史必然，美国的大战略应该是扩大西方民主，消除世界现存的“分裂带”，完成历史走向终结的过程，他主张的战略手段就是扩展全球市场和利用经济自由化推动政治民主化。这些理论主张及其所代表的理想主义明显成为后冷战时代的主流。不可知派的约瑟夫·奈，他除了针对弥漫于美国的“美国衰落论”发表了《美国定能领导世界吗?》一书，对保罗·肯尼迪的《大国的兴衰》中所体现的美国衰落的论点进行了反驳，主张美国发挥领导作用。① 还发表了另一本书《美国霸权的困惑：为什么美国不能独断专行》主张谨慎使用美国霸权力量。② 悲观派的米尔斯海默提出的历史回归论认为，冷战结束导致的单极结构最终将导致多极世界的回归。由于没有可提供威胁的对手，美国最终将会撤出欧洲和亚洲，这会引起地区内的安全竞争和均势出现，多极世界的回归将会带来对抗。③ 从当时的情况下，乐观的自由主义显然是占据了上风，但这并不意味着悲观的现实主义是失效的，美国政府显然也采纳了不少现实主义的理论主张。

从后者看，冷战结束后的政党政治使得老布什政府每提出一个战略设想都会遭到反对党民主党的掣肘和制衡，这是美国所谓民主政治的特点，也是老布什提出全球霸权领导的战略目标的一个重要

---

① ［美］约瑟夫·奈著，何小东等译：《美国定能领导世界吗?》，军事译文出版社，1992 年版，第 2 页。

② ［美］约瑟夫·奈著，郑志国等译：《美国霸权的困惑：为什么美国不能独断专行》，世界知识出版社，2002 年 6 月版。

③ ［美］约翰·米尔斯海默著，王义桅、唐小松译：《大国政治的悲剧》，上海人民出版社，2008 年 1 月版。

影响因素。老布什提出“世界新秩序”的战略构想后，遭到了国内反对派的批评，这些批评的观点主要是：美国在冷战后应该减少冷战造成的各种战略负担，包括对美日、美韩同盟的防卫承诺等。美国已经完成了冷战的历史使命，应该摆脱冷战时期的战略负担，实现战略自主。与此同时，国内的民意在冷战结束后的孤立主义倾向也交杂着政党竞争，为老布什的战略调整增加了不确定的影响。根据 1991 年芝加哥对外关系委员会发表的研究报告，美国民众主张美国应该“削减军费开支”的比例从 1986 年的 23% 增加到 1990 年的 32%，而认为美国应该“增加军费开支”的民众比例则大幅下降。[①]而且，美国民主对美国参与国际事务的热情下降的同时，也对美国参与国际事务的领域和兴趣发生了变化，更多地主张参与到与自己切身利益相关的经济事务领域。政党政治和国内民意对老布什政府做出战略判断有着直接的影响，到底是减少国际事务的参与和减轻战略负担，还是扩展美国的利益和追求全球领导地位，老布什政府面临着权衡。但是，老布什政府在冷战结束的过程中看到了延续和扩大美国国际地位和影响的历史机遇，提出并坚持了建立“世界新秩序”的战略构想，实际上也就是提出了追求“全球霸权领导地位”的战略构想。

1992 年，美国国防部的一位高级官员的描述概括了老布什政府时期美国战略的制定，他写道，“现在的国际政治变化的程度可以与 1789—1815 年相比，已有的权力格局正在变化，而新的秩序结构还没有稳定，在这样的一个变革阶段”，美国“有绝佳的机会重新定义

① John Rielly, eds, American Public Opinion and U. S. Foreign Policy 1991, Chicago, IL: Chicago Council on Foreigh Relations, 1991, p. 32.

自己的全球角色”。[①]

1990年3月，老布什政府的首篇《美国国家安全战略报告》经过重重杯葛终于得以发表。该报告判定，美国在冷战中已经取得了胜利，但不可避免的是，这一胜利将要求美国承担新的领导角色。这已经提出了美国要在后冷战时代追求的战略目的就是确立美国的“全球霸主”地位，也就是帝国的战略目标。1991年，老布什发表的《国情咨文》在谈及海湾战争时，首次提出了建立“世界新秩序”的主张。接着，在阿拉巴马州马克斯维尔空军基地发表的演讲中，老布什在突出美国领导地位和作用的前提下进一步推出了建立“世界新秩序”的构想，并提出四条原则。老布什在任期的余下时间里不断对世界新秩序构想的内容进行阐述和补充。1991年底，苏联的解体印证了美国的判断，也更加坚定了老布什政府塑造美国全球领导地位的决心。1993年1月，在离任的前一天，老布什政府发表了最后一篇国家安全战略报告，这个报告也是经历了重重阻隔才得以发布。这篇报告再次重申，世界上没有其他国家能够像美国那样，同时具有“道义、文化、政治、经济和军事领导能力”，“如果我们要抓住眼前的机遇，减少将来肯定要遭遇的危险，美国就必须发挥领导作用”，“领导世界进入21世纪民主和平的时代”。[②] 老布什政府提出的“世界新秩序”构想随着他的离任而被人淡忘，也常常有人批评这一构想是老布什对外战略的一个败笔。但是，这一构想的本意是确立美国的全球霸主地位，这是冷战结束给美国提供的历史性的机遇。所以，当许多学者对所谓世界新秩序战略淡忘的时候，确保美国领导地位则成为美国学界公认的一个战略追求。老布什政

---

① ［法］菲利普·戈卢布著，廉晓红、王璞译：《动摇的霸权：美帝国的扩张史》，中国民主法制出版社，2014年8月版，第101页。

② 潘忠岐：《与霸权相处的逻辑》，上海人民出版社，2012年6月版，第78页。

府处在冷战时代向后冷战时代过渡的历史关口，他对美国战略的调整具有历史过渡性、探索性和一定的开创性，他基本确立了后冷战时代美国战略中的“全球领导地位”目标。其后的克林顿政府、小布什政府都继承了这一战略追求，也确立了美国追求帝国的战略方向，这也构成了后冷战时代的基本特征。

二、“全球扩张”成为基本战略取向

超越遏制出台是美国调整对苏政策的结果，它表明美国对苏政策正在突破遏制政策。1989 年 5 月，老布什总统在讲话中提到美国要实行新的对苏政策，要超越遏制政策，美国的目标不能仅限于遏制苏联的扩张主义，① 美国从当时苏联戈尔巴乔夫的改革中看到了机遇，要采取措施来引导苏联的改革，引导苏联融入国际共同体。在 1990 年的国家安全报告中，将这一想法写进了报告，提出要超越遏制战略，将苏联作为一个有益的伙伴纳入到国际体系中来，从而“开创一个超越遏制的新时代”。② 苏联解体之后，老布什政府实行超越遏制战略的想法更强烈和明晰，在《防务规划指南》中重申，确保俄罗斯不会重蹈苏联极权主义和扩张主义覆辙的最佳途径，是支持俄罗斯实现政治民主化和经济市场化，并与之发展民主伙伴关系。③

超越遏制实际上提出了美国要奉行更加富有进取性的战略，针对苏联，向西方阵营之外进行扩张。在后来的文件中，这种扩张

① George Bush, “Remarks at the Texas A M University Commencement Ceremony in College Station” May 12, 1989, http://bushlibrary.tamu.edu/research/public_ papers.hph? id=413&year=1989&month=5.

② The White House, National Security Strategy of the United States, March 1990, p. v.

③ 潘忠岐：《与霸权相处的逻辑》，上海人民出版社，2012 年 6 月版，第 83 页。

的内容越来越强调自由民主价值观的扩张。1993 年的国家安全战略报告尤其强调推广民主价值观念的重要性，老布什甚至把实现民主和平列为主要战略目标之一。另外，老布什政府所提出的构建“世界新秩序”也是推广美国的价值观，建立反映美国利益和价值观的“世界新秩序”。在 1990 年的国情咨文里，老布什谈到，“在这个新世界形成的过程中，美国处于不断扩大的自由圈的中心，今天如此，明天如此，进入下一个世纪也是如此”。① 这种战略判断的逻辑其实就是向世界不断扩展美国的自由民主价值观，作为改造世界的手段。

除了自由民主价值观外，扩张其实还包括军事实力的扩张、地缘战略的扩张等。具体是什么样的扩张、扩张什么取决于老布什政府所面临的挑战和所处的历史阶段和历史机遇。比如，老布什最具有代表性的外交成就就是赢得了海湾战争，伊拉克入侵科威特后，老布什政府以建立“世界新秩序”为由来发动战争，许多人都从美国构建新秩序的角度去看。但是，从地缘政治的角度看，这是美国政府的一次大胆的扩张举动，它表明美国战略已经进入到了扩张的轨道上。如果放在冷战时期，这种地缘政治的扩张不可想象。可以说，一个具有进取性的、全球扩张的取向已经在美国全球战略中确立起来，克林顿和小布什政府的全球战略无论有多么不同，它其实也没有逃脱在单极的力量优势下如何扩展美国国家利益的窠臼，这包括经济的、政治的、安全的等等。全球扩张成为后冷战时代美国战略的一个基本取向，与美国的全球霸主地位一样也成为后冷战时代的一个重要特征。

霸权领导和全球扩张在老布什任期内得以确立，并被克林顿和

---

① 梅孜编译：《美国总统国情咨文选编》，时事出版社，1994 年版，第 765 页。

小布什政府所继承。虽然，克林顿和小布什政府的战略与老布什有非常不同的内容，它们两者之间也极不相同，但它们也以维护美国的全球霸权领导和凭借单极优势进行全球扩张为基本的框架，霸权领导地位和全球扩张就是贯穿于整个后冷战时代的美国战略主线。就好比冷战时代美国的遏制加威慑战略框架一样，不管历届政府对苏联具体的战略是什么，但对苏联扩张进行遏制和保持对苏的核威慑一直是它们的战略框架。老布什政府处于从冷战向后冷战时代转变的关键历史时刻，许多历史趋势还不是十分明了，具有过渡的特点。在对威胁的判断问题上，老布什政府仍然沿用了冷战时代的思维，将目光转向那些新兴的地区霸权，以及那些可能挑战美国领导地位的大国，美国仍然将联盟关系视为重要的战略手段。对于非传统威胁将成为美国面临的主要威胁来源，老布什政府似乎并没有清晰的预见，这也是老布什政府的历史局限性。

老布什政府之后，后冷战时代一共经历了两届政府，分别是民主党的克林顿政府和共和党的小布什政府。在霸权领导和全球扩张的战略框架下，两界政府的全球战略具有各自鲜明的特征。前者借助新一轮全球化之势将美国体系向全球推展，并带动着美国经济的全球扩张，使得美国经济保持了一百多个月的持续增长，成就了美国历史上的一段“黄金发展时期”；后者则是借助“9·11”事件给予美国的机遇，运用美国单极优势地位和史无前例的军事力量优势，在中东和中亚进行了阿富汗和伊拉克两场战争，使得美国第一次深入到欧亚大陆的内部，将美国的地缘扩张推到极致。当然，两届政府也不是单一的经济扩张或地缘扩张，无论克林顿还是小布什政府都将民主扩展和人权价值观等意识形态的扩张作为自己的历史使命。克林顿在进行全球经济扩张的同时，也有北约东扩等地缘上的推进；小布什在反恐战争的时候，也有经济上追求贸易和发展的考虑。

第二节 全球扩张的经济维度和地缘维度

一、全球扩张的经济维度：克林顿的全球战略

（一）以新经济和全球化为特点的克林顿全球战略

如果，我们把老布什政府视为历史的过渡阶段的话，克林顿政府的“参与和扩展”战略就成为后冷战时代美国的第一个全球战略，[①] 其提出的战略背景是：第一，冷战胜利使得美国成为单极霸权国，自由资本主义模式合法性的神话确立，[②] 但长期的冷战使得美国经济负担很重，国内经济和社会迫切需要从冷战体制中解脱出来。据世界银行 WDI 数据的显示，美国的 GDP 在 1960 年占世界 GDP 总量的 38.5%，到 1970 年为 35.59%，此后一度有所提高，但到冷战

---

① 围绕着这一战略的提出和完善，克林顿政府先后公布了若干重要的文献，其中包括：1995 年 2 月，克林顿政府公布的《美国国家安全战略》报告正式提出了“参与和扩展”安全战略，同年公布的《美国国家军事战略》则提出了“灵活和选择参与”战略，是“参与和扩展”战略在军事领域的应用；1997 年 5 月，克林顿总统发表了其第二个任期的国家安全战略报告《新世纪国家安全战略》及《四年防务评估报告》，对这一战略进行了完善，之后美国修改了相应的军事战略，提出了“塑造、反应、准备”战略；1999 年 2 月 26 日，克林顿在旧金山发表的关于美国外交政策的演讲是对“参与和扩展”战略的最好的注解。

② 冷战的胜利通常被视为是西方资本主义的胜利，“历史终结论”此时得到认可，认为美国代表自由资本主义是人类社会形态进步的终点，这为美国对外输出民主提供了合法性和动力。

结束的1992年已经下降到了25.63%[①]。长期冷战给美国带来的沉重经济负担使得美国国内的“衰落论”不时成为社会的话题。高达4万亿美元的国债和持续衰退的经济，使得尽快摆脱冷战体制、重建后冷战时代的经济和社会成为客观需要。第二，美国失去了传统的大国安全竞争和威胁，但却面临着一个威胁来源多元化、更加不确定的世界，各种非传统安全问题或全球性问题成为美国必须面对的问题。换言之，凝聚民意的冷战共识消失了，军事威胁的紧迫程度下降，而军备控制、人权、贸易、恐怖主义等各种“问题政治”突起。第三，冷战的结束清除了全球化的政治障碍，新一轮的全球化蓄势待发，同时美国面临着如何将自己从“西方世界领袖”向“世界领袖”角色的转变，这迫切需要调整冷战战略以适应这一需要。

克林顿政府对此做出回应并提出了“参与和扩展”战略。结合着克林顿政府的各种战略报告及其在任内的实际作为，“参与和扩展”战略的主要内容是：

第一，关于战略目标和战略手段。该战略规定美国的战略核心目标是维护美国领导地位，支撑这一目标的三大支柱是促进经济繁荣、增进国家安全和向全球推广民主。该战略的手段即是“参与和扩展”，也就是通过全面参与国际事务，来施加美国的优势和影响，扩展美国的经济、安全和民主利益。

第二，在经济、安全和民主三大目标中，克林顿政府把经济发展置于大战略目标之首，把“经济安全”作为内政外交的核心，实现了美国二战后最长的一次经济全球扩张，将美国经济和综合国力

---

① 《历年世界十大经济体国内生产总值列表》，上网时间：2013年12月18日，http://zh.wikipedia.org/wiki/%E5%8E%86%E5%B9%B4%E4%B8%96%E7%95%8C%E5%8D%81%E5%A4%A7%E7%BB%8F%E6%B5%8E%E4%BD%93%E5%9B%BD%E5%86%85%E7%94%9F%E4%BA%A7%E6%80%BB%E5%80%BC%E5%88%97%E8%A1%A8。

推上了一个顶峰。克林顿政府的八年执政对内通过制定“国家出口战略”，建设“信息高速公路”，以提高美国经济的竞争力；对外美国领导了史上全球最大的一次贸易扩张，世界年均贸易额从 4 万亿美元增长到 6.6 万亿美元，全球对外直接投资由 1934 亿美元增加到 8950 亿美元。从全球层面完成关贸总协定“乌拉圭回合”谈判和世界贸易组织（WTO）的创建到，从地区层面签署“北美自由贸易协定”自由贸易区和创立亚太经合组织（APEC），克林顿政府共签订了 270 个自由贸易协定，[①] 为美国商品开拓市场。

第三，安全上，从“地区防御战略”到“灵活与选择参与战略”，再到“塑造、反应、准备”，克林顿任内实现了美国防务战略由冷战时期以军事手段为核心的“威慑战略”，向综合运用军事、经济和外交手段的“预防性防务”战略的转变。比如，在美国面临的威胁上，克林顿政府按照威胁程度和可能性区分为甲类、乙类和丙类，也就是诸如冷战时期苏联那样的迫在眉睫的、生死攸关的军事威胁，对美国重大利益构成威胁但并没有影响美国生存和生活方式的迫在眉睫的威胁，间接影响美国利益也不对美国构成直接威胁的“人道主义利益”威胁等三类。克林顿政府判定，甲类威胁虽不存在但仍有潜在的可能，比如，“魏玛俄罗斯”的出现和中国走向敌对、苏联核武器失控、美国境内发生巨大的前所未有的灾难性恐怖主义。所以，为防止这些潜在威胁演变成真，克林顿政府提出了“预防性防务战略”，以取代冷战时期的威慑战略。乙类和丙类威胁属于对美国利益构成迫在眉睫的威胁，但并没有影响到美国的生存，这也是

---

① 王缉思等主编：《冷战后的美国外交（1989—2000）》，时事出版社，2008 年 1 月版，第 435 页。

克林顿政府制定计划和预算的重点。① 在克林顿政府看来，在失去传统大国竞争和威胁的条件下，大规模杀伤性武器的扩散、反恐怖主义等非传统威胁是美国必须应对的重点，包括走私贩毒、非法移民、能源短缺、环境恶化、气候变化等非传统安全问题都被列入美国安全战略的议事日程上来。从地缘战略上看，克林顿政府似乎没有明确的战略重点，但却在"参与和扩展"的战略框架下制定了在世界各个地区的安全战略，其中包括1995年2月，美国国防部公布的《美国东亚—太平洋地区安全战略报告》。克林顿政府的对华接触战略其实质也就是通过与中国交往来影响中国发展和扩展美国的利益，这本身就是"参与和扩展"的战略逻辑，也是预防性防御战略的范畴。"预防性防御战略的一个越来越重要的目标是争取中国在21世纪成为美国的安全伙伴，而不是敌手。"②

第四，扩展民主、维护人权。后冷战时代初期，克林顿政府推行民主人权外交，将人权置于国家利益之上，结果使得美国的国家利益受到损害。经过调整，克林顿开始将扩展民主人权与拓展市场结合起来，通过扩展自由市场经济和贸易、投资及其他经济方式扩展民主人权，同时也并未放弃军事手段，实施"人道主义"的武力干涉，1999年的科索沃战争即是这一战略的体现。

需要强调的是，尽管失去了传统大国威胁和没有明确的地缘战略重点，美国一度减少了军费开支，但仍然维持了冷战时期的盟友体系，并推动北约东扩、美日同盟条约修改等。其原因在于，第一，享受冷战红利，复兴长期冷战带来的萧条经济，美国迫切需要摆脱冷战体制。第二，防止世界上形成针对美国的均势和同盟。到克林

---

① ［美］艾什顿·卡特，威廉姆·佩里著，胡利平等译：《预防性防御：一项美国新安全战略》，上海人民出版社，2000年1月版，第11—20页。

② 同上书，第104页。

顿执政后期，随着美国实力攀升到历史的顶峰，已经很难有国家或国家联合对美国构成有效的制衡。在新军事革命的背景下，美国又开始重整军备，增加军费。

2. 对克林顿全球战略的几点评价

克林顿政府的战略在其任内遭到众多的批评。有人认为，克林顿政府的外交政策犹豫不决、目标混乱、缺乏远见、前后矛盾，不仅未能建立起美国领导下的世界新秩序，反而使美国成为恐怖主义的首选目标。也有人批评，克林顿只把很少的时间用于处理外交问题，所以更谈不上有什么外交遗产。现在回过头来看，克林顿时期的美国全球战略虽然在对外目标方面有许多败笔，比如 1993 年提出的建立“新太平洋共同体”，在 2000 年提出建立“民主国家共同体”等，提出后毫无反响。还有一些当时看起来有所收获的东西，也在克林顿下台后不久就被扫入历史，比如 1993 年美国促成的巴以和平协议——《加沙—杰里科先行自治协议》，当时巴勒斯坦领导人阿拉法特与以色列总理拉宾签署它的时候被普遍赞扬为中东和平进程的突破。但是，两年后拉宾遇刺身亡，这一努力付诸东流。从美国国内事务和实力地位看，克林顿则有着骄人的政绩。毫无疑问，这些国内政绩的取得跟克林顿政府的全球战略有着密不可分的关系。

其首要的特点或经验就是，克林顿顺应后冷战时代的潮流，将国内经济建设始终摆在国家战略的首要位置，用美国国务卿沃伦·克里斯托弗（Warren Christopher）的话说，在克林顿任期内，政策的钟摆从传统的安全考虑，摆到了全球化议程，这个议程的中心是要“用我们在‘冷战’中投入的同样多的精力和智慧来提升美国的经济安全”。[①] 这种战略重心的转变使得美国政府的核心部门从国家安全部门转变为财政部和商务部。[②] 1993 年 1 月 25 日，克林顿签署总统令，在总统办公室设立了美国国家经济委员会，负责协调涉及国内和国际经济问题的经济政策制定的过程。在克林顿政府内，国家经济委员会的地位与国家安全委员会相当，对美国在全球的经济进取和发展作出部署。这种以经济建设、经济安全为核心的战略，不仅实现了全球贸易和开放的市场经济的扩张，也给美国带来了长达九年的经济扩张，使得美国的单极地位达到了一个其他国家遥不可及的地步。到克林顿离任的时候，美国经济达到了美国历史上的一个高峰，占世界经济总量的 32% 左右。美国的单极优势达到了后冷战时代的巅峰，为小布什的全球战略扩张提供了坚实的物质实力基础。克林顿政府的战略成功之处就在于，他把国内经济扩张和全球贸易自由化和世界经济扩张结合在一起，在推进自由贸易的全球扩展和维护全球金融体系稳定的同时，国内制定了国家出口战略、信息高速公路等增强美国经济竞争力的发展举措。经济上的成功也为美国新一轮的军事科技革命和军事实力的建设和扩充打下了坚实的基础。在克林顿执政前期，他集中精力于经济发展，并削减军费以卸下冷战负担，军费开始呈现逐年递减的特点。但是，随着经济的成功，克林顿政府从 1999 年开始增加军费重新步入军事扩张的进程，开始追求绝对安全，发展导弹防御系统，美国的经济实力优势开始转化为军事实力优势。

其次，将扩展民主寓于扩展自由市场经济的进程中，实现了经

---

① Michael T. Klare, “Resources Wars, The Ne Landscape of Global Conflict”, NewYork: Metropolitan Books, 2001, p. 8.

② ［法］菲利普·戈卢布著，廉晓红、王璞译：《动摇的霸权：美帝国的扩张史》，中国民主法制出版社，2014 年 8 月版，第 102 页。

济增长和价值观念扩展的结合。克林顿奉行“市场经济导致民主，而民主则有利于和平”的逻辑，把扩展民主和开展自由贸易和扩张美国经济结合起来。克林顿外交原则的基石是在“全球经济”时代建立以开放的市场为基础的世界新秩序。当然，克林顿在通过贸易、投资以及其他方式的经济合作拓展民主认同时，也基于自身强大的军事实力，以人道主义干涉为名，通过武力达到恢复或扩展民主的目的，比如科索沃战争。人权外交是克林顿时期民主外交的主要方面，克林顿主义就是“人权高于主权的人道主义干涉”，美国推广所谓“国际公认的人权标准”也有利于维护美国的经济利益。国际人权法中对权利和自由的界定包括：报酬、工作条件、工会、生活水平、休息与娱乐、福利、社会安全、妇女儿童、环境等问题，这也为人权问题纳入经济竞争提供了方便。

第三，利用全球化来扩展美国体系及其民主价值观、自由市场发展模式等。冷战的结束扫清了两大阵营、两大意识形态斗争带来的阻挡，以国际贸易和投资增长、信息网络拓展为推动力的全球化迅速发展。克林顿利用自己的经济优势地位、冷战胜利获得的合法性地位，将其倡导的资本主义市场经济（华盛顿共识）、民主、法治、人权等意识形态从西方世界推向全球。克林顿政府认为自由化与美国的“国家利益”是紧密相连的，它具有强权政治的效果，它可以起到削弱其他的增长和发展模式的战略功效。我们以全球自由市场为例，全球自由市场的规范是由美国制定的，美国的资本可以顺畅地在它所定义的规则下运作，但对其他国家自主权的限制则是不对称的，这就使得美国不会受制于自由化给其他国家带来的约束。“信息、金融、商品和信息的流动性越来越大，使美国政府受到的约束越来越少，却使其他国家受到更多约束”[①] 一旦市场的自然运作或间接的制度压力无法取得有利的结果时，美国就会通过强制性的政治干预来保障这样的结果。[②] 比如，在1997—1998年的亚洲金融危机期间，美国坚决将日本提出的建立亚洲货币基金组织的提议扼杀在萌芽状态。

20世纪90年代的自由化被证明是推动美国议程和扩大非正式帝国范围的潜在工具。克林顿非常注重利用国际制度，参与建立、制定、补充的国际组织、国际公约、协定，同各国发表双边或多边的联合声明，其数量和所涵盖的地理范围、专门领域都是国际关系史上空前的。比如，北美自由贸易区的建立、美朝1994年的核框架协议、世界贸易组织的正式运作、《核不扩散条约》的无限期延长、签署《全面禁止核试验条约》、美日同盟体系的更新、中美面向21世纪的战略伙伴关系、签署《京都议定书》、推动北约东扩，等等。美国利用全球化来扩展冷战期间建立的国际机制和制度，降低了维持单极霸权的成本，促进了美国的长远经济利益和战略利益。

最后，还值得一提的是，克林顿政府在不断积聚单极实力优势的同时，在对外使用武力上却非常谨慎。1993年克林顿政府对索马里的人道主义危机进行干预失败后，美国在对外用兵上非常谨慎。1994年卢旺达爆发种族骚乱时，尽管并不需要付出太多成本，但克林顿仍然拒绝派兵干预。甚至在1999年的科索沃战争中，美国也没有派出地面部队，而是仅仅进行了70多天的空中打击，这也使得克林顿政府没有陷入到过度扩张的危险中去。1998年初，新保守主义者对克林顿施加压力，要求推翻萨达姆侯，克林顿支持将推翻这位

---

① Robert Wade, “The American Empire and its Limits”, in DESTIN Working Papers Series, London: London School of Economics, 2002.

② Joseph E. Stiglitz, Globalization and its Discontents, NewYork: Norton, 2003.

伊拉克领导人作为长期目标，但拒绝使用战争方式。克林顿治下的美国，正如理查德·哈斯给出的评语，是一个“吊儿郎当的治安管”。[①] 但是，美国不断积蓄实力优势，而尽量少挥霍国力的战略最终将美国推向了单极的顶峰。

二、全球扩张的地缘维度：小布什的全球战略

小布什政府初入白宫的时候将其战略方向指向了大国对抗，强调维持美国军事威慑和力量优势，遏制俄罗斯复兴和中国崛起。但“9·11”事件的爆发扭转了美国的战略方向，美国开始运用自己的军事力量来应对恐怖主义等非传统的威胁。

（一）强军事、强意识形态、弱经济的小布什政府全球战略

小布什政府以反恐战争为主轴，以运用美国的军事力量为手段，规定了美国战略的方方面面：

第一，在对威胁的界定上。明确了恐怖主义、支持恐怖主义的“流氓国家”或“邪恶轴心”，以及“激进主义与技术的结合”，即恐怖主义与“流氓国家”和大规模杀伤性武器的结合等，是美国面临的头号威胁。美国最迫切的任务就是“捣毁全球范围内的恐怖主义组织以及任何试图获得使用大规模毁灭性武器及其材料的恐怖主义分子或支持恐怖主义的国家”。[②] 恐怖主义取代共产主义成为美国国家的威胁，这也是美国在冷战结束后第一次找到了明确的国家安全威胁目标。美国为此也发动了阿富汗和伊拉克两场战争。

---

① ［美］米尔斯海默：《美国的帝国主义之路》，http：//www. aisixiang. com/data/55856. html。

② http：//www. whitehouse. gov/nsc/nss/2002/nss. pdf.

第二，外交政策的军事化，谋求绝对安全和绝对的军事优势。小布什政府自恃美国无可比拟的军事优势，把军事力量作为对外政策最有效的手段和后盾，这一点在小布什的《国家安全战略报告》里明显体现出来。基于此，美国寻求维持军事领域的绝对优势，并谋求绝对的安全，推动国防由“基于威胁”转向“基于能力”，即从过去针对威胁进行威慑或预防性防御的消极战略转向以增进国防实力争夺优势的积极战略，其含义有：一是由于无法确定谁、在什么时间、从哪个方向对美国会带来威胁，军事计划只能从“基于威胁”转向“基于能力”；二是美国不再寻找特定的国家或威胁作为对手，而是要实现军事实力和能力的不断自我超越，[①]“美国拥有并保持首屈一指的军事力量，从而使其他国家出现的破坏稳定的军备竞赛失去意义”。[②] 这其实也就是“吓阻”战略，即谋求其他国家无法企及的军事实力优势和地位，使其放弃挑战美国的“念头”。美国国防转型正是循着这一原则，全面扩大在空中、海上和太空的优势。

第三，在外交上呈现出单边主义，在军事上提出先发制人。外交上，小布什认为拥有超强实力的美国不应受限于国际机制和组织，美国应该按照自己的想法重新塑造和领导这个世界，其单边主义体现为：退出了《生物武器公约核查议定书》、《反弹道导弹条约》，冻结批准《全面禁止核试验条约》，排除任何国际多边领域关于防止外层空间军备竞赛的谈判。小布什政府还将联合国作为美国行为合法化的工具。在反恐领域，美国寻求国际社会支持的同时，强调“单独行动的自由”，主张以“自愿者联盟”、“临时联盟”、“议题联

---

① 周建明主编：《美国的国防转型及其对中国的影响》，山东人民出版社，2006 年 6 月版，第 2 章。

② ［美］托德·林德伯格：《布什主义》，美国驻华使馆新闻文化处，《交流》，2003 年第 1 期，第 57 页。

盟”等代替过去那种固定的军事同盟。[①] 在军事上，提出美国的反恐战争应该运用先发制人的打击，威慑不足以对付“无赖国家”和恐怖分子，“一旦拥有大规模杀伤性武器的独裁者用导弹投射或将这些武器提供给恐怖分子，遏制也遏制不住了”，“必须在最严重的威胁出现前对付他们”，“必要时采取先发制人的行动”。[②] 伊拉克战争就是布什主义战略和先发制人原则的高潮。

第四，扩展民主。小布什政府在推广美国自由民主价值观上比克林顿政府表现得更加直接和强悍，把美国的价值标准作为世界的标准来推广，并将反恐和输出民主结合起来。小布什政府认为，推广民主是美国在长期反恐战争中最终取胜的唯一途径。美国的“大中东计划”就是为了彻底铲除恐怖主义的源泉和温床，对中东地区进行民主改造的计划，就像美国在二战后民主改造德国和日本，以消除纳粹主义和军国主义那样。第二任期，美国又推出所谓“转型外交”，其核心思想就是运用美国外交力量推动世界和其他国家向民主和善治转型，以消除恐怖主义、大规模杀伤性武器扩散、毒品走私等各种问题。另外，美国输出民主的另一个途径就是支持一些国家内部的“颜色革命”，进行所谓的再民主化。最后，需要指出的是，美国在反恐战争的框架下改善了与中国、俄罗斯等大国的关系，并试图构建一种所谓有利于自由的大国关系框架。

（二）构建帝国：“布什主义”的战略

小布什的战略也常常被称作“新帝国”战略。我们知道，美国

---

① 王缉思主编：《布什主义的兴衰》，世界知识出版社，2012 年 8 月版，第 50—69 页。

② 参看《美国国家安全战略报告》，载傅梦孜主编：《反恐背景下美国全球战略》，时事出版社，2004 年 4 月版，第 411—438 页。

战略是现实主义和自由主义等各种主义的结合，也是实力、制度、意识形态等共同作用的结果。在冷战时期，美国在西方阵营内部实行自由主义大战略，包括建立布雷顿森林体系、关贸总协定、经济合作与发展组织、北约等，以西方民主制、市场经济、开放贸易体系等自由主义原则为组织逻辑；而在美苏两极对峙体制中则实行现实主义大战略，包括遏制苏联扩张、军事威慑、制衡和联盟、军备竞赛等。冷战后，在老布什时期和克林顿时期，“帝国论”在美国战略界和社会舆论中时有泛起，追求全球霸权的帝国领导也已成为美国战略目标，但“帝国论”并没有完全主导美国的战略。在克林顿政府后期，美国在经历了一轮长周期的经济扩张后，美国综合国力和单极实力优势达到了一个新的高峰，巨大的单极实力优势点燃了潜藏在美国人心底的“帝国梦”。各种关于帝国的议论、倡议和期待在美国国内社会慢慢形成了一种广泛认可的观念。不论是自由主义的学者，还是现实主义的学者，或者其他主义和学派的学者，都开始纷纷谈论“帝国”的问题。小布什入主白宫时，美国正处于后冷战时代单极实力的巅峰，在帝国梦的刺激下，他开始谋划建立所谓的“美利坚帝国”，推出了具有鲜明帝国特征的“布什主义”的大战略。

第一，“布什主义”战略的物质实力基础、舆论思想基础具有帝国的特征。布什主义出台的时期，正是美国单极实力优势在后冷战时代最明显的时期。从国内生产总值看（见表一），在小布什入主白宫的2001年，美国的GDP占世界经济总量的比例达到冷战结束以来的最高峰，其军费开支超过其后15—20个国家军费开支的总和。美国全面的、巨大的单极物质实力优势是小布什政府提出具有帝国特征的“布什主义”战略的前提条件。更重要的是，这种物质实力的优势也是战略界和学界的精英们向“帝国”思想转变的基础。如果说，冷战刚刚结束的时候，美国人还不愿意明目张胆地谈论“帝国”的话，到克林顿执政后期，随着美国单极优势的强化，关于帝国的议论已经成为美国战略界、学界，甚至是舆论媒体的、广泛的观念趋势。

1997 年前后，布热津斯基写道：“今天（1990 年代末期，作者注）美国全球力量的范围和无所不在的状况是独一无二的。美国不仅控制着世界上所有的海洋，而且还发展了可以海陆空协同作战控制海岸的十分自信的军事能力。这种能力使美国能够以政治上有意义的方式把它的力量投送到内陆。美国军队牢固地驻扎在欧亚大陆，还控制着波斯湾。美国的仆从国和附庸国分布在整个欧亚大陆，其中一些还渴望与华盛顿建立更加正式的联系。”[①] 几年后，基辛格写道，“在新千年即将到来之际，美国的优势实力地位是历史上最大的帝国也无法比拟的。从武器到企业，从科学到技术，从高等教育到大众文化，美国在全球都具有无与伦比的势力”。[②] 2002 年，约瑟夫·奈写道，“自罗马帝国以来，没有一个国家能比其他国家高出这么多。美国就像一个巨人雄踞全球。它主导着企业、商业和通信；它的经济是世界上最成功的，它的军事力量不亚于任何国家。美国无疑是世界上最强大的国家，但是这种地位会持续多久？我们应该为此做些什么呢？”[③] 亨廷顿写道，“美国是唯一的在各个领域——经济、军事、外交、意识形态、技术和文化——都处于超群地位的国家，具有在任何一个领域向全球任何一个地方促进自己利

① ［美］布热津斯基著，中国国际问题研究所译：《大棋局》，上海人民出版社，2007 年版，第 19 页。

② ［美］基辛格著，胡利平、凌建平译：《美国需要外交政策吗》，中国友谊出版社，2002 年版。

③ ［美］约瑟夫·奈著，郑志国等译：《美国霸权的困惑：为什么美国不能独断专行》，世界知识出版社，2002 年 6 月版。

益的能力”。[①] 这些学者在美国战略界、学术界都有着巨大的势力和影响力，都具有相对冷静和客观的战略思维，其中前两位是典型的现实主义者，而奈则是一位重要的新自由主义理论家，他们都对单极实力优势下的美国未来做出了同样的“帝国论”的诠释，这反映出美国内部的“帝国冲动”。

而在美国政治中具有右翼的、更加保守的帝国主义论者则做出了更加极端的表述，有专栏作家在世纪之末这样写道，“美国世纪从西奥多·罗斯福设想修建巴拿马运河开始，随着运河的策划，美国跻身世界强国之列。而在美国世纪结束时，美国已经非常强大，稳稳地雄踞世界主导地位，就像一个巨人雄踞全球，自罗马帝国摧毁迦太基以来，没有一个国家达到我们这样的高度”。[②] 另一位新保守主义作者写道，“在 21 世纪即将到来的时候，美国在回忆它刚刚进入 20 世纪时的情景。法国拥有 17 世纪，英国拥有 19 世纪，而美国拥有 20 世纪。它还将拥有 21 世纪”[③] 在这种越来越强烈的帝国论调下，美国学者也纷纷为这个国家谋划帝国战略。1997 年建立的新保守主义的智库“新美国世纪计划”发布的报告就明确提出，美国要增加在国防领域的支出，将美国的核武库现代化，其目的就是通过美国无可置疑的军事优势，来保障和扩展“美国的和平”。所谓“美国的和平”，实质上也就是“美帝国治下”的和平，这也为美国“称帝”做好了智力准备。

第二，布什主义战略的外交行为方式——单边主义具有帝国的

---

① Samuel P. Huntington, “The Lonely Superpower”, Foreign Affairs, Vol. 78, Number 2, March/April 1999.

② Charles Krauthammer, “A Second American Century”, Time Magazine, Dec 27, 1999.

③ Mortimer B. Zuckerman, “A Second American Century”, Foreign affairs, Vol. 77, No. 3, 1999, pp. 18 – 31.

特征。布什主义是美国在遭受“9·11”恐怖袭击后，逐步提出的一套战略原则、方针。它的主要信条就是单边主义、先发制人、政权更迭、民主改造等，其体现帝国的最重要的特征恐怕就是美国开始寻求不受约束的单边主义。我们在第一章的分析中指出，单极结构下的美国可能的行为是，作为单极它受到的制衡更少了，对国际机制和多边外交的需求少了，所以容易呈现出单边主义的战略取向，也就是帝国的行为取向。

从现实的发展看，美国的战略行为的确是沿着这么一条轨迹在演变，首先是克林顿时期单边主义的逐步积累，最明显的体现就是随着美国社会保守思潮的上升，美国国会中的共和党对国际制度体系发起了激烈攻击：拒绝支付联合国会费，无情抨击联合国秘书长加利，针对数十个联合国成员国实施单边经济制裁，通过违背国际法和通行行为准则的治外法权（《伊朗—利比亚制裁法案》、《赫伯法》）等。1994 年以后，国会还拒绝了禁止地雷的《渥太华公约》和《全面禁止核武器条约》等。克林顿执政末期，单边主义复活达到高峰，国会不断指责克林顿总统想“让美国屈从于联合国之下”。小布什入主白宫后，采取了有条不紊的行动来打破这个以规则为基础的国家制度秩序。在新政府刚刚成立几个月的时候，就否定了克林顿总统签署的《京都议定书》，否决了联合国的控制小武器贸易的行动计划，阻止了《生物武器协议》的识别协议的计划，放弃了 1972 年起就支撑着国际安全架构的《反弹道导弹条约》，还激烈地反对国际刑事法庭和《罗马规约》。[①] 美国对自己在二战后创立的联合国体系的违背凸显了单边主义的帝国作风。

第三，“布什主义”战略对武力和军事的依赖是其成为帝国战略

---

① ［法］菲利普·戈卢布著，廉晓红、王璞译：《动摇的霸权：美帝国的扩张史》，中国民主法制出版社，2014 年 8 月版，第 116—117 页。

的最重要的依据。美国社会中所谓的“帝国主义论者”与现实主义者或自由主义者主要的分歧在于是更看重军事实力，还是更看重结盟和国际制度的作用。帝国主义论者不满足现实主义者关于确立有利于美国的国家间平衡的战略主张，更不满足于自由主义者主张的在美国支持下实现全球经济一体化，他们支持依靠武力实现美国的全球优势的战略，试图利用冷战结束以来形成的美国单极优势地位，进一步去除限制美国发挥实力的约束，并进一步扩大自己的战略优势，以此建立美国永久的单极战略优势。小布什一开始就决心走扩张和帝国主义的道路，这从他的讲话、政策宣誓和政府官员的谈话都体现得很突出。他组建的新政府，也几乎完全由曾经与国际安全部门有过关系的人构成，在一个全球化且各国之间和平相处的时代，这样的选择很奇怪，也很能说明问题。布什政府对武力和军事的依赖，最明显的体现就是“先发制人”军事战略的提出。可以说，先发制人是布什主义最重要的特征，也是布什政府军事政策的重要内容。

小布什一入主白宫就多次发表讲话，提出和强调对恐怖分子要采取先发制人的打击。2002 年，小布什政府第一个国家安全战略报告发布，对先发制人的军事战略做出了系统的阐述，“先发制人 + 预防性干预”也成为布什政府军事战略的核心思想。[①] 根据这份报告的阐述，美国无须受到攻击，只要感到受到了威胁，美国就有权进行“事前”的、“预防性”的打击，以反对恐怖主义而发动阿富汗战争和伊拉克战争就是先发制人军事战略的实践。作为一个核心的安全原则，先发制人战略是对传统的自卫准则造成严重破坏，也是对国际法和国家关系的通常原则的严重破坏，也标志着美国正式走

---

① 王金存：《帝国主义历史的终结》，社会科学文献出版社，2008 年 6 月版，第 310—311 页。

向“帝国”。另外，在单边主义军事战略下，美国从军事进入到中亚、中东等在冷战时期难以企及的地区，这种地缘政治的军事扩张也具有帝国的特征。阿富汗战争使得美国进入到了中亚地区，这里是麦金德和布热津斯基所说的欧亚大陆的心脏地带和地缘支轴国家，是控制欧亚大陆的关键地区。伊拉克的地理位置也同样重要。中亚的进驻和中东的改造使得美国的地缘政治版图从欧亚大陆的边缘地带扩展到中亚和中东。

第四，“民主改造和政权更迭”使得美国成为与传统帝国主义不同的“新帝国”或“自由主义帝国”。历史上的帝国主义不同，美国的帝国战略不是以殖民扩张和领土扩张为主要内容（拉姆斯菲尔德等小布什政府的官员多次就此辩护，认为美国不是为了扩张领土和殖民，所以不是帝国），而是以民主、意识形态的输出和自由市场的扩展为主要内容，所以有人称其为“新帝国”或“自由主义帝国”。客观地说，热衷于利用自由民主的价值观，通过“西方”和“分化”等途径，进行意识形态和政治进攻，颠覆这些国家的合法政权是美国霸权的一贯手段。但是，在布什主义的战略中，这种价值输出、民主改造和政权更迭，具有更加核心的地位，更像是十字军东征，甚至为了输出民主和意识形态而策动所谓的“颜色革命”甚至是反动战争。小布什执掌政权后，发生在前苏联地区的乌克兰、格鲁吉亚和吉尔吉斯等中亚国家的“颜色革命”都由美国在背后策动的身影。美国在伊拉克战争中推行的所谓“大中东民主计划”也是小布什政府这种“民主输出”战略的重要组成部分。

三、帝国的隆起：从克林顿到小布什

美国从单极霸权向帝国的隆起是基于“冷战遗产”的、持续的历史进程，小布什政府最终走向帝国的顶峰，绝不是凭空产生的，而是基于老布什和克林顿两任总统的战略基础。小布什政府建立帝国的冲动是冷战结束后的实力结构、战略局势可能带来的结果，但不是必然的结果。只有在美国内部的帝国基因的作用下，美国才会走向帝国的道路，而小布什的这种帝国战略也是美国自从建国以来、更广泛的历史长河的一部分。后冷战时代，帝国隆起的逻辑主要体现为如下几点：

第一，以全球霸权领导的身份行事。尽管克林顿表面上在竞选中对老布什的“世界新秩序”战略构想进行了批评，但实际上他接受了美国追求全球领导地位的战略主张，在他任内的多篇国家安全战略报告中，都体现着美国追求全球领导地位，以全球霸主的身份去推进战略目标的思维。1994 年的安全战略报告写到，“美国在世界上的领导地位从未像现在这么重要。如果我们在国外发挥领导作用，就能够通过阻止侵略、促进危险的冲突得到和平的解决、打开外国市场、帮助民主政权、并积极应对全球问题，使得美国更加安全、更加繁荣”。[①] 面对美国国内的孤立主义情绪，时任国务卿奥尔布赖特把美国称为“不可或缺的国家”，用以强调美国领导地位的重要性。1995 年出台的国家安全战略报告和 1998 年发表的新世纪安全战略报告，克林顿政府都极其强调美国的领导地位。小布什政府实行了完全不同于克林顿自由主义战略的政策，但在维持美国领导地位上则一脉相承。在小布什政府看来，要捍卫、维持和扩展和平，美国就必须发挥领导作用，致力于建立以美国为首、不存在任何匹敌竞争者的单极世界，在 2002 年的国家安全战略报告中，虽然没有直接说美国要作为全球领导，但他所强调的内容都是一个全球霸主

① The White House, A National Security Strategy of Engagement and Enlargement, July 1994, p. iii.

应该做的事情。在2006年的安全战略报告中，则再一次强调，美国要“领导日益扩大的民主共同体应对时代挑战”。[①] 追求霸权领导和维护霸权是后冷战时代美国历届政府制定战略的一个基本原则，它也构成后冷战时代的特征。

第二，在全球扩张的路径上填充不同的内容。克林顿和小布什都沿着全球扩张的战略轨道前进。但两人面临的挑战不同、形势不同，其追求扩张的形式、手段和内容也不尽相同。克林顿还面临着彻底实现从冷战时代向后冷战时代进行战略转型的任务，他实现了美国全球战略从“遏制”向“后冷战”的转型，“扩展”成为美国全球战略的新框架。正如时任总统国家安全事务助理莱克所说，“继承遏制原则的必须是一项扩展战略，即扩展世界上市场民主国家的共同体”。[②] 克林顿政府以“扩展市场民主”来取代反共产主义，作为美国外交的“新使命”，将美国打造的国际制度（如贸易、不扩散等机制）推向全球，完成了美国经济的全球扩张。到了20世纪90年代末期，美国所领导的自由主义秩序的巩固和扩展工作已然完成。冷战时期建立起来的西方秩序的组织逻辑被延展到全球层面。北约完成了第一轮扩展，在同盟伙伴之间带来更大的安全感且强化了民主和市场体制。北美自由贸易区和亚太经济合作组织建立和发展，1995年，世界贸易组织的建立从经济上增强了自由主义国际秩序的基础。[③] 还有许多其他国际制度和机制的扩展。到了小布什政府，则借助反恐战争的合法性完成了军事上的全球扩张，美国通过《全球

---

① The White House, A National Security Strategy of Unite States of America, March 2006, p. ii.

② 王缉思主编：《高处不胜寒——冷战后美国的全球战略和世界地位》，世界知识出版社，1999年版，第363页。

③ ［美］约翰·伊肯伯里著，赵明昊译：《自由主义利维坦——美利坚世界秩序的起源、危机和转型》，上海人民出版社，2013年9月版，第203—204页。

防务态势评估》的出台，不仅完成了冷战结束后最大规模的一次全球军事部署调整和军事指导思想的调整，还借助反恐战争将自己的军事力量进入到中亚和中东等以前从未进驻的地区，实现了地缘战略上的全球扩张。

全球扩张的另外一个重要内容就是自由民主意识形态的全球扩张，这种扩张与美国追求领导地位结合在一起，“领导地位 + 民主扩张”成为后冷战时代的美国战略共识。历届政府都将维护以美国为领导的国际秩序，对外扩张美国的民主模式和价值观作为其战略的重要内容。老布什政府 1990 年版的《美国国家安全战略》中强调通过综合运用政治、经济、军事和外交等手段，将苏联作为一个有益的伙伴纳入到国际体系中，从而开创了一个超越遏制的新时代，[①] 这实际上已经勾勒出参与和扩展的实质，即通过接触来将苏联纳入美国为领导的国际秩序。只不过，老布什的超越遏制战略仍然没有脱离以军事威慑为核心遏制框架，而克林顿的扩展战略则明确提出以维护美国领导地位为核心，促进经济繁荣，增进国家安全和向国外推广民主等新的外交使命，[②] 这在美国战略史上还是第一次。小布什的单边主义更是体现出了一种帝国的霸权气势。无论是反恐，还是发动阿富汗和伊拉克战争，都体现出美国霸道的领导地位。小布什在输出民主和价值观方面更是强悍，不仅将其与反恐战争的胜败结合起来，推行了“大中东民主计划”，更是将输出民主视为美国外交的根基，不断支持在中东、中亚国家发生的“颜色革命”，在其任内发布的两份《国家安全战略报告》都重申了这一思想。从以上分析可以得出结论，后冷战时代的“领导地位 + 扩张”已经取代了冷战

---

① 参看 1990 年美国国家安全战略。

② 王缉思等主编：《冷战后的美国外交（1989—2000）》，时事出版社，2008 年 1 月版，第 426 页。

时期的遏制大战略，成为美国战略的时代框架。概而言之，在后冷战时代，美国及西方文明发展模式处于空前的道义优势，向全球扩张其发展模式和价值观，实现冷战使命，力图运用自己的意识形态和价值观来改造世界。美国自由主义模式被视为人类社会形态演进的终点和最高阶段，是“人类最后一种统治形式”。[①] 世界其他国家应该引入西方的自由民主模式，各国探索自己的发展道路和发展模式的合法权利被剥夺了。这是美国“自由主义帝国”与传统帝国主义不同的最明显的特征之一。

第三，从安全上看，建立了替代“威慑”战略的多种安全战略框架。威慑战略已经不能适用后冷战时代的非传统威胁，克林顿和小布什根据美国面临的安全环境分别提出了替代性的战略框架。克林顿提出了“预防性防御”战略替代威慑战略，“它把国家安全战略的重点放在一旦处理不当，下一个世纪有可能升级为威胁到美国生存的甲类危险上面”。[②] 克林顿政府认为，这一战略是美国国家安全部门和军方领导人的首要使命，是在处理乙类和丙类威胁时必须同时全力推行的战略。小布什政府则提出了“先发制人”替代“威慑”作为军事打击恐怖主义的原则。在应对潜在的大国竞争时，小布什政府提出了“吓阻”战略，也就是将美国的军事优势扩大到任何一个国家都无法企及的高度，慑止任何大国对美国可能挑战。后冷战时代没有形成一个类似“威慑”那样的统一的战略框架，这主

---

① 美国学者福山曾经断言，西方的自由民主是“人类意识形态发展的终点”，是“人类最后一种统治形式”，西方在冷战中的胜利和社会主义苏联的崩溃标志着“历史的终结”，人类社会形态发展的终点，就像是黑格尔将自由的国家形态视为人类社会演进的终点，马克思将共产主义社会确定为人类的归宿一样。［美］弗朗西斯·福山：《历史的终结及最后之人》，中国社会科学出版社，2003 年版；Francis Fukuyama，“The End of History，” The National Interest，Vol. 16，Summer 1989。

② ［美］艾什顿·卡特，威廉姆·佩里著，胡利平等译：《预防性防御：一项美国新安全战略》，上海人民出版社，2000 年 1 月版，第 14 页。

要是因为对安全环境的变化和没有冷战时期苏联那样的一以贯之的安全威胁，各任政府眼前面临不同的战略任务。

第三节 美国为何会过度扩张：超地区霸权模式的解释

“过度扩张”指的是霸权对战略目标的追求超出了霸权实力的承受范围，偏离了战略目标和战略手段相统一的基本规律，它会带来诸多的负面战略后果和风险。在“美国是否衰落”的争论中，主张美国实力已经衰落的论者通常将“过度扩张”作为自己的依据，其最重要的代表就是保罗·肯尼迪。他在《大国的兴衰》一书中提出，美国在霸权的诱惑下走向扩张，由于过度扩张而承受过多的霸权负担，从而导致美国国力“入不敷出”，进而走向衰落。[①]

后冷战时代，美国战略经历了从“单极霸权向帝国”的隆起。小布什离任时，美国又陷入了过度扩张的战略泥淖，美利坚帝国似乎又陷入了衰落的战略境地。笔者提出的疑惑是：作为理性行为体的美国，在其霸权负担超出自己实力承受范围的时候为什么仍然选择继续扩大使用自己的实力，直到走向“衰落”。而且，美国自第二次世界大战结束走上世界霸权的道路后，虽历经多次“衰落”，仍一而再地过度扩张，最终同样重蹈覆辙。

为何美国制定战略决策和规划时不能吸取历史教训？我们将运用超地区霸权模式的理论对此进行分析，从国内和国际两个层面来分析美国走向过度扩张的内在逻辑和机理，尤其是美国隆起为“自

① ［英］保罗·肯尼迪：《大国的兴衰》，中信出版社，2013 年版。

由主义的帝国”之后，自由主义意识形态在导致霸权过度扩张的过程中发挥何种作用。

一、超地区霸权战略的理论

根据克里斯托弗·莱恩的解释，自 20 世纪 40 年代末以来，超地区霸权战略或全球霸权战略是美国成长为世界性霸权后一直在实行的战略。超地区霸权战略理论是一种关于美国大战略的新古典现实主义理论，融合了国际体系和国内政策内外两个层面的变量。国际体系因素构成美国奉行超地区霸权战略的客观的外部条件，而国内政策因素则可以解释美国大战略的动机，即美国为什么如此行事。①

从体系或结构的层面来看，美国实施超地区霸权战略需满足三个前提条件：第一，美国在国际体系中需要拥有明显超越其他大国的相对实力优势；第二，美国在西半球已经建立霸权，也就是已经建立稳固、安全的后院，以免其他大国利用美国在本地区内的矛盾来制约美国的超地区霸权战略；第三，美国在向其他地区扩张的过程中，不会遇到地区大国的激烈抵抗，如果遇到地区大国的激烈抵抗，则会削弱美国的相对实力地位。从第二次世界大战后的情况来看，美国处于空前的单极优势地位，并且获得了在西半球的霸权。虽然苏联也具有相当的军事实力，可以说与美国形成两极格局，但从综合实力来看，美国远远超出苏联，即使是在苏联最接近美国的时候，美苏之间仍存在着巨大的实力差距。这使得美国可以更多地追求其他地区的超地区霸权。也就是说，从国际体系层面来看，美

---

① ［美］克里斯托弗·莱恩：《和平的幻想：1940 年以来的美国大战略》，上海人民出版社，2009 年版，第 43 页。

国已经具备追求全球霸权的客观条件。

但是，从主观或者美国国内层面的因素来看，美国是否追求这种战略则受制于国内的条件和因素。作为美国外交史领域中三大流派之一的“门户开放”学派将安全、扩张、经济主导权和意识形态等内部和外部因素结合在一起来解释美国大战略，[①] 有助于我们全面准确地把握美国决策者如何理解美国利益，以及危害这些利益的各种威胁，也可以理解为什么美国大战略会选择超地区霸权，而不是其他的战略。另外，这个理论还强调美国的国家能力与“门户开放”之间的关联性。我们知道，二战结束时美国成长为世界霸权，开始对外扩张，通过创建能够实现其政治、经济和意识形态利益的国际体系规则，谋求扩大美国对世界政治的控制和国际秩序的主导权。[②] 所以，“门户开放”学派将国际体系和结构层面的因素结合起来，对解释美国在冷战期间的大战略行为及其与后冷战时代战略的联系，以及理解从冷战时代向后冷战时代转变的美国战略都非常有价值。[③]

根据超地区霸权战略理论，美国大战略的内在动力就是创造一个“门户开放”的世界，世界各国不仅对美国的自由价值和制度开放，同时也对美国的经济开放。因此，“门户开放”的世界有两个支柱：一是经济上的“门户开放”，即维持一个开放的国际经济体系；

---

① Bradford Perkins, “The Tragedy of American Diplomacy: Twenty-Five Years After,” in Lloyd C. Gardner, Redefining the Past: Essays in Diplomatic History, Corvallis: Oregon State University Press, 1986, pp. 21 – 34.

② Rpbert Gilpin, War and Change in World Politics, Cambridge: Cambridge University Press, 1981, p. 24, p. 95.

③ Joseph A. Fry, “From Open Door to World Systems: Economic Interpretations of Late Nineteenth Century American Foreign Relations,” Pacific Historical Review, No. 2, May 1996, p. 27.

二是政治上的“门户开放”，即能够在海外传播民主和自由主义思想。[①] 这两个支柱要求其他国家必须奉行开放的政策，其他国家的“闭关锁国”政策将会危及美国的根本利益，危及美国的经济和意识形态。“门户开放”给美国战略带来的假设就是：政治和经济自由主义除非在海外安全传播，否则也不能在国内繁荣发展。如果其他国家都闭关锁国，那无异相当于切断美国社会和自由制度的“氧气”。“如果切断氧气的话，那么美国的社会和自由制度将会窒息而亡”。[②] 这也成为后冷战时代美国战略的一个信条，比如，小布什在2002年的国家安全战略报告的导言中，明确将鼓励“社会开放”和“政治自由”，促进全球经济特别是贫穷国家经济的发展，作为反恐的根本。[③] 在其第二任总统就职演说中又宣称：“我国自由的生存越来越多依赖于其他国家自由的成功。”[④] 在2006年的安全战略报告中，他再一次强调，美国要“领导日益扩大的民主共同体应对时代挑战”。[⑤]

一方面，意识形态或者被称为“美国制度”的东西居于“门户开放”的核心地位。[⑥] 这是因为，美国国内的经济和政治制度只有在一个意识形态上认同美国的世界才能得到最好的保护。如果意识

---

① Tony Smith, America's Mission: the United States and the Worldwide Struggle for Democracy in the Twentieth Century, Princeton: Princeton Universtiy Press, 1994, p. 327.

② Frank Ninkovich, Modernity and Power: A History of the Domino Theory in the Twentieth Century, Chicago: University of Chicago Press, 1994, p. 53.

③ The White House, A National Security Strategy of Unite States of America, September 2002, p. ii.

④ ［美］克里斯托弗·莱恩著，孙建中译：《和平的幻想：1940年以来的美国大战略》，上海人民出版社，2009年版，第42—43页。

⑤ The White House, A National Security Strategy of Unite States of America, March 2006, p. ii.

⑥ William Appleman Williams, Tragedy of American Diplomacy, New York, Delta, 1962.

形态上敌对的国家——比如苏联——主导了欧亚大陆，那么美国为了保卫自身安全就不得不在经济和政治上进行自我改造。另外一种可能，就是某种形式的非自由主义的意识形态入侵美国，或某种军国主义的暴政思想在美国蔓延，美国变成一个军事体制的国家，这对美国的价值和生活方式也是根本的威胁。还有，如果在意识形态上敌对的大国主导了欧亚大陆并且与美国断绝往来的话，美国将会处于一个完全不同的世界上，很容易陷入孤立无援的地位，这将会损害美国对自己生活方式和价值观的自信，引起国内政治、经济、文化和美国信念等内涵的重新界定。“门户开放”政策是美国国内政治和外交政策的结合体，确保美国核心价值安全，不仅与国际体系中的权力分配紧密相连，还与海外经济扩张和外部世界对美国自由思想的开放紧密相连。“门户开放”促成了扩张主义传统与传教使命的联姻，美国的经济扩张需要配套其政治思想在全球的传播。

另一方面，“门户开放”政策给美国追求超地区霸权战略带来动力，要求美国要创立开放、自由和公平的贸易和投资体系，以防止闭关锁国的兴起，也要求地缘政治的稳定和世界的和平，这就要求美国要充当具有重要利益地区的霸主稳定器。美国后来逐渐形成一个模式，那就是防止闭关锁国的最好办法就是促进海外经济发展和输出民主，而军事等强力措施则是最后的手段。这样，“门户开放”政策就成为促使美国成为超地区霸权或者全球霸权的动力。美国是否能够成为世界霸权，则要从国际体系的层面来分析，也就是回到前面所分析的三个条件。

这样，我们从国际体系的因素和美国国内的“门户开放”的动力两个方面完成了对超地区霸权战略理论的解释。美国从第二次世界大战结束的时候就开始了寻求超地区霸权战略，在后冷战时代，“门户开放”的动力依然存在于美国国内，而单极体系和西方体系的全球扩展又为美国实行超地区霸权战略提供了历史性机遇。冷战时代和后冷战时代的美国战略凸显了对超地区霸权战略追求的高度连贯性。

后冷战时代西方体系的全球扩张基本上涵盖了“门户开放”政策的各个构成要件。首先，美国的霸权领导，这是确保“门户开放”政策的实力基础和最后保障。美国的单极地位是后冷战时代的基本特征，克林顿政府时期的长周期增长又大大强化了美国的单极实力优势地位，使得它成为一个在各个领域都具有全面统治优势地位的“帝国”。其次，开放的市场经济体系的全球扩张，包括关税与贸易总协定向世界贸易组织的转变、全球货币机制的稳定，等等。美国开始构建一个全球统一的市场体系，这也带动了经济全球化的加速扩展。再次，后冷战时代是西方自由民主模式向全球扩张的历史性机遇和黄金时期，社会主义阵营的失败和历史终结论的流行都使得美国向外输出民主和人权的价值观具有合法性。从整个世界来看，许多国家也都从社会主义的失败中吸取教训，正在寻找新的发展出路，而美国的自由民主对它们来说具有很大的诱惑。

从具体的地区来看，后冷战时代美国对世界各地区的霸权追求并没有并没有从冷战时代的轨迹上后退。从欧洲来看，欧洲并没有在后冷战时代摆脱美国的霸权。相反，美国的霸权还得到了扩张。冷战刚结束时北约不仅没有随着苏东集团的崩溃而结束，反而迎来了不断的扩展和成员扩编。美国的超地区霸权战略的追求是永久化的，它仍然把北约置于欧洲安全的中心。北约的扩展也带来了美国在欧洲权力的继续扩张，巩固了后冷战时代美国作为欧洲稳定器的地位。美国凭借这一地位防止欧洲内部新的强权崛起，以免导致欧洲安全事务的重新国家化。而且，美国一直试图破坏欧盟通过奉行欧洲安全与防务政策而在北约的保护之外建立自身军事能力的计划。

由于美国的反对，欧洲独立防务能力的建设至今仍没有突破。在经济和意识形态上，美国也一直对欧洲保持警惕。虽然欧美之间时有贸易摩擦，但欧洲经济一体化始终对美国敞开大门。从东亚来看，后冷战时代美国和日本于1996年完成了美日同盟的更新，其应对范围转向了周边事态。美国在人权问题上对中国的外交施压和经济制裁恐怕是美国输出民主价值观的重要体现。在后冷战时代，中美贸易关系是中美关系的压舱石，对稳定中美关系具有重要意义。为了打开中国市场，经过10多年的双边谈判，中美终于就中国入世达成了协议，为中国加入世贸组织扫清了最大的障碍。

二、超地区霸权战略为何导致美国过度扩张

超地区霸权战略的内在缺陷就是自由主义基础导致的过度扩张，这也是美国在后冷战时代从鼎盛走向衰落的一个重要根源。所谓过度扩张，就是霸权目标和霸权手段的不匹配，即美国的霸权战略目标超出了其霸权的能力范围，从而导致自身在追求霸权战略的过程中，过度消耗实力而国力下降。

根据前述理论，超地区霸权战略认为美国只有建立“门户开放”的世界才能确保本身经济制度和民主制度的安全，美国的决策者也秉持这一逻辑，相信只有在一个由美国的自由主义意识形态塑造的世界里才具有安全感，这产生两个政策含义：一是对“门户开放”的追求不是国际体系产生的压力，而是国内的“门户开放”政策促使美国追求超地区霸权，与美国的经济制度和民主价值紧密相关，也就是与美国的生活方式紧密相关；二是使得美国对安全的界定超出了传统的军事、领土安全的界定，而扩展成为意识形态和非领土化的界定，其基本的逻辑是海外意识形态或经济的封闭危及国内自

由主义，从而对美国核心价值构成的威胁。“与具体的国家领土问题对国家安全造成的威胁相比，对世界秩序的威胁会使人们产生一种普遍的忧虑，这就是对未知的恐惧。这不仅仅是安全问题，而是人们的安全感所依赖的世界秩序模式受到了威胁。”[①] 这就使得美国的安全成为无限大的目标，这就意味着自由主义将一种能够导致过度扩张的逻辑强加给了美国大战略，主要表现为：无限大地界定美国的利益；依据“多米诺骨牌理论”思维，确信美国的利益将会受到世界各地事件的潜在威胁；认为维持“门户开放”世界需要美国经常证明其信誉度；要求在领土安全并没有受到明显威胁的情况下美国仍承担战争的义务，这就促使美国决策者求助于夸大威胁。[②] 下面我们从“门户开放”的两根支柱：即政治的“门户开放”和经济的“门户开放”来分析，自由主义是如何导致美国霸权目标的无限扩大，从而导致美国霸权的过度扩张。

（一）政治的“门户开放”与霸权目标扩大化的逻辑

从政治的“门户开放”来看，超地区霸权战略的内在信条就是，只有处于自由主义的世界，美国的国内政治制度才会安全。换句话说，美国及其核心价值只有消除了所有其他意识形态的对外传播源之后才会感到安全，这使美国的内外政策界限变得模糊，容易将改造整个世界作为谋求安全的目标。进而言之，美国的决策者认为，一个由众多民主国家构成的世界将是和平而稳定的，这是与“民主在一国难以生存”逻辑相同的不同表述。既然这样，那些非民主的、

① Robert H. Johnson，“Improbable Dangers：U. S. Conceptions of Threat in the Cold War and After”，New York，St. Martin's，1994，p. 12.

② ［美］克里斯托弗·莱恩著，孙建中译：《和平的幻想：1940 年以来的美国大战略》，上海人民出版社，2009 年版，第 223 页。

“坏”的国家是国际政治中“坏”的根源，将会导致战争和不稳定。“战争是一种不道德的行为，它肯定是由不道德的人所为。因此，如果能够改变那些误入歧途者的信仰，和平就能够永存。”① 这就是所谓的民主和平论。虽然民主和平论受到很多批评，但它对于美国的决策者具有很强的吸引力，非常符合他们的意识形态。美国有一种很主流的观点，认为输出民主无论是对新的民主国家的公民，对国际体系，还是对美国本身都能带来好处。对新民主国家的公民来说，民主意味着自由，而自由又意味着使用暴力的可能性下降和可能的经济繁荣；对国际体系来说意味着“民主和平论”；对美国来说，民主意味着不会与美国开战、支持美国的反恐、更愿意与美国结盟、更少的难民和更好的经济表现。② 无论是从安全还是从经济，输出民主都给美国和世界带来巨大的收益。所以，这种以输出民主和美国意识形态为核心的、政治上的“门户开放”对美国来说具有很大的动力。比如，小布什政府在2003年发动的对伊拉克的战争，其实具有更大的战略考虑，这就是中东的民主改造计划，这反映出美国的大战略已经为自由主义的意识形态所左右。小布什将恐怖主义对美国的威胁归咎于中东国家仍然没有实行民主的政治制度，认为专制和伊斯兰意识形态是孕育恐怖主义的土壤，因而要在中东推进一种冒进的自由战略。③ 根据该战略，伊拉克被视为美国在中东推动民主化和民主转型的一个桥头堡。小布什政府多次表达这一信念，将其

---

① Robert E. Osgood, “Ideals and Self-Interest in America's foreign Relations: The Great Transformation of the Twentieth Century”, Chicago, University of Chicago Press, 1953, p. 93.

② Sean M. Lynn-Jones, “Why the United States Should Spread Democracy”, March 1998, http://belfercenter. ksg. harvard. edu/publication/2830/why_ the_ united_ states_ should_ spread_ democracy. html? breadcrumb = %2Findex，上网时间：2015年4月15日。

③ “Remarks by the President at the 20th Anniversary of the National Endowment for Democracy,” November 6, 2003, http://www. whitehouse. gov/news/releases/2003/11/print/20031106-3. html, p. 5.

视为需要几代人努力的战略。小布什政府还提出过“邪恶轴心”和“暴政前哨”等概念，这其实就是“坏国家”将会导致战争和不稳定的逻辑。小布什之后的奥巴马政府，在美国实力地位相对下降的时代背景下，仍然将输出民主和美国的价值视为美国对外战略的核心之一。[①]

有观点认为，一旦某个大国的行为超出了传统的均势范畴并将别国的国内政治制度视为本国安全的试金石，那么它的利益在本质上已经变成帝国利益，而不再是它的国家利益。[②] 所以，自由主义意识形态是美国产生帝国主义野心的一个重要根源，它假定非民主国家都是威胁，美国有权干涉别国的内政。克林顿曾经在1993年4月称，现在只关心国家间均势的方法对于维护和平已经不够用了，美国的政策必须集中在国家内部关系、国家政权形式、国家经济结构以及国家内部的种族宽容等问题上，它们决定着这些国家对待其国民和其他国家的方式，也决定着这些国家是否言行一致。[③] 可以说就是这种帝国主义逻辑的体现。此外，自由主义意识形态还假定，为了寻求安全，美国必须持续扩张，直到通过在国外不断复制其自由主义制度和价值并最终建立一个“门户开放”的世界。所以，正是自由主义，美国的国家安全概念才具有了一个潜在的无限范畴，它导致了美国的过度扩张。

---

① The White House, A National Security Strategy of Unite States of America, May 2010. 在报告中，奥巴马政府将自由民主、安全、繁荣和秩序作为美国战略追求的四大目标。

② Robert W. Tucker, “The American Outlook,” in America and the World: from the Truman doctrine to Vietnam, eds Robert E. Osgood et al., Baltimore, John Hopkins University Press, 1970, pp. 50—51.

③ Bill Clinton, “Remarks to the American Society of Newspaper Editors,” April 1, 1993.

（二）经济的“门户开放”与霸权目标扩大化的逻辑

经济的“门户开放”一个基本的要求是经济开放区必须确保和平与稳定，这就要求追求经济开放的美国必须提供和平与稳定的安全秩序。根据前述理论：第一，经济的“门户开放”需要美国在经济开放地区发挥稳定器的作用。美国认为，它在欧洲和东亚驻军的主要目的是维持这些地区的稳定，防止这些地区发生动乱，尤其是防止复兴大国之间的安全竞争造成经济的闭关锁国。美国的超地区霸权战略存在的前提条件就是美国发挥地区稳定器的作用，以便确保欧洲和东亚等这些关系到美国繁荣的核心地区的经济开放。第二，“门户开放”还要求美国确保核心地区的盟国能够获得外围地区的市场和原材料。也就是说，美国还必须负责捍卫核心地区与外围地区之间所谓的相互依赖的关系。美国必须在外围地区使用军事力量，尤其是那些邻近核心地区的国家，以确保那里的地缘政治动乱不会外溢和影响到核心地区的经济关系。① 如果外围地区的冲突不加以遏制，就会扩散并影响到核心地区，一旦周边的冲突引发的小冲突，将会引起核心地区大的冲突。

为什么经济的“门户开放”也会导致美国的过度扩张？我们可以从以下两个方面进行分析。第一，从“门户开放”的核心区域来看，美国主要防止这些地区出现挑战美国的霸权或者地区内的安全竞争导致闭关锁国的局势。对于欧洲，美国主要的战略考虑就是防止欧洲大国的“重新国家化”，也就是美国在欧洲或东亚的同盟体系或主要盟国摆脱美国的战略保护，推行独立自主的外交和安全政策。这样的话，欧洲和东亚就会重新向多极体系回归，继而出现大国之

① ［美］克里斯托弗·莱恩著，孙建中译：《和平的幻想：1940 年以来的美国大战略》，上海人民出版社，2009 年版，第 231 页。

间的安全竞争。这一战略认为，如果欧洲或东亚的任何大国在没有美国的援助下发展自卫军事能力的话，其邻国将会对此感到受到威胁，这会刺激一直处于蛰伏状态的安全竞争出现，从而造成紧张关系和军备竞赛，形成恶性循环。克林顿政府的安全战略报告这样阐述美国军事力量的前沿部署，它“使美国能够利用其责任人的身份来防止权力真空的扩大和危险军备竞赛的升级，因而可以通过消除对地区安全的威胁来加强地区安全”。① 美国把自己的驻军当成地区稳定器，认为如没有美国的稳定力量存在，欧洲和东亚“很可能会陷入无限制的军事竞争、冲突和侵略境地”。② 它对东亚和欧洲的大战略目标是反对多极，而不是“反地区霸权”。美国将会让欧洲和东亚的盟国放心，它们不必担心自身的安全，美国不仅防止它们之间的冲突，还将防止外来的威胁。美国这样做既压制了盟国获得强大军事能力的欲望，防止它们崛起挑战美国，也可以通过防止盟国在安全政策上绕开华盛顿，进而控制它们的行为。因此，经济的“门户开放”实际上也赋予了美国大战略一种帝国和霸权的内容。美国“通过保卫我们的盟友，我们的人民现在获得了统治整个世界的权力”。③

不过，保卫自己的利益与保卫盟友的利益总会有所差异，而且也会冒很大的风险，盟友常常会对美国是否愿意冒很大风险来捍卫他国的利益表示怀疑。因此，美国的“确保安全”能否成功还取决于别国对美国的安全保证信誉度的认可。如果盟友对美国的安全承诺不放心，

---

① The White House, A National Security Strategy of Engagement and Enlargement, July 1994, p. 10.

② Aiberto R. Coll, “Power, Principles, and Prospects for a Cooperative International Order,” Washington Quarterly, Vol. 16, No. 1, Winter 1993, p. 8.

③ ［美］克里斯托弗·莱恩著，孙建中译：《和平的幻想：1940 年以来的美国大战略》，上海人民出版社，2009 年版，第 233 页。

就会导致美国的同盟体系的弱化甚至解体，美国的大战略结构也将会解体。因此，信誉度被美国的决策者视为一种生死攸关的利益，为了信誉度，美国可能会在跟自己利益不相关的地区进行战争，这导致了美国往往扩大自己的责任范围，也就是过度地承担责任。

第二，从“门户开放”的边缘地区来看，美国为了维持核心地区与外部世界的联系，或者为了信誉度问题，也往往承担过度的防卫责任。为了向国内民众解释为什么要参加一些看起来与美国利益不那么相关的战争，美国的决策者通常采取了夸大威胁的做法，包括经常求助于“多米诺骨牌”的比喻。凡此种种，都将美国的安全边界大大地扩大了。

后冷战时代的一个明显的例子就是1999年的科索沃战争。美国是出于三个密切相关的原因才干涉巴尔干地区的动荡的：一是维持欧洲的稳定，也就是防止科索沃危机发生连锁反应影响到欧洲的内部。作为经济上“门户开放”的核心地区，美国非常担心发生在巴尔干的冲突扩散到欧洲腹地，欧洲的稳定与安全是美国重要的根本利益之所在，而波斯尼亚冲突是自二次大战结束以来对欧洲和平构成的最大危险。① 二是维持经济上的“门户开放”。美国认为，如果战争给欧洲带来了破坏性的经济后果，将会破坏美国恢复出口和振兴国家经济的战略。② 有官员称，“如果美国不在南斯拉夫采取有效行动，其后果不仅影响美国的安全利益，而且还会影响美国的经济利益，因为我们与西欧在经济上的相互依赖为美国创造了大量的就业机会”③。三是为了维护北约的权威和稳定。这三个原因都可以为

---

① The White House office, “letter form President Clinton to Speaker of the House Newt Gingrich”, November 13, 1995, p. 1.

② MacNeil Newshour, May 6, 1993, Transcript No. 4622.

③ William E. Odom, “Yugoslavia: Quagmire or Strategic Challenge?” *Hudson Briefing Paper*, No. 146, November 1992, p. 2.

美国扩大防卫范围提供有力解释，也都符合我们前述的超地区霸权战略的理论。当然，这里面也包含着维护人权和防止人道主义危机的意识形态的考虑。

三、几点评论：解释力与不足

莱恩在美国学界是持“美国相对衰落论”的典型代表人物，他认为美国已经走向衰落，但这一进程尚未终结。[①] 他的超地区霸权战略模式更是结合着国内和国际体系两个层面，分析了美国走向过度扩张的内在机理，而这正是霸权衰落的重要根源之一。他还对那种认为硬实力衰落后，美国可以通过“软实力”继续维持美国霸权的观点进行批评。这自然也引起了反对“美国衰落论”的代表性学者——约瑟夫·奈的批评。针对莱恩的“帝国过度扩张理论”，奈认为，“它可以帮助解释原苏联的崩溃，它的国防开支最终超过了 GDP 的 20%，不过就美国而言，尽管在过去 10 多年中发动了两次轻率的战争，国防开支反而从冷战时期的 10% 降到了现在的 6%”。[②] 针对莱恩的其他观点，奈也从自己的软权力理论、权力扩散理论等给出了回应。其他学者，包括法里德·扎卡利亚、约翰·伊肯伯里、斯蒂芬·布鲁克斯、威廉·沃尔福斯等学者也大都认同“美国相对衰落”的观点，但他们认为美国可以利用现在的霸权优势地位，通过运用“制度、规则和规范”等软实力工具来确保现有的美国秩序延续下去。莱恩批评其为“锁定战略”，认为在现实世界中，大国的衰

---

① “American grand strategy: strives to maintain world hegemony-Interview with distinguished Professor Christopher Layne”, Oct 25, 2012, http://www.csstoday.net/Item.aspx?id=28824，上网时间：2015 年 4 月 14 日。

② Joseph Nye, “The 21st Century Will not be a Post-American World,” International Studies Quarterly, Vol. 56, Issue 1, March, 2012, pp. 215－217.

落从来都是伴随着阵痛，而“锁定战略”的观点则设想“利用现有框架约束新势力，从而维护美国自身的影响力”，称之为美国“无痛”衰落论或僵尸的美国霸权。[①] 莱恩认为“制度和规范反映国际体系中的权力分配”，一旦美国硬实力衰落必定引起美国秩序的变更，国际政治中会出现新的大国，这些国家会决定接下来的世界秩序是什么样子，新的世界秩序将反映新生大国而不是正在衰落的美国的利益、规范以及价值观。[②] 相应地，莱恩也认为美国不可能真正能将新兴国家纳入到国际秩序的变革，或者，真正接纳新兴大国的崛起。因为美国做惯了国际秩序的领头羊，而且诸如中国和印度等新兴国家与美国缺乏天然的联系，有着与美国截然不同的政治经济体系、行为规范和价值取向。[③] 总之，莱恩的观点不同于许多美国主流的观点，奈这样评价莱恩，“多年来，克里斯托弗·莱恩的著作之所以令人耳目一新，其中一个原因在于他乐于挑战传统观点”。[④]

尽管如此，相比其他理论模式，超地区霸权的战略模式对现实中的美国战略和战略逻辑仍具有较强的解释力。

首先，超地区霸权战略理论更侧重从美国自身内部的原因来寻找霸权扩张乃至“过度扩张”的根源，对自由主义意识形态的战略

---

① ［美］克里斯托弗·莱恩：《僵尸霸权：用美国今日的霸权对冲明日的衰落?》，载《中国社会科学报》，2014 年 3 月 12 日，http：//fund. cssn. cn/jsx/tpxw_ jsx/201403/t20140312_ 1026851. shtml，上网时间：2015 年 4 月 14 日。http：//fund. cssn. cn/jsx/tpxw_ jsx/201403/t20140312_ 1026851. shtml，上网时间：2015 年 4 月 14 日。

② “American grand strategy：strives to maintain world hegemony-Interview with distinguished Professor Christopher Layne”，Oct 25，2012，http：//www. csstoday. net/Item. aspx? id = 28824，上网时间：2015 年 4 月 14 日。

③ 克里斯托弗·莱恩：《僵尸霸权：用美国今日的霸权对冲明日的衰落?》，载《中国社会科学报》，2014 年 3 月 12 日，http：//fund. cssn. cn/jsx/tpxw_ jsx/201403/t20140312_ 1026851. shtml，上网时间：2015 年 4 月 14 日。

④ Joseph Nye，“The 21st Century Will not be a Post-American World，” International Studies Quarterly，Vol. 56，Issue 1，March，2012，pp. 215 –217.

逻辑和思维进行了细致的分析，这对一个美国学者来说，是难能可贵的。莱恩从自由主义意识形态下的“门户开放”出发，结合着国际体系中的权力分配来分析美国的战略及其走向，他更侧重从美国自身来寻找大国冲突的根源，而不是从外部世界给美国带来了什么威胁和挑战来分析，这也使得莱恩对美国的自由主义霸权有更深刻的批判。比如，莱恩明确指出美国不可能通过真正接纳崛起大国来改革国际秩序。在最近的文章中，他又提出当前美国对崛起的中国的警惕、战略防范和敌视也深受自由主义意识形态的霸权逻辑的影响，认为是“自由主义意识形态的棱镜”强化了“中国政治威权主义和国家资本主义相结合”的“中国模式”是美国“威胁”的认识。他进一步认为，中美未来如果爆发冲突，在很大程度上是美国政策导致的。在中国的崛起过程中，美国有最后的避让机会，可以避免不断迫近眼前的中美冲突真正爆发。[①] 这跟进攻性现实主义的观点有所不同。进攻性现实主义作为一种结构理论，认为国际体系中的国家都在追求权力最大化，不管奉行的是自由主义意识形态还是其他什么意识形态，国家之间的权力竞争不会有停止，现有的体系主导国将会阻止其他地区的大国的崛起，而其他地区的大国在崛起的过程中将会挑战现有的主导国。米尔斯海默明确指出，“中美两国必然发生冲突，而战争的根源就在于中国的崛起，中国未来将追求权力的最大化，是不可能和平崛起的，必定挑战美国。”[②] 他更加强调崛起国的因素，而不是美国自身的根源。正是这种强调美国自身根源的分析视角，使得莱恩和美国主流的许多观点都有分歧，也使

---

① Christopher Layne “America's view of China is fogged by liberal ideas”, in Financial times, August 13.

② John J. Mearsheimer, “Can China Rise Peacefully?”, in National interest, October 25, 2014, http: //nationalinterest. org/commentary/can-china-rise-peacefully – 10204.

得莱恩在美国以外的国家受到很大关注。更重要的是，这种对“美国本位或美国立场”的偏离也使得超地区霸权理论更加客观和具有说服力。

其次，从理论解释力的对比来看，超地区霸权模式具有独特的优势，更具有历史连续感。冷战后，美国学界针对变化了的国际环境提出了各种战略理论和模式。比如，阿特（Robert Art）提出的主导战略、全球集体安全战略、地区集体安全战略、合作安全战略、遏制战略、孤立主义战略、离岸平衡战略和选择性参与战略。[①] 科胡特（John Kohout）、波森（Barry Posen）和罗斯（Andrew Ross）都提出了各自的战略理论。“9·11”事件发生后，美国有学者又提出多边整合战略、新帝国战略和单极霸权战略作为美国大战略的可能选项。[②] 这些战略建言，都有其可取之处，有些已经被美国政府采纳。但是，将美国霸权领导下的经济扩张、民主扩张和地缘扩张结合起来，去探讨美国的战略模式、构成和得失，则还有一定的不足。而超地区霸权理论则能很好地将意识形态、市场经济和安全等美国追求的三大战略目标结合起来进行分析。另外，超地区霸权具有很强的历史连续性。根据莱恩的观点，美国二战后60多年来实行的只有一个战略，那就是超地区霸权战略。确实，冷战的历史和冷战后的现实都体现出超地区霸权战略的逻辑。比如，从冷战后的现实看，自从老布什政府逐步确立了“霸权领导+全球扩张”的战略框架后，民主、繁荣和安全等目标就成为美国国家安全战略的恒定目标。此后的克林顿政府和小布什政府都将市场经济、自由民主和人权价值观作为推进美国全球领导地位和维持安全的基本内容和手段，并且

---

① ［美］罗伯特·阿特著，郭树勇译：《美国大战略》，北京大学出版社，2005年版。

② 潘忠岐：《与霸权相处的逻辑》，上海人民出版社，2012年版，第27—28页。

都认为美国的成功建立在自由民主和市场经济在全球成功的基础之上，这实质上就是超地区霸权战略的逻辑。小布什政府在中东推进民主的大中东计划，其出发点就是通过对中东的民主改造来铲除中东滋生恐怖主义的根源。而恐怖主义则和社会主义、法西斯主义一起，是美国自由主义的民主价值观在20世纪遇到的三大挑战。①

当然，理论来自现实，是对现实的抽象和概括，它无法完全满足现实复杂性的要求，超地区霸权战略模式也有其解释力的不足。

我们常说，过度扩张是霸权衰落的重要根源之一，由于二战后美国所奉行的超地区霸权战略所蕴含的导致过度扩张的机理，所以它也蕴含了美国霸权必然走向衰落的“种子”。从二战后国际实力地位起起伏伏的进程来看，美国经历了若干“衰落时刻”。② 运用超地区霸权战略理论能够比较好地解释为什么美国过度扩张而导致实力下降。但是，问题的另一面是，每一次衰落后，美国同样能够实现某种程度的战略调整，重新恢复自己的实力地位。对此，超地区霸权战略模式则没有做出回应，它回避了对霸权自我调整机理的探讨。即便就“过度扩张”本身来看，也不全是内在的“门户开放”逻辑所导致的，美国对霸权领导地位的追求、国内利益集团的因素、地缘战略的博弈和失误等等，都可以导致美国霸权战略目标的扩大，而这些也都是超地区霸权战略模式没有涵盖的。

另外，超地区霸权战略强调自由主义意识形态的扩张，但美国现实中的战略则并不是这样，尤其是在中东，美国的盟友往往都是

---

① ［美］塞缪尔·亨廷顿著，周琪、刘绯、张立平、王圆译：《文明的冲突与世界秩序的重建》，新华出版社，2001年版。

② 2008年金融危机后，围绕着美国的国际地位和影响力是否衰落，学界又展开了一轮争论。越来越多的观点认为，美国的相对衰落已经成为既定事实，即便是2013年下半年以来，美国经济相比其他发达经济体呈现出较好的复苏势头，也有许多观点认为，从较长的时间段来看，美国相对衰落的势头也没有得到根本的转变。

一些非民主的国家，比如沙特、“颜色革命”前的埃及等等。与这些国家“为伍”是不是就使得美国的自由民主“窒息”？显然不是这样，美国的国内政治制度和意识形态并没有因为这些国家的存在而面临挑战。相反，美国通过与这些国家结盟反而实现了自己的地区目标和地缘战略的利益，美国在中东有一套不同的战略逻辑。①

还有，超地区霸权战略与进攻性现实主义“形似而神不同”。两者对美国过度扩张动力的解释完全不同，超地区霸权战略认为国际社会中的国家有“好”与“坏”之分，而进攻性现实主义对国家的属性则基本上不予强调，只是关注权力对比和分配。所以，从表面来看，两种战略模式具有相同的外在表现，但其内在动力和实质是不同的。但是，关于美国超地区霸权战略的前途，双方的观点不谋而合，都指向了“离岸平衡战略”。米尔斯海默也对美国在冷战之后的战略提出了批评。他认为，冷战之后，美国进行全球性的称霸，已经全方位而且不可避免地走上衰落之路，重新回归离岸平衡战略是最佳选择。② 两者虽然理论路径大不相同，但殊途同归，反映了它们为美国霸权服务的相同理论本质。

结　语

如果说苏联解体使美国失去外在制约是导致战略上过度扩张外因的话，那么独霸权世界的战略思维则是导致美国过度扩张的内在

---

① 本文认为，美国在中东的战略考虑更多的是石油、地缘战略竞争、霸权主导地位等等，自由主义意识形态恐怕放在了靠后的位置。美国做出战略决策时，更多考虑的是当时的背景和美国战略利益的轻重缓急。

② ［美］约翰·米尔斯海默：《美国的帝国主义之路》，http：//www. aisixiang. com/data/55856. html.（上网时间：2014 年 10 月 12 日）。

根源。老布什政府处在历史发生变动的过度时期，许多的时代趋势都还不明朗，老布什的战略也有许多的局限性。但他确立了“帝国”的战略目标。随后的克林顿政府和小布什政府都继承了这一战略目标，只不过在全球扩张的道路上填充上了属于自己的战略内涵。克林顿政府提出了“参与和扩展”的战略，注重通过全球化和国际制度扩展来推广西方体系，以新经济为内核来实现美国经济的扩张，结果造成美国历史上最长的一次经济增长周期，美国的单极实力优势大大强化。小布什政府则在克林顿政府建立的实力优势基础上推行了更具“帝国”特点的布什主义战略，借助“9·11”事件发动了阿富汗战争和伊拉克战争，将美国的军事力量第一次打入并部署到了中亚地区，这是美国在地缘政治上的扩张。当然，无论是克林顿政府还是小布什政府，都将美国的自由民主价值观作为自己基本的立场和观念向全球扩散，克林顿发动了“人权高于主权”的人道主义干预战争——科索沃战争，小布什则希望通过军事更迭伊拉克政权，植入美国民主制度，为中东树立民主样板，这就是所谓的“大中东计划”。对于克林顿政府来说，他的战略扩张就是“经济+民主”，而小布什的战略扩张则是“地缘+民主”。当然，两者都是围绕着美国的全球领导地位展开的。

为何美国的帝国战略必将走向过度扩张？笔者选择了“超地区霸权战略”的理论分析模式。这个理论认为，美国追求的全球霸权是国际体系层面的原因和美国国内原因共同作用的结果。美国的帝国战略的内在缺陷就是自由主义基础导致的过度扩张，这也是美国在后冷战时代从鼎盛走向衰落的一个重要根源。当然，最后需要强调的是，超地区霸权战略与进攻性现实主义并非同一种事物，两者虽然有很大的区别，但都殊途同归地指向“离岸平衡战略”。

第三章 金融危机与后冷战时代的终结

后冷战时代是美国从单极霸权逐步走向帝国的时代，也常被称为“美国时代”。在“帝国隆起”的过程中，冷战时期的世界基本矛盾——东西矛盾，逐步转变为“美利坚帝国”与多元文明国家之间的矛盾。世界基本矛盾及其运动推动着后冷战时代的发展、演变，其基本的作用机理之一就是全球化，也就是以美国为首的西方世界与多元文明国家之间的矛盾双方的对立、统一、此消彼长、演变等各种运动形式的展开，是随着全球化的展开而进行的，其表现形式就是美国自由资本主义的模式通过全球化来向世界推广、扩展，而多元文明国家则基于各自的文明土壤在全球化进程中逐渐形成了适合本国国情的发展模式。在世界基本矛盾的演变进程中，美国主导的一元全球化秩序逐渐向多元全球化秩序转变。本章将基于对世界基本矛盾的分析来探讨后冷战时代的演变，并提出了 2008 年金融危机是后冷战时代终结的历史性事件，它意味着世界基本矛盾的主要方面发生了变化从而导致了时代的变迁。当然，后冷战时代的终结不是一蹴而就的，它也是一个历史进程，新时代的特征将会逐步呈现出来。

第一节　“美利坚帝国”与世界基本矛盾的转变

一、世界基本矛盾：从冷战到后冷战

在整个冷战过程中，东西矛盾和南北矛盾贯穿其中，这些矛盾的性质和形式虽然发生过变化，但这两对矛盾始终成为决定国际格局的基本矛盾。在冷战中东西矛盾的核心是美苏矛盾，它以美苏之间不同的社会制度和意识形态为基础，形成两大阵营之间的对抗，以及后来发展为美苏争霸。因此东西矛盾在很长一段时间里就是战争与和平的问题。后来，在美苏都持有可以毁灭对方的核武器的条件下，东西矛盾虽然没有导致世界大战，但以高度竞争性的军备竞赛，军事相互威慑，经济上以削弱对方实力为目的的对立，和在价值观和意识形态领域及外交领域里的对抗为内容的冷战表现出来。尼克松很明确地把这种冷战称为“第三次世界大战”。南北问题在相当长的一段时间里是第三世界国家反对帝国主义和殖民主义，争取民族独立和解放的斗争。到 20 世纪 80 年代，这个任务基本解决之后，它主要表现为发展中国家和发达国家之间日益拉大的差距问题，一直到今天这个问题并没有彻底解决。因此，邓小平对东西南北矛盾的判断是和平与发展问题，这两个问题一个也没有解决，并认为在冷站结束后的世界，南北问题是核心问题。“现在世界上真正大的问题，带有全球性的战略问题，一个是和平问题，一个是经济问题或者说发展问题。和平是东西问题，发展是南北问题。概括起来就是东西南北四个字。南北问题是核心问题。和平与发展是当代世界

的两大问题。”①

在冷战结束以后，南北问题依然在不断发展。② 但东西矛盾发生了变化。从矛盾的性质来看，由于东欧巨变和苏联的解体，东西矛盾依然存在，但不成为决定整个世界格局的基本矛盾。它突出地表现以美国为首的西方国家与仍然坚持社会主义国家之间的矛盾，如与中国、越南、朝鲜、古巴等之间的矛盾。一方面，由于中国、越南对经济体制实行了改革或革新，以及采取对外开放的政策，与西方国家的矛盾依然存在，但没有成为影响世界格局突出的对抗性矛盾，相反，与西方国家利益的相互依存程度，甚至在外交上相互借重的程度都有所增加。另一方面，苏联解体之后，两个超级大国争霸的格局发生了变化，东方不再作为两个霸权中的一方。世界表现为一超多强的局面。通常人们所说的世界正在向多极化的方向发展，与后冷战时代仍然存在着一超多强的局面是并行不悖的。问题是这种一超多强或多极化的趋势与东西矛盾不再是对应关系，而只是对国际间各种力量之间关系的描述。

从后冷战时代的整个世界局势来看，南北矛盾和一超多强的矛盾并不能全面概括影响世界局势的矛盾。以美国为首的西方与恐怖主义的矛盾、美国因伊拉克战争所陷入的困境、美国与伊朗间的矛盾表面上因核计划，背后隐含着更深刻的根源、美国以及欧盟与俄罗斯之间的矛盾、阿以矛盾、以当年查维斯为代表的拉丁美洲左翼与美国和西方国家的矛盾，再加上以美国为首的西方国家与仍然存在的社会主义国家之间的矛盾。这些矛盾深刻地影响着世界局势，但却是无论从多极化，还是从南北矛盾和东西矛盾都无法解释的。本书认为，这些矛盾是东西矛盾在冷战结束以后的转化与发展。说

---

① 《邓小平文选》第三卷，人民出版社，1993 年版，第 105 页。

② 参看十六大、十七大报告相关部分。

其是转化，是因为以美国为首的西方世界并没有放弃把自己的价值观、意识形态和社会制度作为普世的东西来改造整个世界，因而与非西方的文明有意识或无意识地发生着冲突，特别是在小布什政府时期所强调的建立“美利坚帝国”是一种顶峰。说其是发展，是因为以美国为首的西方文明与非西方文明之间的矛盾无论在广度上还是在深度上都有了新的发展。这是我们认识后冷战时代世界的一个重要维度。

二、东西矛盾的转化与“美利坚帝国”

东西矛盾是冷战时期的主要矛盾之一，它的发展决定着国际局势和冷战进程。冷战时期，东西矛盾表现为以苏联为首的东方阵营和以美国为首的西方阵营之间的对抗和竞争。两大阵营以社会制度和意识形态来划分和确定的，东方阵营基本上是在二战之后走上社会主义道路的东欧国家，西方阵营主要包括西欧国家以及日本等。20 世纪五六十年代，国际关系经过大分化、大改组之后，两大阵营都出现了离心化的倾向，东西矛盾转变为以美苏全球争夺和军备竞赛为主要内容，也就是美苏争霸。美苏围绕着具体的国家利益、国家安全和地缘政治的斗争无不渗透着意识形态和价值观的冲突，冷战就是一场意识形态的“世界大战”，这也构成了东西矛盾的基本特征。今天在人们关于冷战史的研究中，所有的学派都承认美苏各自秉持的意识形态和价值观的冲突是冷战爆发的一个重要根源和冷战的主要内容。而且，在美国决策者的心里，冷战类似于为了捍卫理想和自由的十字军东征。

而且，东西矛盾也折射出两大意识形态背后的西方文明与东正教文明之间的冲突。历史上有名的凯南“长电”，已经从俄罗斯的战略安全文化等因素来分析苏联的战略意图和行为，将苏联定性为反“自由”的、专制的、警察的国家，是西方自由世界你死我活的敌人，在这份电报中凯南还将俄罗斯东正教教会和它遍布海外的分会作为苏联实现对外政策目标的机构。这个奠定了西方冷战思维的“长电”，实际上还是戴着西方文明的透镜和思维来看待苏联共产主义威胁的。[①] 丘吉尔发表的“铁幕演说”公开将苏联描绘成“暴政”，是对源于西方基督教文明的民主价值观念的挑战和威胁，杜鲁门主义的核心是从意识形态上把世界两极化，提出每个国家都面临着不同的生活方式的选择。“美国的方式是以大多数人的意志为基础的，表现为自由的制度，由代表组成的政府，自由选举，保障个人自由、言论、宗教信仰自由和没有政治迫害。而另一种生活方式是以少数人的意志强加于大多数人为基础的。他所依靠的是：恐惧和迫害、对报纸和广播的控制、指名的选举和对个人自由的压制。”[②] 美国国家安全委员会第68号文件是美国冷战蓝图的总体设计，在这份文件中美国将与苏联的对立已经上升到文明的层面，“我们所面临的问题是严重的，不仅是这个共和国而且是文明本身的完善或者全部毁坏”。苏联威胁的不仅是美国具体的国家利益，而且是美国所属于的文明。这样，美国与苏联之间在世界观和由此所决定的战略目标上就没有任何妥协的余地。因此，“处于法制政府管理之下的自由观念，和在克里姆林宫的残酷集权统治之下的奴隶制观念之间，存在着根本的矛盾”。[③] 这也体现出基于基督教文明的西方民主对基于“异己”文明的价值观和社会制度的排斥。

东西矛盾与南北矛盾是性质不同，而又紧密相连的一对矛盾。

---

① 见凯南“长电”。

② 《杜鲁门回忆录》第二卷，120页。

③ 美国国家安全委员会第68号文件。

根据邓小平的论述，和平问题主要指东西问题，也就是美苏争霸，以及东西方两大阵营、两种制度之间的关系问题。而发展问题主要指“南北问题”。所以东西矛盾是以意识形态来划分的属于政治问题，而南北矛盾则是以经济发展水平来划分的，属于经济发展问题。但是这两个问题又是紧密相连的。和平离不开发展，发展需要和平，二者辩证统一。而且，邓小平进一步指出这两大问题一个也没有解决，“和平与发展两大问题，和平问题没有得到解决，发展问题更加严重”。[①] 邓小平关于世界基本矛盾的思想也代表着中国共产党对世界局势的判断，自从被写入中共十三大报告以后，党的文献始终沿用着这一判断，直到今天。

但是，东西矛盾在后冷战时期也发生了变化。冷战的结束意味着东方社会主义阵营的坍塌，西方民主制度取得了巨大优势，也膨胀了西方对自己民主价值观和制度的优越感，福山甚至认为西方的自由民主制度是人类的终极制度，意识形态的斗争已经终结，我们将经历“历史的终结，即人类意识形态演进的终结点和作为人类政府最终形式的西方自由民主制的普及”。[②] 西方普世主义的情结得到进一步的张扬，以美国为代表的西方阵营对外输出民主自由价值观更加变本加厉，其目标不仅包括现在仍然走社会主义道路的中国、越南、朝鲜、古巴等，还扩大为原来不属于东西方阵营的“中间地带”国家，也就是原来的“第三世界”。如果说，西方输出民主价值观的普世主义在意识形态化的冷战时期，所引起矛盾的表现形式是东西矛盾也就是两大制度的矛盾的话，那么冷战后同样的根源所引起的矛盾形式则发生了重大变化，一方面，虽然西方民主自由制

---

① 《邓小平文选》第三卷，人民出版社，1993 年版，第 353 页。

② Francis Fukuyama, “The End of History,” The National Interest, Vol. 16 (Summer 1989), p. 4.

度与社会主义制度之间的矛盾依然存在，但由于各社会主义国家对内进行改革、对外则放弃了意识形态外交，东西矛盾大大弱化；另一方面，而美国与中东、拉美等地区非社会主义的、异质文明国家之间的矛盾，却因为它继续输出基于西方基督教文明的民主价值观的战略，而变得越来越突出。也就是说，原来的东西矛盾进一步扩大为西方与世界上其他异质文明国家之间的矛盾，东西矛盾也不再是世界的主要矛盾。在全球化时代，这种转变也使得它与南北矛盾的界限也不再像冷战时期那样泾渭分明，和平问题与发展问题重叠在一起。正如十七大报告论述的那样，“霸权主义和强权政治依然存在，局部冲突和热点问题此起彼伏，全球经济失衡加剧，南北差距拉大——世界和平与发展面临诸多难题和挑战。”①

首先，东西矛盾大大弱化了。后冷战时期的资本主义和社会主义两种制度之间的矛盾并没有上升为世界的主要矛盾。由于历史的惯性，美国在后冷战初期仍将最大的社会主义国家中国作为主要对手，国际关系中仍弥漫着冷战思维。时逢中国国内爆发了 1989 年春夏之交的政治风波，美国便以“人权”为借口，企图通过外部的压力促使中国也发生类似东欧苏联那样的变化，人权问题是克林顿第一任内中美关系的中心议题。从本质上看，中美人权对抗仍属于东西矛盾的范畴。所以，在后冷战初期，东西矛盾依然处于世界政治的重要位置。但是，这种状况很快发生了变化，由于中国的市场化改革使得中国日益融入而非挑战国际体系，并在对外关系中奉行非意识形态的原则，中美之间并没有爆发新的冷战，中美矛盾也没有成为世界的主要矛盾。1994 年，克林顿宣布将人权与最惠国待遇脱钩，人权问题在中美关系中的去中心化意味着东西矛盾步出世界政

① 十七大报告，第十一部分。

治的中心舞台。1996 年“台海危机”引发了美国国内中国问题的大辩论，之后，接触战略成为美国对华战略的主轴。美国的对华接触旨在将中国引入国际体系，利用国际规范和规则来塑造中国的行为和意图，这与中国融入国际体系的战略取向达成一致，中美开始构建“建设性战略伙伴关系”。最大的社会主义国家与最发达的资本主义国家关系的改善，也意味着东西矛盾的弱化与调和。虽然，意识形态的斗争仍然存在，中美双方仍然相互防范，但是中美矛盾主要表现为一个新兴大国与体系主导国之间的矛盾，它并不属于东西矛盾的范畴，相反，伴随着中国国内改革的深化和日益融入世界，中美在经济、安全和社会上的相互依赖也日趋深化，双方的共同利益越来越多。现在，美国对中国的认知已经发生转变，视中国为国际体系的“利益相关者”。中国也以一个“负责任大国”的身份与美国合作，共同维护国际体系，中国的基本立场也从革命性的、建立国际政治经济新秩序转变为“承担相应国际义务，发挥建设性作用，推动国际秩序朝着更加公正合理的方向发展”。① 其他社会主义国家在冷战之后也都奉行非意识形态的外交战略，越南在 20 世纪 90 年代开始了改革和转型；朝鲜也希望通过核问题来摆脱冷战体制，走向改革之路；古巴国内也涌动着改革的思想；摩尔多瓦和阿尔巴尼亚也基本上采取了非意识形态的政策。这样，后冷战时期的东西矛盾并没有成为世界的主要矛盾。

但是，“霸权主义和强权政治依然存在”②，美国及其西方盟国输出民主价值观的战略并没有停止，而且美国将民主价值观战略与其全球战略、能源战略和地缘战略利益结合在一起，其战略目光转向更广泛的国家，民主价值观外交始终是美国对外战略的基本方面

---

① 十七大报告，第十一部分。

② 十七大报告，第十一部分。

和有力工具。美国在冷战时期的“和平演变”战略也发展成更富有进攻性、直接引爆政权更替的“颜色革命”，美国民主价值观外交的高峰就是小布什时期的“布什主义”，它使得美国成为“美利坚帝国”。

老布什政府的“超越遏制”战略最终结束了冷战，它的意义就在于它在历史的关键时刻将苏东国家引向了西方的道路，随后老布什按照美国的价值观提出建立新的世界秩序，其核心内容就是：以美国的价值观为基础，发挥美国的领导作用。克林顿政府实施的参与扩展战略，其实质就是通过美国积极参与国际事务，从而将自己的价值观扩展到世界的各个角落，扩大自由市场以及民主国家的阵营。而且克林顿政府明确将其与国家安全和经济繁荣联系在一起，认为“当民主和市场在其他国家占据统治地位时，美国将会更加安全、更加繁荣和更加有影响力”，并将安全、繁荣和民主作为新世纪美国国家安全战略的三大目标，其中的民主目标就是指通过扩大美国的价值观，在世界上建立更多符合西方民主价值观标准的国家，达到控制世界的目的。① 正是基于按照自己价值观改造世界的热情，克林顿政府才积极推行所谓“人权高于主权”的新干涉主义，积极介入索马里的内乱，发动了科索沃战争。克林顿之后的小布什政府将民主价值观外交推向一个新的高度，小布什第一任期内新保守主义主导了美国的外交，更加强调以武力来推行价值观，其外交原则通常被成为“布什主义”，核心内容就是反恐、单边主义、先发制人和推广美国民主。② “9·11”事件的爆发催生了“布什主义”，客观上也为美国提供了按照自己价值观改造世界的战略机遇。一方面，

① 刘金质：《试论克林顿政府的扩展战略——一年来美国外交的回顾和展望》，载《国际政治研究》，1994年第1期。

② 张晓慧：《何为布什主义》，载《国际资料信息》，2003年第7期，第12—19页。

美国借助反恐战争来进行“政权更替”，用武力推行自己的价值观，先是推翻了阿富汗塔利班政权，将自己的民主模式植入阿富汗；接着又于2003年发动了伊拉克战争，提出了改造中东和北非的民主化计划，其要旨就是按照美国的价值观和民主模式来改造伊斯兰世界。另一方面，小布什政府还通过策动“颜色革命”来推行民主。2003年格鲁吉亚的“玫瑰革命”，2004年乌克兰的“橙色革命”，2005年吉尔吉斯斯坦的“郁金香革命”等，都是美国一手策划和支持的，对独联体国家的“再西化”。之后，美国将输出民主价值观战略的触角伸向东南亚，2007年美国借助缅甸国内的民生危机，企图在缅甸挑起一场“藏红色”革命。随后，美国又在马来西亚国内的族群矛盾和国内游行中扮演了幕后策划的角色。甚至有媒体报道，美国还支持越南国内的反对党越新党的活动，企图颠覆越南共产党的领导，建立美式民主。小布什对美国民主输出战略直言不讳，并在其第二任期就职演说中，明确表示在全球推进民主是美国国家安全提出的迫切要求，是美国的政策，其最终目标是结束我们这个世界上的“暴政”。[①]

美国的民主输出战略最终使得美国成为“美利坚帝国”。伊拉克战争后，世界上掀起了“美国帝国主义”的新一轮议论。[②] 美国在国际关系中的行为方式使得它与传统的“帝国主义”并无不同，不同之处是它们的目标。美国并不像传统霸权那样追求领土扩张和武力掠夺，而是通过美国的民主价值观来改造世界，所以“美利坚帝国”通常被称为“新帝国主义”。应该说，美国的帝国地位于二战

---

① 刘建飞：《从“颜色革命”看美国推进民主战略》，载《中国党政干部论坛》，2005年第8期，第41—43页。

② ［美］M. 华尔兹著，于海青摘译：《存在一个美利坚帝国吗?》，载《国外社会科学》，2004年第3期，第43—46页。

结束时就已经确立，但杜鲁门总统将美国的霸权置于多边主义之中，这成了战后美国外交的基本方针。"'9·11'事件后，小布什偏离了多边主义，正式采取了一种帝国姿态，即基于军国主义和帝国价值、带有神权政治弦外之音的所谓的'布什主义'。"[①]"布什主义"被称为一场外交革命，它摈弃或是说重新阐释了许多支配美国参与国际事务方式的重要原则。[②]单边主义、先发制人、政权更替最终使得美国成为"帝国"。而且，与传统帝国主义不同，美国不仅要使自己成为世界上支配地位的霸权，而且要按照美国模式重建世界，让它永不萎缩，[③]从这个意义上看它野心更大。这实际上也是西方文明的"普世主义"，正如亨廷顿所说，"帝国主义是普世主义的必然逻辑结果。"[④]当然，西方文明的普世主义必定会遭到其他文明国家的反抗，美国的民主输出战略后冷战时期在全球的展开，也引起了美国与非西方文明间的广泛矛盾。这意味着，虽然东西矛盾弱化了，但和平问题依然是世界面临的主要问题。

三、美国与世界的矛盾：文明的视角

后冷战时期，美国与伊斯兰世界、俄罗斯，以及中国等社会主义国家、委内瑞拉等拉美国家之间的矛盾此起彼伏。如果说克林顿政府还采取一种含蓄的、多边主义的帝国战略的话，"布什主义"则

---

① ［英］瓦西利斯·福斯卡斯、比伦特·格卡伊著，薛颖译：《新美帝国主义：布什的战争和以血换石油》，世界知识出版社，2006年版，导言第14—15页。

② ［美］伊沃·H. 达尔德尔等著，刘满贵译：《后外交时代：不受约束的美国》，新华出版社，2004年版，第2页。

③ ［英］瓦西利斯·福斯卡斯、比伦特·格卡伊著，薛颖译：《新美帝国主义：布什的战争和以血换石油》，世界知识出版社，2006年版，第178—179页。

④ ［美］亨廷顿著，周琪等译：《文明的冲突与世界秩序的重建》，新华出版社，2002年版，第359页。

毫不掩饰自己的帝国心态。与冷战时期的东西矛盾不同，后冷战时期美国的对立面不仅包含坚持走社会主义道路的国家，也包括转型国家、中东伊斯兰国家，以及拉美左翼国家。而且，这些国家与美国矛盾具有相同的根源，那就是美国基于基督教文明的民主价值观与其他多元文明及基于其上的各国模式之间的矛盾。

美国与伊斯兰世界的矛盾由来已久，“9·11”事件只是这种矛盾激化的表现。一方面，在全球化的冲击下，伊斯兰世界也在探索自己的发展道路，进行经济改革、政治民主化和社会文化转型。这个探索充满挫折，也产生了伊斯兰主义、原教旨主义和极端主义、反美主义等各种理念。[①] 另一方面，美国对伊斯兰世界一直怀有敌意，认为伊斯兰政治运动无一例外地对美国及其盟友构成威胁，基本上都是反西方、反民主、反自由、反和平和反现状的，而且已经在实践中得以证实。[②] 亨廷顿进一步认为未来的冲突将会在伊斯兰文明与西方文明之间展开。在“9·11”之前，美国采取的是现实主义的温和政策，避免将政策与伊斯兰主义挂钩，避免文明的冲突。“如果西方与穆斯林的关系处理不当，‘文明的冲突’可是就是西方与伊斯兰的对抗。——美国决不能让‘文明冲突’变成后冷战时代的特点。”[③] 克林顿政府曾努力推动中东和平进程，以图解决中东问题，

---

① 高祖贵:《美国与伊斯兰世界》，时事出版社，2005 年版，第二章。本文认为伊斯兰世界在全球化时代的转型和探索，也遭遇着西方“普世主义”的侵袭，伊斯兰世界产生的各种派别和思潮，也是伊斯兰世界对西方主导的全球化的回应。这些探索的挫折也表明西方认为“普世主义”的一套价值观并不适合伊斯兰世界，伊斯兰世界普遍存在的反美主义也是对西方普世主义的反抗。而且，从“颜色革命”国家内部的政治动荡，以及前不久发生在肯尼亚的骚乱也表明，西方认为的“普世主义”民主并不适合其他文明的“土壤”。

② Robert Satloff, “U. S. Policy toward Islamism: A Theoretical and Operational Overview, Council on Foreign Relations”, Inc., New York, 2000, p. 3.

③ Richard Nixon, “Beyond Peace”, Random House, 1994, p. 157.

但“9·11”事件最终使得美国与伊斯兰文明的矛盾激化。

虽然，亨廷顿本人也曾表示“9·11”事件并不代表西方文明与伊斯兰文明发生了冲突，但学者普遍认为这一事件是美国中东政策导致的结果，它就是西方与伊斯兰之间的文明冲突。恐怖主义取代莫斯科变成美国全球性的敌人。[①]“文明的冲突”在美国和伊斯兰世界都有深厚的民意基础，“许多美国人认为伊斯兰世界是一个‘大撒旦’，如同伊斯兰原教旨主义者对美国的看法几乎一模一样”。[②] 而且美国国内的娱乐新闻宣传已经把伊斯兰世界与恐怖主义“一成不变”地联系在一起。其实，恐怖主义只是原教旨主义中的一股极端主义，它的产生还有政治、经济和人权等更复杂的因素。[③] 整个伊斯兰世界在全球化时代的现代化和转型是恐怖主义产生的背景。但是，“9·11”事件爆发后，在美国人的心里，“恐怖主义是一种方法而非一种政策，最基本的敌人是伊斯兰激进的、原教旨主义者的、好战的派别”。[④] 伊斯兰主义已经代替冷战时期的共产主义成为一种意识形态，美国将“法西斯主义、共产主义和伊斯兰主义看成相似相连的思想体系，它们分别在20世纪以来的二战、冷战、冷战后等不同历史时期对美国构成了最严峻的意识形态挑战”。[⑤] 现在看来，美国的反恐战争基本上就是反对伊斯兰恐怖主义的战争，小布什称之为“正义与邪恶、文明与野蛮”之战，而本·拉登则应战道，“伊斯兰

---

① Peter Waldman, “A Historian's Take on Islam Steers U. S. In Terrorism Fight”, The Wall Street Journal, February 3, 2004.

② ［美］布热津斯基著，王振西等译：《大抉择：美国站在十字路口》，新华出版社，2005年版，第52页。

③ ［俄］叶·马·普里马科夫著，胡昊译：《“9·11”和入侵伊拉克后的世界》，当代世界出版社，2003年版，第47—53页；CSIS-Baker Institute Task Force on The Geopolitical Implications of the War Against Terrorism, January 2002, p. 5。

④ Henry A. Kissinger, “America's Assignment”, Newsweek, November 8, 2004, p. 31.

⑤ 高祖贵：《美国与伊斯兰世界》，时事出版社，2005年版，第196页。

反对基督教犹太人发动的十字军东征，十字军由‘大十字人’布什在十字架的旗号下所领导。”① 双方都从各自的宗教话语体系来寻找合法性，这折射出两大宗教文明的冲突。美国“大中东政策”的出发点就是通过西方的民主来改造伊斯兰文明，按照这个计划，美国第一步首先要改变伊拉克政权；第二步是实现阿以和平；第三步促进该地区的民主和自由。② 2002 年 12 月，鲍威尔在美国传统基金会的演讲中提出了在中东扩展民主的设想。2003 年 2 月，小布什在企业研究所的演说中正式阐述了民主重塑“大中东”与改变萨达姆政权的关系。③ “一个新的伊拉克政权将为该地区其它国家的自由树立一个效果奇特的激励榜样。”④ 美国发动伊拉克战争正是美国改造伊斯兰文明的第一步。但是，伊拉克的局势表明美国的计划遭到了伊斯兰的强烈抵制，美国和伊斯兰世界的矛盾从形式到内容都渗透着文明冲突的因素，它已经成为世界上主要矛盾之一，是美国未来必须应对的问题。

西方与俄罗斯的矛盾也在后冷战时代呈现出越来越大的趋势。俄罗斯原是东西矛盾的一方，引入西方民主后它并没有成为西方世界的一员，即使是发达工业国的全球治理机制仍然是“7 + 1” 而非真正的八国共治。后冷战初期，俄罗斯向西方“一边倒”的政策没有给它带来预期的利益，反而使其大国尊严受损，所以俄罗斯重新回到传统的“东西方”并重的“双头鹰”外交，其国内也开始摈弃西方模式。普京在第一次执政期间就采取了打击金融和石油寡头，

---

① Osama bin Laden statement, broadcast by Al-Jazeera and reported by the Dubai bureau of the Associated Press on Monday, September 24, 2001.

② Philip H. Gordon, “Bush’s Middle East Vision”, Survival, Vol. 45, No. 1, Spring 2003, pp. 155 – 160.

③ 高祖贵：《美国与伊斯兰世界》，时事出版社，2005 年版，第 215—216 页。

④ “Birth of a Bush Doctrine?”, *The Economist*, March 1, 2003, pp. 44 – 45.

抑制地方势力，控制国内舆论，加强宏观经济调控等一系列加强中央集权的措施，逐步确立与西方不同的模式。强调集权一直是俄罗斯的历史传统，也是基于东正教文明的政治文化的特征，沙皇专制、斯大林模式和普京体制的共同特点就是强调集权，因此，普京改革也是俄罗斯文明的复苏和对西方模式的偏离。普京的改革被西方批评为民主的倒退，有恢复沙俄帝国的企图。伴随着普京的改革，美欧与俄罗斯的关系不断倒退，双方的战略分歧也在加深，在北约东扩、部署导弹防御系统、以及“颜色革命”等问题上矛盾越来越突出。

后冷战时代美国与委内瑞拉之间的矛盾根源在于查维斯在国内进行的政治和经济改革，走有委内瑞拉特色的“第三条道路”，美国甚至还支持委国内的反对派推翻查维斯，并拘禁了查维斯，结果失败了。查维斯向大多数贫苦民众重新分配财富和权力的改革被称为“玻利瓦尔革命”。而且，查维斯还反对美洲自由贸易区，公开支持拉美地区的“左派”力量。查维斯执政后，拉美地区先后又有卢拉、基什内尔、巴斯克斯等“左派”领导人在巴西、阿根廷、乌拉圭执政，拉美地区的“左倾化”引起了美国的极大担忧。[①] 美国与查维斯的矛盾更像是东西矛盾的表现。查维斯还与伊朗等美国的敌对关系国不断加强联合，在国际上共同反美。美国与委内瑞拉之间的矛盾与美俄矛盾一样，随着委内瑞拉不断摆脱西方模式，寻求自己发展模式的进程而不断深化。

以上这些矛盾加上美国与社会主义国家之间的矛盾表明，原来的东西矛盾已经演变为以美国为首的西方与非西方国家之间的矛盾。这些矛盾的一个非常重要的根源就是西方的“普世主义”，具体来说

---

① 王鹏：《查维斯执政以来委内瑞拉于美国的关系》，载朱鸿博等主编：《国际新格局下的拉美研究》，复旦大学出版社，2007 年版，第 141—156 页。

就是美国的民主价值观外交和“新帝国战略”，当其他国家寻求自己的发展模式和道路的时候，与美国的冲突就在所难免了。中国与美国的矛盾也有这一含义，但是由于中国奉行了正确的对外政策，使得中国与美国的矛盾并没有成为主要方面。本书也提到，任何文明都有自己的核心意识形态，在以美国为首的西方与非西方的矛盾中，也蕴藏着文明和发展模式的冲突，如果从这个范式来看，就会得出结论，后冷战时代世界的基本矛盾已经从原来的东西矛盾转变为西方与多元文明之间的矛盾，在这一矛盾中，美国与伊斯兰文明之间的矛盾是主要方面，西方与俄罗斯的矛盾也处于明显位置，这对“聚精会神搞建设、一心一意谋发展”的中国是有利的。十六大的时候，中国做出判断，可以争取20年的战略机遇期。从现在看，由于中国实施正确的政策，有效避免了主要矛盾和次要矛盾的转换，基本上实现了中国的战略机遇期。

四、对全球化的影响

根植于历史的全球化是一个客观的进程，它本质上与特定的意识形态并没有必然联系，也并非为特定的国家所主导。自民族国家体系形成以来，尤其是20世纪以来，殖民主义、法西斯主义、共产主义、自由主义、原教旨主义等不同方案先后登上全球化的舞台，[①]先后有不同的国家尝试主导全球化的进程。随着冷战的结束，以民主价值观和自由市场体制为核心的新自由主义美国模式最终主导了全球化的进程，自由市场、民主制度和价值观得以向全球扩展，所

① ［俄］维克托·库瓦尔金：《全球性：人类存在的新维度》，载［俄］戈尔巴乔夫基金会编，赵国顺等译：《全球化的边界——当代发展的难题》，中央编译出版社，2008年版，第一部分第11页。

以，人们常常也将后冷战时代的全球化视为“美国化”或“美国霸权主义的全球化”。[①]

美国之所以能够主导全球化，既有客观的时代背景，也取决于美国的主观战略。从时代背景看，冷战的结束使得美国成为单极霸权，处于类似二战结束时的超强地位，其经济总量、科技创新能力和国民信心所有一切指标都处于历史最好时期[②]；当时的时代思潮也倒向自由主义，市场经济、政治民主、思想多元化、开放的社会等思想成为国际思潮的主流[③]，美国的新自由主义意识形态成为全球化共识。社会主义阵营的崩溃和苏联的解体使得原苏东国家和中间地带国家纷纷将倒向美国的新自由主义。从经济技术发展来看，美国主导的新经济和信息技术推动着全球化加速发展，互联网等通讯技术的发展成为传播西方思想和文化的途径，成为美国模式扩张的动力。

从主观上看，美国的全球战略也将全球化作为它“普世主义”的工具和载体。以老布什提出建立“世界新秩序”为起点，克林顿、小布什都推行了向全球扩展美国自由市场、民主价值观的战略，“全球化”概念成为美国的意识形态，发挥了20世纪五六十年代“自由世界”概念一样的功能。[④]“克林顿主义”的核心概念就是“全球化”，克林顿政府的“扩展”战略实质就是通过创建和扩展各种国际制度来推行自由市场和西方民主，力图将其他国家锁定在民主和

---

① 唐袅：《新自由主义全球化别名考》，中央民族大学出版社，2007年版，第3页。

② Samuel P. Huntington, “The Lonely Superpower”, Foreign Affairs, Vol. 78, Number 2, March/April 1999.

③ ［俄］维克托·库瓦尔金：《全球性：人类存在的新维度》，载［俄］戈尔巴乔夫基金会编，赵国顺等译：《全球化的边界——当代发展的难题》，中央编译出版社，2008年版，第一部分第4页。

④ Andrew J. Bacevich, “Placing Utopia: The Military Imperatives of Globalization”, The National Interest, No. 65, Summer 1999.

市场的轨道上。[①] 美国前国家安全事务助理莱克曾指出，“扩展”战略旨在“增强市场民主社会”，“在任何可能的地区培育和巩固新的民主国家、市场经济”。美国将帮助“民主和市场经济落地生根”，从而反过来扩大和加强更为广泛的西方民主秩序。[②] 克林顿执政时期全球化战略的主要目标是正在进行市场民主转型的中东欧和亚太地区的国家，美国通过新的安全伙伴关系和贸易协定来鼓励这些国家对国内改革的承诺，并尽可能确定其改革方向。[③] 比如，冷战结束以来美国一直推动北约东扩，其重要战略考虑就是为处于改革之中的国家提供制度框架，以稳定并鼓励民主和市场改革。加入北约一个重要的条件就是候选国进行必要的政治制度改革。“向新成员国敞开北约的大门，将会为候选国加强民主制度、实现经济自由化、确保文官对军队的控制、增进对人权的尊重创立动机。”[④] 美国推动与墨西哥签署《北美自由贸易协定》，也有推动墨西哥经济自由化和确保墨西哥的市场资本主义继续进行下去的考虑，同样的逻辑也体现在美国对亚太经合组织的支持上。1995 年，世界贸易组织（简称世贸组织）的创立是美国推动全球化的又一重大步骤，美国将新全球自由市场与客观的全球化紧密联系起来，借助世贸组织来推广自由放任的市场经济体制，同时，它也暗含着这样一层逻辑，市场经济与西方民主是不可分离的，它最终培育着民主的形成和发展。奉行单边主义的小布什政府倾向于通过武力来掩护美国模式的全球化进程。

---

① ［美］约翰·伊肯伯里著，门洪华译：《大战胜利之后——制度、战略约束与战后秩序重建》，北京大学出版社，2008 年版，第 199 页。

② Douglas Brinkley，“Democratic Enlargement：The Clinton Doctrine”，Foreign Policy，No. 106，Spring 1997，p. 116.

③ White House，A National Security Strategy of Engagement and Enlargement，Washington，D. C.：White House，July 1994，p. 6.

④ Strobe Talbott，“Why NATO Should Grow”，New York Review of Books，Vol. 42，No. 13，August 10，1995，p. 27.

“9·11”事件后美国通过战争手段在阿富汗和伊拉克确立了自由市场和民主，美国的“大中东计划”也是通过在伊拉克确立美国模式，为伊斯兰世界确立榜样，以此来改造现代化进程遭遇挫折的伊斯兰文明在全球化进程中能够保持民主和市场的方向。向全球扩展民主是小布什第二任期的重中之重，美国在中亚进行的一系列的“颜色革命”同样出于拓展美国模式的考量。美国全球化政策的强大工具是所谓的“华盛顿共识”——与国际货币基金组织、世界银行和世界贸易组织的领导人共同制定的总方针。这一方针建立在取消调节、自由化和私有化三大基础上，美国的全球化战略力图使世界相信，新自由主义模式是唯一符合客观发展要求的模式和唯一可选择的模式。① 美国通过自由主义的全球化，将世界锁定在自由市场和民主的轨道上，使得全球化成为美国模式的全球化。

当然，美国推动的全球化也给它带来了巨大的战略利益，使得美国经济在“20 世纪 90 年代取得前所未见的成就”②。但同时，美国模式本身的固有缺陷也成为后冷战时代全球化动荡和失序的重要根源之一。

在经济秩序领域，“自由主义的全球化模式直接导致社会和经济不平等的加剧，世界上最贫穷国家和人民被掠夺得愈加严重，全球环境灾难化，全球经济不稳定，以及富人财富获得前所未有的暴涨”。③ 第一个表现是全球经济秩序出现严重的失衡，发达国家与发

① ［俄］维克托·库瓦尔金：《全球性：人类存在的新维度》，载［俄］戈尔巴乔夫基金会编，赵国顺等译：《全球化的边界——当代发展的难题》，中央编译出版社，2008 年版，第一部分第 56 页。

② ［俄］弗拉基米尔·科隆泰：《西方的经济全球化构想》，载［俄］戈尔巴乔夫基金会编，赵国顺等译：《全球化的边界——当代发展的难题》，中央编译出版社，2008 年版，第一部分第 98 页。

③ ［美］诺姆·乔姆斯基著，徐海铭、季海宏等译：《新自由主义和全球秩序》，江苏人民出版社，2001 年版，第 2 页。

展中国家之间、发展中国家与发展中国家之间的差距都在拉大，[①] 信奉了美国模式的国家内部也出现了社会动荡和贫富分化，为恐怖主义的产生提供了温床。“由于全球化发展的不平衡把世界和国家分割为富裕和贫困、开放和排外、有权与无权的两极，从而导致了世界秩序的进一步分裂，并在其他事情上表现了这种分裂，致使国家衰退、跨国恐怖主义发展，原教旨主义、跨国组织的犯罪活动和伦理或宗教冲突的兴起。”[②] 美国倡导的全球自由市场，使得市场缺乏监管、投机盛行，石油、粮食以及其他大宗商品的价格波动越来越大，严重冲击着世界价格体系和贸易秩序的稳定。全球无法就气候变化等一系列全球性问题的治理达成一致。第二个表现是经济秩序的严重不平等，冷战刚结束时，美国在各个领域都处于主导地位，并且具有在全球几乎任何一个地方促进其利益的手段和能力，[③] 它往往推行双重标准的霸权政策。在国际组织和国际制度中也存在着巨大的不平等，非政府组织也主要集中在北半球发达国家，大部分以伦敦和纽约为总部。全球性组织，特别是经济方面的组织基本上由西方国家主导。世界贸易组织、国际货币基金组织以及世界银行受到少数西方国家利益和价值观念的影响，做出的决策常常不顾发展中国家的实际情况，在东南亚金融危机中，国际货币基金组织的行为集中表现了这一点。[④] 在政治秩序领域，中亚“颜色革命”国家、一些东南亚国家、尼日利亚等许多引入西方民主的国家都出现了社会

---

① ［美］戴维·赫尔德等著，杨雪冬等译：《全球大变革：全球化时代的政治、经济与文化》，社会科学文献出版社，2001 年版，第 17 页。

② ［美］戴维·赫尔德、安东尼·麦克格鲁著：《全球化与反全球化》，社会科学文献出版社，2004 年版，第 73—74 页。

③ Samuel P. Huntington, “The Lonely Superpower”, Foreign Affairs, Vol. 78, Number 2, March/April 1999.

④ ［美］戴维·赫尔德等著，杨雪冬等译：《全球大变革：全球化时代的政治、经济与文化》，社会科学文献出版社，2001 年版，第 13—14 页。

动荡，经济发展受到严重影响。美国通过反恐战争、“颜色革命”和“政权更替”等手段输出美国的民主价值观严重破坏了世界的和平与稳定。

美国将自己的自由主义模式与全球化糅合起来的战略，使得全球化成为自由放任的全球市场和美国民主的普世化，这就是美国向世界扩展的“单向度”的“一元”全球化秩序，美国具有支配全球化的话语权，“使某些世界观有了‘正确性’，把它们简化为‘常识’。但是它显然是西方常识，它把一个‘萎缩世界’的经验提升为全球经验，——虽然世界也许确实全球化了，但是某些人的经验显然比其他人的更加全球化”。①

第二节　世界基本矛盾与全球化秩序

在后冷战时代，一些因素始终存在并推动着世界基本矛盾的演变，推动着后冷战时代走向终结。

第一，多元文明国家探索自己发展道路的进程由弱而强并最终成为时代潮流，这冲击着美国及西方文明的自由主义模式全球普世的“道德神话”，并推动着世界力量对比的变化。

冷战中美国模式在与苏联社会主义模式竞争中的胜利，一时使得自由模式成为世界上唯一可能的发展模式。福山断言，西方的自由民主是“人类意识形态发展的终点”，是“人类最后一种统治形式”，西方在冷战中的胜利和社会主义苏联的崩溃标志着“历史的终结”，人类社会形态发展的终点，就像是黑格尔将自由的国家形态视

---

① Colin Hay, Matthew Watson, “Globalization: ‘skeptical’ notes on the 1999 Reith Lectures”, The Political Quarterly, Vol. 70, No. 4, Oct ~ Dec 1999.

为人类社会演进的终点，马克思将共产主义社会确定为人类的归宿一样。[①] 还有一些新自由主义者宣扬，共产主义社会、社会民主社会，甚至连美国的适度社会福利的模式都失败以后，这些国家的公民才把新自由主义当作唯一可行的办法接受下来。也许它并不尽善尽美，但却是唯一可能的经济体制。[②] 再加上美国全球战略和绝对话语权的推动，使得美国模式被“神话”为全球化的终极目标。

但是，美国的“普世主义”战略与作为客观历史进程的全球化却有着内在的矛盾，美国力图通过全球市场经济来培育西方民主的扩展，将全球化视为美国模式的复制和普世化，而全球化的客观后果则孵化出不同于任何西方模式的市场经济类型和发展道路。[③] 也就是说，来自外部的市场模式和发展模式必须要将本地的国情和文明结合起来，才能得以确立，不切实际地从外部移植、复制是不可能成功的，以美国为首的西方文明模式并不适应非西方文明的土壤，使得非西方文明国家出现了政治、经济，甚至是社会的动荡，造成国家的贫困和人民生活水平的下降。与此形成鲜明对比的是，一些坚持自主探索发展道路的国家则实现了经济的快速发展、国家社会的安定与强盛。俄罗斯从叶利钦时代完全倒向西方到普京时代对俄罗斯特色发展道路的回归就是一个最有代表性的例子。叶利钦时期俄罗斯毫无保留地实行了西方的多党竞争的选举和政治、经济制度，结果造成了国家政局动荡、腐败丛生、经济停滞、分离主义盛行，

---

① ［美］弗朗西斯·福山著，黄胜强等译：《历史的终结及最后之人》，中国社会科学出版社，2003 年版；Francis Fukuyama，“The End of History，” The National Interest，Vol. 16，Summer 1989。

② ［美］诺姆·乔姆斯基著，徐海铭、季海宏等译：《新自由主义和全球秩序》，江苏人民出版社，2001 年版，第 2 页。

③ ［英］约翰·格雷著，张敦敏译：《伪黎明：全球资本主义的幻象》，中国社会科学出版社，2002 年版，第 4 页。

综合国力严重下降，国家安全受到威胁。普京上台后，俄罗斯开始加强中央集权和新闻管制，打击分裂势力和金融寡头，它的国力迅速回升，走上了重新复兴的道路。拉美国家对“华盛顿共识”从接受、践行到抛弃、批判的转变也是一个典型的例子。20 世纪七八十年代，因为相信了“华盛顿共识”，拉美国家大都进行了自由化改革，结果造成了国内贫富分化和社会动荡，拉美国家遭遇的债务危机，实质也是美国等西方文明的资本家对拉美国家和人民的盘剥。此后，拉美国家走上了自我探索发展道路的时期。泰国、尼日利亚和“颜色革命”国家等东南亚、非洲和东欧等引进了西方民主的国家，也都深陷国内的民主骚乱，政局的倾轧、社会的动荡都造成国家治理能力下降、经济发展缓慢和人民生活水平下降。即便是在索马里、海地、波斯尼亚和科索沃等依靠军事干预而建立的民主，也无法扎根于当地①，“世界正在经历民主的倒退”②。而坚持走自己道路的国家则实现了繁荣、稳定和发展，中国就是一个典型的代表，1989 年春夏之交的政治风波后中国顶住了美国及西方国家的全面施压和制裁，在政治社会稳定的基础上实现了 30 年的高速增长，极大地提高了人民的生活水平、综合国力和国际地位，显示出社会主义制度的生命力。越南和古巴也通过改革和开放走具有自己特色的社会主义道路。在自主探索发展道路的推动下，整个世界不同文明间经济力量的对比正在发生历史性的变化，印度、巴西、俄罗斯经济力量的上升，甚至包括欧洲一体化的进展，标志着经济多极化和发展道路多元化的格局正在加快形成，美国无论从经济总量还是从对

① Michael Mandelbaum, “Democracy Without America: The Spontaneous Spread of Freedom”, Foreign Affairs, September/October, 2007, p. 119.

② Larry Diamond, “The Democratic Rollback: The Resurgence of the Predatory State”, Foreign Affairs, March/April 2008, p. 36.

其他国家所具有的影响力都处于下降的趋势。客观的全球化并不意味着西方价值观和制度向人类其他部分扩展，也不意味着美国模式的普遍传播，而是意味着西方全球霸权的终结。[①] 新的国家发展模式的形成也瓦解着以美国模式普世化为特征的“一元”全球化秩序。

第二，美国模式内在的缺陷日益显现，美国利用金融霸权所走的债务发展模式走到了尽头。金融霸权是美国霸权的核心支柱，也是美国模式得以持续发展的基础。后冷战时代，一方面，美国所推行的全球化使得美国把一些基础的制造业和所谓的“落后工业”都流向国外，以保持美国对世界其他国家的“产业代差”，也造成了美国国内的“产业空心化”，削弱了美国经济的基础；另一方面，美国模式中的“生活方式”是建立在大量耗费资源和巨额资本的基础之上，随着越来越多的人口实现“美国梦”，其所耗费的资源和资本也在不断增加。而美国本身的经济已无力支撑这种消费模式，美国政府通过大量的贸易赤字和发行大量的外债来维持这种消费。同时，又通过美元贬值和调整利率来不断地甩掉外债的包袱。美国的这种经济靠债务维持的模式被称为债务经济模式。陷于债务经济模式之中的美国依靠金融霸权来发行债务来加以维持，导致生产与消费之间的矛盾越来越大，最终随着金融泡沫的破灭，使得美国利用金融霸权所走的债务发展模式走向尽头，并把全球拖入了经济衰退。这场金融危机动摇了美国的金融霸权，从而也促使国际金融和经济体制的改革。

第三，影响全球化的意识形态和时代思潮正在发生转变。“一元”全球化时代是一个意识形态竞争薄弱的时代，它有两方面的含义，一方面是西方的意识形态和观点体系，如“人的权力具有基本

---

① ［英］约翰·格雷著，张敦敏译：《伪黎明：全球资本主义的幻象》，中国社会科学出版社，2002 年版，第 5 页。

意义；民主比暴政有力量；市场比指令经济有效；开放比封闭好等"，获得了广泛传播和认可，[1] 自由主义的"普世价值"一统天下，美国的意识形态主导着全球化的进程。另一方面，包括中国在内的非西方世界基本上都奉行了非意识形态化的外交政策，广泛与世界各国发展关系与合作。比如，中共在后冷战时期历届代表大会对此都有表述："社会制度和意识形态的差别，不应成为发展国家关系的障碍。在国际交往中，我们绝不把自己的社会制度和意识形态强加于人，同样，也绝不允许别的国家将自己的社会制度和意识形态强加于中国。"[2] "国与国之间应超越社会制度和意识形态的差异，相互尊重，友好相处。"[3] "改善和发展同发达国家的关系，以各国人民的根本利益为重，不计较社会制度和意识形态的差别。"[4] 虽然，美国政府的对外战略带有强烈的意识形态色彩，但并没有爆发类似冷战时期的意识形态竞争。

但是，新的国家发展模式的形成，改变着世界发展的现实，也解构着美国等西方国家秉持的意识形态。美国有学者认为，美国信奉的意识形态已经不再适应新的世界现实。和平比战争好、霸权——至少是仁慈的霸权比均衡好、资本主义比社会主义好、民主比独裁好、西方文化比其他一切文化都好，这五条信念是构成历史终结、民主和平、不可或缺国家（indispensable nation）、罗马帝国等

① ［俄］维克托·库瓦尔金：《全球性：人类存在的新维度》，载［俄］戈尔巴乔夫基金会编，赵国顺等译：《全球化的边界——当代发展的难题》，中央编译出版社，2008年版，第一部分第4页。

② 江泽民：《加快改革开放和现代化建设步伐，夺取有中国特色社会主义事业的更大胜利》（十四大报告），人民出版社，1992年版，第三部分。

③ 江泽民：《高举邓小平理论伟大旗帜，把建设有中国特色社会主义事业全面推向二十一世纪》，人民出版社，1997年版，第九部分。

④ 江泽民：《全面建设小康社会，开创中国特色社会主义事业新局面》，人民出版社，2002年版，第九部分。

主导美国后冷战时代意识形态的基本信条。后冷战时代，正是基于这五个信念，美国使得全世界相信军事力量的作用正在下降，自由市场正在上升，将创造财富并推动民主转型。然而今天，“这五条信念将不再像过去的那个世纪那样健全和坚固”[①] 和平仍然比战争好，但如果战争成为国家政策手段或成为打击专制政权的工具，就像美国在伊拉克、俄罗斯在格鲁吉亚、埃塞俄比亚在索马里、以色列在黎巴嫩那样，战争或许就变得比和平更为可取。霸权，无论是哪个国家都越来越不可能。民主可以带来更自由的社会，但它不能有效地确保公正和稳定，中国在过去20多年的时间内把世界上最多的人口脱贫，解决了人民的基本需要，但中国并非“西式民主”政体。美国已经不是世界学习的唯一榜样。[②]

新模式的发展经验对美国模式的两个基本信条也提出了挑战：一是针对“国家不干预的自由市场是最好”的信条，新模式的发展经验表明，强有力的国家干预正是他们得以确立国内自由市场，保证经济持续发展的根源。“自由市场是强政府的创造物，没有强政府，自由市场就不能存在。”[③] 俄罗斯和拉美国家等经济体正是经历了后冷战初期政府不干预市场引起的种种经济社会动荡后，才重新返回到国家干预的轨道上。美国和西欧等资本主义国家在金融危机发生后，也纷纷进行国家干预来应对危机。西方学者已经开始摈弃“不是国家就是市场的对立”的臆想，问题不在于国家和市场的对立，而在于找出他们在全球化局势下互动和联系的最有效且最有益

---

① Bruce W. Jentleson and Steven Weber, “America's Hard Sell”, Foreign Policy, November/December 2008, pp. 43 – 44.

② Ibid., p. 45.

③ ［英］约翰·格雷著，张敦敏译：《伪黎明：全球资本主义的幻象》，中国社会科学出版社，2002年版，第253页。

的形式。① 美国新政府已经接纳了这一观念，奥巴马在就职演说中谈到，“长期以来耗掉我们太多精力的陈腐政治论争已经不再适用。今天，我们的问题不在于政府的大小，而在于政府能否起作用，政府能否帮助家庭找到薪水合适的工作、给他们可以负担得起的医疗保障并让他们体面的退休。”“我们面临的问题也不是市场好坏的问题。市场创造财富、拓展自由的能力无可匹敌，但是这场危机提醒我们，如果没有监管，市场很可能就会失去控制，而且偏袒富人国家的繁荣无法持久。”②

二是针对“西方民主是最好的制度”，“颜色革命”国家、中东国家、泰国等东南亚国家、非洲国家等各大洲的民主政治实践，以及由此引起的国内动荡和混乱、经济停滞等也证明西方民主并不具有普世性，它并不一定适合其他文明。新模式的发展经验表明市场经济也并没有必然导致政治上的“西方民主化”。“民主和自由市场是竞争对手，与自由市场共存的通常不是稳定的政府，而是经济无保障的多边的政策。”③ 当俄罗斯、中国在其非“民主”的模式下日益提高综合实力的情势下，“专制”是否对“民主”构成挑战又成为讨论的话题，美国的罗伯特·卡根指出，俄罗斯和中国等集权主义的发展模式已经对美国等自由主义的模式构成了挑战，民主政府

---

① ［俄］弗拉基米尔·科隆泰著：《西方的经济全球化构想》，载［俄］戈尔巴乔夫基金会编，赵国顺等译：《全球化的边界——当代发展的难题》，中央编译出版社，2008年版，第一部分第113页。

② “Barack Obama's Inaugural Address”, The New York Times, January 20, 2009, http: //www. nytimes. com/2009/01/20/us/politics/20text - obama. html? pagewanted = 1.

③ ［英］约翰·格雷著，张敦敏译：《伪黎明：全球资本主义的幻象》，中国社会科学出版社，2002年版，第254页。

与专制政府之间在全球范围内的竞争将成为21世纪世界的最重要特征。[①]杜德尼和伊肯伯里则认为，中国与俄罗斯并不代表自由民主的可替换模式，专制的模式是没有前途的。[②]“专制”或“集权”与民主的竞争又重返意识形态领域，这本身就表明西方民主自由意识形态的式微和意识形态趋向多元，“良治”而不是贫弱动荡的民主更加深入人心，自由主义“一统天下”的价值理念渐渐失去原有的吸引力。

第四，后冷战秩序具有内在的不平等性，并越来越难以适应国际治理的需要。后冷战秩序将西方与非西方置于不平等的地位，再加上美国的单边霸权主义越来越引发了与其他国家间的各种矛盾和冲突，遭到越来越多的反对，导致美国及西方主导能力大大下降。1999年的科索沃战争遭到中、俄的反对，2003年的伊拉克战争不仅中、俄反对，法国和德国也开始反对美国的单边主义，美国霸权主义遭到世界越来越多的制衡，也越来越难以主导跨大西洋联盟。在北约东扩、欧盟东扩，以及其他一些国际事务中，欧盟强烈地显示出与美国之间的分歧。许多国际热点问题，比如“9·11”事件、朝鲜核问题、伊朗核问题、伊拉克和阿富汗的现状都与后冷战不平等的国际秩序息息相关。

一方面，美国所强行力推的意识形态、制度和发展模式强化了非西方文明对西方国家的不满，甚至走上与之对抗的局面，许多热点问题背后其实都蕴藏着美国推行美国模式所带来的与其他文明之间的根本冲突，而美国已无法凭借占有绝对优势的军事实力有效解

---

① Robert Kagan, “The End of the End of History——Why the twenty-first century will look like the nineteenth”, The New Republic, April 23, 2008, http://www.tnr.com/story.html?id=ee167382-bd16-4b13-beb7-08effe1a6844.

② Daniel Deudney, G. John Ikenberry, “The Myth of the Autocratic Revival——Why Liberal Democracy Will Prevail”, Foreign Affairs, Vol. 88, Number. 1, January/February 2009.

决这些问题。另一方面，在2003年的伊拉克战争中，法德等“老欧洲”的强烈反对成为美国军事行动的最大制约，对美国霸权行为的不满已经扩大到西方文明内部。再加之俄罗斯和中国一直反对霸权主义和强权政治，世界范围的反美浪潮此起彼伏，美国在世界各地的形象一跌再跌。在地缘方面，伴随着美国实力的逐步相对下降，其不得不收缩在中亚、中东的军事部署，不得不从阿富汗和伊拉克撤军。后冷战时代，美国人自诩为“美利坚帝国”，美国拥有空前的力量优势和道义优势，但随着美国硬实力的相对下降和软实力的绝对下降，美国霸权的昔日风光已不再。

第五，全球力量对比的变化。以所谓“金砖四国”为代表的非西方力量兴起也可视为推动“一元”全球化秩序结束的动力。无论是“规模、速度还是方向上，全球财富和经济权力都在从西方向东方转移，这是现代历史上没有先例的——巴西、俄罗斯、印度和中国的增长表明，他们将作为一个和工业七国相匹配的集体在2040—2050年间共享全球的GDP”。[①] 苏联的解体使得美国成为了具有全面优势的“孤独的超级大国”。[②] 但是，全球化也使得具有相对生产优势的发展中大国兴起，俄罗斯、中国、巴西等“金砖”国家在后冷战时代的成功也是探索不同发展道路的结果，这改变了东西方的力量对比。根据世界银行的数据，1992年，世界国内生产总值（GDP）排名前十位的非西方国家中只有俄罗斯和中国，俄罗斯的GDP有4602亿美元，占世界总量的1.9%，中国的GDP有约4227亿美元，占世界总量的1.7%，两者加起来只占美国的13%多点；

---

① NIC，“Global Trends 2025：A Transformed World”，US Government Printing Office，November 2008，pp. vi—vii.

② Samuel P. Huntington，“The Lonely Superpower”，Foreign Affairs，Vol. 78，Number 2，March/April 1999.

到2009年，GDP排名进入世界前十名的非西方国家已经有中国、巴西、印度，其GDP已经占到美国GDP的2/3，占世界总量的大概13.7%，加上俄罗斯大概占到16%。中国的GDP已经达到世界第三位。[①]“金砖国家”这个概念的由来就是因为巴西（Brazil）、俄罗斯（Russia）、印度（India）和中国（China）等四个国家的经济表现良好，是新兴市场国家的“领头羊”，取每个国家英文的第一个字母而成。“金砖国家”的崛起是后冷战时代世界经济的一个标志性变化，对全球化的影响也是深远的。

第三节　2008年金融危机与后冷战时代的终结

2008年金融危机的爆发标志着后冷战时代的结束[②]，一个新时代正在到来。后冷战时代，世界的基本矛盾从冷战时的东西矛盾演变为美国为首的西方国家与多元文明国家之间的矛盾，矛盾的基本内容转变为美国模式的普世化与多元文明独立自主探索发展道路之

---

① 历年世界十大经济体国内生产总值列表，维基解密，上网时间：2014年7月27日，http：//zh. wikipedia. org/wiki/，历年世界十大经济体国内生产总值列表。

② 1999年的科索沃战争也曾引起中国学者对时代问题的思考，当时有学者认为“冷战后时代”已经结束，世界进入到一个美国全面主导的时代，并围绕着中国是否坚持“韬光养晦”和应该采取何种战略展开了争论和探讨。详见本刊的文章：庞中英的《“冷战后”的终结与中国的回应》（1999年11期）、李滨的《“冷战后”世界秩序与新世纪中国外交》（2000年1期），以及李义虎的《科索沃战争所带来的国际政治思考》（1999年7期）、沈骥如的《科索沃问题引发的若干思考》（1999年7期）等许多文章。本文的“后冷战时代”与“冷战后时代”并不相同，“冷战后时代”是指冷战结束到科索沃战争后进入到美国主导时代的过渡时期，我们认为自冷战结束就进入了美国主导的“后冷战时代”，一直到2008年金融危机重创美国。

间的矛盾①，其中，美国及西方的“普世主义”成为矛盾的主要方面，多元文明国家是矛盾的次要方面。在冷战结束而开启的新一轮全球化高潮中，多元文明国家在自主探索发展道路的基础上不断发展壮大，推动着矛盾的演变，也推动着全球化秩序的转变，这也构成了后冷战时代的主要特征。所谓和平与发展的时代，本质上也是这样一种矛盾逐步展开和不断发展的时代。但是，后冷战时代也孕育着自我终结的种子，2008 年爆发的金融危机更是标志着后冷战时代的正式终结进程的开始。

2008 年金融危机的爆发则是世界基本矛盾长期发展和积累的高潮和必然结果，它凸显以下几个历史趋势，不仅正式宣告了后冷战时代的终结，同时也宣告了新时代的开始。

第一，金融危机表明美国模式的失败，或者说，表明美国模式并不是完美的，而是有着内在的缺陷，从而正式宣告自冷战结束以来美国及西方模式“唯一合法”和“人类最好”的神话的终结。冷战是美苏两种模式竞争的时代，冷战的结束标志着苏联模式的崩溃，从而也造成“自由民主”是人类社会形态演进的最终形态的“神话”，为其全球扩张提供了历史合法性。而这次金融危机则正式宣布，西方的自由民主既不是“人类意识形态发展的终点”，也不是“人类最后一种统治形式”②，美国模式失去了“唯一合法性”的国际地位。金融危机从反面证明了其他文明国家探索多元发展道路的意义。现代化非西方化，更非“美国化”逐渐成为共识。

第二，金融危机标志着美国即西方的主导地位，尤其是美国的

① 周建明、焦世新：《从东西矛盾到西方与多元文明的矛盾——对当今世界基本矛盾的一种理解》，载《世界经济与政治》，2008 年第 6 期，第 21—28 页。

② ［美］弗朗西斯·福山著，黄胜强等译：《历史的终结及最后之人》，中国社会科学出版社，2003 年版；Francis Fukuyama, “The End of History”, The National Interest, Vol. 16, Summer 1989。

帝国地位，已经大大下降了，全球治理进入到了新阶段。金融危机既降低了美国的实力，也发映出后冷战时代国际力量格局所发生的变化，美国和西方国家难以独自解决任何一个重大的国际问题，世界的力量对比第一次向非西方倾斜，中、俄、印、巴西、南非等非西方国家代表第一次整体兴起[①]，在国际重大问题的决策上拥有一席之地。“这将对美国主导的全球性制度造成挑战”[②]，G7 已经没有能力解决金融危机和全球经济衰退所带来的挑战，G20 表明美国和西方不得不与新兴经济体合作共同面对金融危机的挑战，而要解决全球性问题，发展中国家也不能缺席，整个世界共同利益日益凸显，非西方国家获得了后冷战时代以来最大的创立自己话语权的机会。

第三，金融危机使得全球化的动力多元化。美国是冷战结束后全球化的主要推动者，这是“一元”秩序的特征。这次金融危机对美国经济和世界经济都构成巨大影响，在克服金融危机和复苏经济的过程中，非美国模式对全球化的影响和话语权增加，推动全球化的动力多元化。一方面，各发展模式的形成是全球化发展的结果，它们之间是相互依存的关系，任何国家都不能免受金融危机的冲击，也无力单独克服经济危机。金融危机后，欧洲、美国、中国、日本等许多国家出台经济刺激计划，形成了共同抗击金融危机和复苏经济的局面，各发展模式自我调整和刺激经济的努力，也使得全球化动力来源趋向多元；另一方面，美国和欧洲存在着不同程度的保护主义倾向，奥巴马制定的经济刺激计划，甚至提出在美国经济刺激

---

① NIC, “Global Trends 2025: A Transformed World”, US Government Printing Office, November 2008, pp. vi—vii.

② Daniel W. Drezner, “The New New World Order”, Foreign Affairs, Vol. 86, Number. 2, March/April 2007, p. 34.

法案资助的项目中，企业必须使用美国生产的钢材和制造业产品，[①]最后通过的刺激法案仍保留了某些保护主义的条款。尽管欧盟峰会发表了反对保护主义的公报，但英国首相却要求“把英国的工作机会留给英国工人”，法国总统敦促本国汽车公司把资金投在国内，西班牙政府也发起了“买西班牙货”的运动。美国和欧洲推动贸易全球化的热情相比冷战结束初期大大减退了，而中国、东盟等新兴国家则高举反对保护主义的大旗，从全球化的被动接受者转变为主动推动者，全球化的动力向非西方国家倾斜，这更体现了全球化动力多元化的趋势。

正在兴起的非西方大国也拥有越来越大的能力来影响世界事务和全球化进程。在金融危机之前，有学者统计到 2010 年“金砖四国”的总收入将超过美、日、德、英和意大利的总和，预计到 2025 年将是西方工业七国的两倍。[②] 新兴国家对全球化的影响越来越大，从大规模杀伤性武器的不扩散、反对恐怖主义到多哈谈判、气候变化、金融危机等问题，从传统问题到非传统问题，从经济领域到安全领域，任何全球性事务的解决也越来越离不开新兴国家的参与。金融危机对世界经济造成了打击，西方国家和新兴国家的经济都受到衰退的威胁，但新兴国家则仍然拥有大量的外汇贮备，在金融体系改革方面是不可或缺的参与者。虽然，“美国仍然是无以伦比的、最重要的国家，但日益缺少主导权”，新兴国家将会成为推动秩序和制度改革的主要动力之一。另外，大量的政府组织、非政府组织、跨国组织等行为体也在推动着全球化，全球化的动力已经从“一元”

---

① Joshua Chaffin, Alan Beattie, “EU issues warning over Buy America plan”, Financial times, February 3 2009, http://www.ft.com/cms/s/0/ac83f7ca-f236-11dd-9678-0000779fd2ac.html? nclick_check=1.

② Daniel W. Drezner, “The New New World Order”, Foreign Affairs, Vol. 86, Number. 2, March/April 2007, p. 36.

发展到“多元”。

第四，金融危机促成了全球化的价值取向多元化。金融危机打击了新自由主义的价值理念，不同发展模式的成型冲击了原有的意识形态，也带来了新的意识形态和价值观。反对政府干预的自由市场、西方的选举民主和美国模式具有普世性等主导全球化的价值观和理念已经动摇。世界开始认识到，自由市场并非平等的，它暗含着前提的不平等；市场不是政府的对立面，合理的监管和科学的宏观调控是保证市场有序和自由竞争的前提；民主与秩序、合法性，以及人的尊严并非一致。这些意识形态正在成为构建新全球化秩序的价值取向。全球化的价值向度不再仅仅由美国的价值观来主导，它将转向多元，也不再仅仅是从美国和西方国家向非西方世界的单向流动，而是相互联系和相互影响。“个人权利和社会平等均衡的公正社会”的观念对全球化秩序的构建将产生越来越大的影响，建立能够兼顾发达国家与发展中国家、西方国家与非西方国家、富裕国家与贫穷国家利益的，更加公正合理的秩序将成为未来全球化的价值追求。

多元发展模式的共存将成为全球化价值取向多元的坐标。世界不再相信美国领导就是秩序的保证，相反，西方所谓的“非民主”的政体同样能创造巨大财富，“独裁专制”的政体同样反对腐败，并具有强大的国家治理能力，可以给人们尊严的公正社会不再是美国模式的代名词。[①] 非西方的发展模式则给全球化带来更多的选择。中国在一代人的时间里将自己的贫困人口大幅减少，国家调控的经济发展满足了人民的基本生活需要，大幅提高了人民的生活水平。中国并没有采纳西方的民主，即使在经济领域也是渐进引入市场机制，

---

① Bruce W. Jentleson and Steven Weber, “America's Hard Sell”, Foreign Policy, November/December 2008, p. 46.

这保证了国内社会的稳定和经济的可持续增长。中国已经走出了一条中国特色的社会主义道路，俄罗斯创立了“国家民主”模式，[①] 有效的集权可以带来经济的恢复、社会稳定和基本安全，能够带来国家荣誉感。与此同时，非洲、部分拉美国家和部分亚洲国家，则因为引入了美国模式的民主而变得更加贫穷，经受着比30年前更多的死亡和暴力。[②] 新的国家发展模式的出现和西方模式的失效为世界提供了不同的价值选择。

第五，金融危机标志着后冷战国际秩序开始终结，美国主导地位的失去将是渐进的过程，新全球化秩序的构建也将是渐进的过程。新全球化秩序的构建主要包括各种政治、经济和安全等秩序的改革和重构，比如经济领域的金融秩序、能源秩序、农业秩序等，还有国际分工和消费秩序的改革和重构等，主要体现在各种国际制度和国际机构的改革，以及新制度的创建上。金融危机的后果本身就表明，在相互依赖时代各国利益是“牵一发而动全身”的，美国经济不仅是全球经济增长的“火车头”，其骤然停止也是各国经济复苏的障碍，美国衰退对世界经济的复苏形成了巨大拖累。中国、俄罗斯和部分拉美国家的发展模式同样深受这场危机的影响，而正在进行深刻的内部调整，它们虽然可以影响全球化，但还无法取代美国。美国也不会放弃在新全球化秩序中的领导权。对于最有发展潜力的中国，美国希望通过将中国纳入它自二战以来建立的制度和体系，通过规则和制度来塑造中国，同时维持自己的领导地位。“如果华盛顿想保持自己的领导地位，它必须通过加强规则和制度来巩固秩序，

---

① Robert Kagan, “The End of the End of History——Why the twenty-first century will look like the nineteenth”, The New Republic, April 23, 2008, http://www.tnr.com/story.html?id=ee167382-bd16-4b13-beb7-08effe1a6844.

② Bruce W. Jentleson and Steven Weber, “America's Hard Sell”, Foreign Policy, November/December 2008, p. 46.

使其更容易加入而更难推翻。美国的大战略应当建立在这样一个新箴言上——通往东方的路贯穿西方，它必须尽可能地加深这个秩序的根基，鼓励中国加入而不是反对这个秩序，提高这个体系在美国相对实力下降后仍可继续生存的机率。”[①] 2006 年，布什政府在扩大中国在国际货币基金组织中的投票权中已经给予支持，同意中国加入美洲国家间发展银行，在能源、环境合作等方面做出了姿态。[②] 美国将会适当扩大中国在国际制度和机构中的影响力来使得中国不反对由它继续主导全球化秩序。当然，欧美之间围绕着全球化秩序的构建也存在利益上的竞争，对构建何种秩序存在着不同的观点。所以，新全球化秩序的构建将是一个渐进的过程，美国不会主动放弃自己的全球领导地位，它仍然会将自己的价值观和民主模式作为维护自己领导地位的工具。

结　　语

事物的性质是由事物内部的矛盾及其运动决定的，时代的变迁也是由时代基本矛盾及其运动决定的。冷战结束后，南北问题依然在不断发展。但东西矛盾发生了变化。从矛盾的性质来看，由于东欧巨变和苏联的解体，东西矛盾依然存在，但不成为决定整个世界格局的基本矛盾。世界基本矛盾从东西矛盾演变为美国与多元文明国家之间的矛盾，包括美国与伊斯兰世界、俄罗斯、中国等社会主

---

① G. John Ikenberry, “The Rise of China and the Future of the West: Can the Liberal System Survive”, Foreign Affairs, Vol. 87, Number. 1, January/February 2008, p. 25.

② Daniel W. Drezner, “The New New World Order”, Foreign Affairs, Vol. 86, Number. 2, March/April 2007, p. 43.

义国家，委内瑞拉等拉美国家之间的矛盾。这个矛盾的核心就是美国霸权主义和多元文明国家之间的矛盾，是美国向全世界推广美国的自由民主模式与多元文明国家自主探索自己发展道路之间的矛盾。其最突出表现就是美国与伊斯兰世界之间的矛盾。从全球化的视角看，美国与多元文明国家之间的矛盾也深刻影响着全球化的进程，美国自由资本主义模式的缺陷也成为全球性问题的一个重要根源。但是，一些因素始终存在并推动着世界基本矛盾的演变，推动着后冷战时代走向终结：第一，多元文明国家探索自己发展道路的进程由弱而强并最终成为时代潮流，这冲击着美国及西方文明的自由主义模式全球普世的“道德神话”，并推动着世界力量对比的变化；第二，美国模式内在的缺陷日益显现，美国利用金融霸权所走的债务发展模式走到了尽头；第三，影响全球化的意识形态和时代思潮正在发生转变；第四，后冷战秩序具有内在的不平等性，并越来越难以适应国际治理的需要。2008 年，金融危机的爆发标志着后冷战时代的结束，这场金融危机的爆发是世界基本矛盾长期发展和积累的高潮和必然结果，它凸显以下几个历史趋势，不仅正式宣告了后冷战时代的终结，同时也宣告了新时代的开始。第一，金融危机表明美国模式的失败，从而正式宣告自冷战结束以来美国及西方模式“唯一合法”和“人类最好”的神话的终结；第二，金融危机标志着美国帝国主导能力及西方主导能力的下降，全球治理进入到了新阶段；第三，金融危机使得全球化的动力多元化；第四，金融危机促成了全球化的价值取向多元化；第五，金融危机标志着改革后冷战国际秩序正式开始终结，美国主导地位的失去将是渐进的过程，新全球化秩序的构建也将是渐进的过程。

第四章
新的时代趋势和帝国秩序

后冷战时代的终结是个渐进的过程，新的时代趋势逐步显现出来，这包括美国的单极实力优势正在从顶峰下滑，占世界 GDP 的比例又回归到冷战结束时的水平，以中国为代表的新兴经济体缩小了与美国的实力差距；国际制度体系或全球治理机制从观念结构、制度结构和主体构成上都发生了变化，意味着全球治理正在进入新时代；综合国力的竞争在发达经济体和新兴经济体内部都在经历分化，各国都在调整自己的发展模式或发展政策，世界进入到多元文明及其发展道路的共存、竞争与合作的时代。美国在后冷战时代竭力打造的“帝国秩序”走向式微，学者们对此议论纷纷，本章将对此进行了简单的梳理和分析。

第一节　美国单极优势的相对衰落

一、相对衰落："帝国根基"的松动

单极优势地位是美国追求帝国地位的物质基础。但是，任何事物都有产生、发展、高潮和灭亡的规律，美国的单极优势也难逃这一铁律，问题在于美国的衰落将会在何时、有多快，以何种方式发生。事实上，自二战后独步世界权力的巅峰之后，美国实力一直处在相对下降的历史进程中，令其幸运的是，苏联的突然崩溃挽救了美国的颓势，[①] 巨大的冷战"红利"延续并加强了美帝国作为超强一极的强势地位，"单极时刻"在特定的历史条件下成为现实。经过 20 多年的发展，伴随着后冷战时代的结束及非西方世界的整体兴起，美国再次迎来盛极而衰的转折时刻。虽然目前美国的实力和国际地位尚未实质性地下降，但衰落的种子已经发芽，美国衰落正在从争论成为现实，这主要体现在以下几个方面。

第一，美国经济实力的相对下降及其发展模式之合法性的衰落已成事实。首先，尽管美国经济仍然是世界第一，甚至保持着增长，但其在全球份额中的下降——即相对衰落——却是世界政治经济发展不平衡的新一例证，并将在可预见的未来继续强化。二战结束时美国实力达到其历史上的第一个巅峰，自此美国经济在世界经济中

---

① 根据国际国际货币基金组织、世界银行、联合国等国际组织的统计，冷战期间美国在世界经济中所占份额一直处于下降的趋势。我们以世界银行的数据为例，1960 年美国经济总量占世界经济总量的 38.5%，到 1992 年已经下降到世界经济总量的 25.6%%。苏联解体后，美国经历了新经济的扩张，其经济总量到 2001 年扶摇直升至世界经济总量的 31.97%，随后又进入下降的通道。

的份额一直处于下降的趋势中。不过，苏联出人意料的崩溃改变了这一进程，冷战的胜利推动着美国实力进入了新一轮的全面扩张，并在世纪之交达到其史上第二个巅峰时刻。无论是横向比较，还是纵向的自我比较，此时的美国都名副其实地处于“单极时刻”，其实力远远超出其他大国，美国也力图维持这种单极地位。美国的单极优势也是后冷战时代的主要时代特征。但广大非西方国家在后冷战时代，尤其是21世纪头十年的整体兴起，推动着世界经济规模[①]的不断扩大及世界权力和财富从西方向非西方的转移。据世界银行的数据，全球经济产出在2000—2007年每年增长4%，发展中经济体的年均增长是6.5%，而高收入经济体自20世纪70年代以来的增长率则走在一条下行的路径上。中国和印度则作为全球经济增长的驱动力量而崛起，2007年全球产出增长中的5%中，两国共占2.9个百分点。[②] 美国经济虽仍在保持增长，但其在世界经济总量中的份额却逐年下降（见表二）。2001年，小布什刚刚入主白宫时，美国经济约占世界经济总量的32%，到2008年小布什下台，美国所占份额已经下降到约23.4%。其间，美国的GDP也从约为中国的7.8倍下降到约2.5倍。2009年美国份额似乎止跌回升，但这并非是美国下降已经转圜，而是欧洲以及其他新兴经济体遭受的金融危机的滞后效应及世界经济出现萎缩所致。在可预见的未来，新兴经济体的继续增长及受到金融危机打击的其他发达经济体的经济复苏将推动世界经济规模的进一步扩大，如果美国经济不能实现真正复苏并进入

---

① 根据世界银行的定义，人口、土地面积、收入水平、产出和产出的增长是衡量经济规模的基本指标。因此，在每年一度的《世界发展指标》的报告中，人口、土地面积。收入水平（用国民总收入衡量GNI），产出（用国内生产总值衡量GDP）等被用来规范其他指标。参看世界银行：《2009世界发展指标》，中国财政经济出版社，2009年版，第17页。

② 世界银行：《2009世界发展指标》，中国财政经济出版社，2009年版，第2页。

新一轮的扩张，美国经济份额将会在这个水平上下波动或继续保持下行趋势，就连美国一直雄踞榜首110年的制造业也悄然易位。美国经济咨询机构HIS环球透视（IHS Global Insight）2011年3月发布的一项研究表明，2010年中国占世界制造业产出的19.8%，略高于美国的19.4%。[①] 尽管美国在生产技术和效率上仍具有巨大优势，但这也表明全球劳动分工已经发生深刻变化，这或许是历史大趋势中的一个阶段性指标，表明美国制造业正处在下行的轨道上。

表二　若干大国在21世纪前10年的GDP统计（以当前美元汇率为基准）

单位：万亿美元

GDP / 国别	2001	2002	2003	2004	2005	2006	2007	2008	2009	2010
美国	10.1	10.5	11.0	11.7	12.4	13.4	14.1	14.4	14.2	14.7
日本	4.1	3.9	4.2	4.6	4.6	4.4	4.4	4.9	5.1	5.5
中国	1.3	1.5	1.6	1.9	2.2	2.7	3.4	4.3	5.0	6.0
德国	1.9	2.0	2.4	2.7	2.8	2.9	3.3	3.6	3.3	3.3
法国	1.3	1.5	1.8	2.1	2.1	2.3	2.6	2.9	2.6	2.6
英国	1.5	1.6	1.9	2.2	2.3	2.4	2.8	2.7	2.2	2.3
巴西	——	——	——	——	0.9	1.1	1.4	1.6	1.6	2.0
世界总量	32.0	33.2	37.4	30.0	45.6	49.4	55.8	61.3	58.1	——
美国比例%	32	31.8	29.6	28	27.6	27	25	23.4	24.3	——

数据来源：world bank，Bureau of Economic Analysis，维基百科等网站。

其次，美国现有经济发展模式是金融危机爆发的根源，具有内在矛盾。2001年互联网经济泡沫破裂，金融创新、房地产等逐渐成为美国经济的新增长点，美国经济扩张逐渐达到极限。在全球宏观

① 《中国成为全球最大制造国》，http：//www.ftchinese.com/story/001037460。

经济失衡的背景下，全球储蓄的盈余使得美国在流动性方面游刃有余，金融创新及房地产市场大量吸纳全球的过度流动性，再加上战争和巨额军事开支，使得美国的债务急剧上升。2000—2007 年，美国债务从 GDP 的 77% 上升到 145%，净负债率 2007 年增加到 17%。有人将美国的结构性赤字视为挥霍性支出的后果。美国在 2000 年的私人储蓄不过是 GDP 的 1.7%，而 2007 年更是降至 0.4%。[①] 与此同时，美国的贸易赤字和财政赤字也不断大幅攀升，其货物及服务贸易的赤字自 2001 年的 3643.9 亿美元一度蹿升至 2006 年的 7592.4 亿美元，金融危机爆发后降至 2009 年的 3749.1 亿美元，截至 2010 年又回升至 4978.2 亿美元；[②] 美国的财政赤字在历史上也曾经存在，但克林顿政府经过八年执政基本结束了赤字，2000 年美国的财政盈余达到 2370 亿，小布什上台后美国财政开始急剧恶化，在 2002 财年结束了连续四年的财政盈余之后，财政赤字不断攀升，并于 2008 年爆发全球金融危机之后达到 1 万亿美元的历史最高记录。2009 财年达到 1.42 万亿[③]，2010 财年又超过 1.6 万亿[④]。可以说，2008 年的金融危机实质上是美国现有依靠债务发展模式内在矛盾长期积累的后果和产物，而企高不下的双赤字又深刻影响着美国经济可持续地、健康地复苏，我们很难相信，现有模式能自我克服这种内在的矛盾。

第二，美国国家能力的下降。国家能力是指国家将自己意志

---

① 世界银行：《2009 世界发展指标》，中国财政经济出版社，2009 年版，第 7 页。

② U. S. Trade in Goods and Services-Balance of Payments (BOP) Basis, February 11, 2011, http://www.census.gov/foreign-trade/statistics/historical/gands.txt.

③ 《美国财政赤字创纪录达到 1.42 万亿》，新华网，http://news.xinhuanet.com/world/2009-10/18/content_12258651.htm。

④ 马小宁：《美国财政赤字将再创新高》，人民网，http://world.people.com.cn/GB/57507/10917930.html。

(proference)、目标（goals）转化为现实的能力，体现为汲取财政的能力、调控能力、合法化能力和强制能力。[①] 美国国家能力的下降体现在许多方面，首先，从对内治理能力来看，“9·11”事件之后的恐怖主义阴影使得美国国内的不安全感大大强化，“反恐”成为美国人生活方式的一部分，造成了美国行政机构的膨胀和社会效率的受限。美国在消除贫困、枪击案、种族歧视、政治腐败等诸多痼疾上基本没有进展。“在美国这样一个发达的工业国，长期存在的贫困现象一直是个令人困惑的问题”，而且赤贫人口的数量一直在增加。[②] 金融危机后，诸如弗雷斯诺（Fresno）、萨克拉门托（Sacramento）和纳什维尔（Nashville）等十几个城市中都出现了棚户区，靠食品券过日子的美国人数量大幅上升，至总人口的13%。[③] 贫富差距也在扩大，“较之收入分配悬殊问题，贫富差距不断拉大的情形要要严重得多”。[④] 美国政府在解决这些问题上显得无能为力，甚至在危机处理上，美国政府在卡特里娜飓风灾害问题上的表现也不由得让人质疑美国政府的能力。其次，美国对世界事务及其议事日程的主导能力大大下降了。在全球经济治理方面，G7 已经让位于 G20 表明美国甚至西方经济体的主导地位和能力进一步下降，而金砖国家机制也正在日益崛起。小布什执政八年，美国形象和国家感召力下降至新低，在气候变化、核不扩散，甚至在恐怖主义治理等方面，仅靠美国一国之力都难以应对，其主导能力今不如昔，奥巴马也回天乏

---

① 王绍光、胡鞍钢：《中国国家能力报告》，辽宁人民出版社，1993 年版，第一章。

② ［美］马耀邦著，林小芳、李冬梅等译：《美国衰落——新自由主义的穷途末路》，当代中国出版社，2010 年版，第 87 页。

③ 《美国经济的真实现状与一种可能的后果》，2011 年 3 月 14 日，http://www.popyard.org。

④ ［美］罗伯特·库特纳著，曾贤明译：《大国的陷落——美国政治衰败与经济繁荣的终结》，中信出版社，2009 年版，第 7 页。

术。还有，最让美国引以为荣的军事力量也难以实现美国的意图和目标。1999 年的科索沃战争是美国新干涉主义的“开山”之战，虽然是不义之战，但处于巅峰状态的美国运用军事手段基本实现了自己的意志和目的。随后，美国就陷入到阿富汗战争、伊拉克战争等反恐“长期战争”中去。美国过高地估计了自己的军事实力和能力，“布什政府对美国军事效力的错误自信是一种让国家付出惨重代价的战略误判。甚至在秘密行动、精确武器、即时通信时代，武装力量也不是灵丹妙药。即使在所谓的单极时代，美国的军事力量也被证明相当有限”。[①]“美国的武力既不会解放大中东地区的人民，也不会让美国控制这些地区，美国正在走向失败”，“在推翻萨达姆五年之后，伊拉克政府依然不能保护其边界，管理其自身事务，美国发起的‘国家建设工程’与对卡特里娜飓风的反应一样糟糕”。[②] 凡此种种，都表明国家能力的下降已经使得美国在实现自己国家意志和目标上都显得力不从心。

第三，未来若干年的财政困难及“帝国的过度扩张”正在削弱美国可持续发展的能力。教育和科研是培育国家可持续发展能力的最重要基础和关键，而财政困难正在损害着美国的教育，而且，这种财政困难将会持续若干年的时间。由于预算削减和教师裁员，美国国内的中小学教育不得不扩大班级的规模。金融危机后的两年，加利福尼亚州、佐治亚州、内华达州、俄亥俄州、犹他州和威斯康星州已经放松了控制班级人数的立法，许多州都已增加了班级学生数目。美国家长普遍持有一种观点，认为人数更少的班级教育质量更高，大量的教学效果对比试验也证明了这一点。十多年来，这种

---

① ［美］安德鲁·J. 巴塞维奇著，曹化银、曹爱菊译：《美国的极限——实力的终结与深度危机》，中信出版社，2009 年版，第三章 117 页。

② 同上书，第三章 148 页。

观点一直在推动着各州立法控制中小学班级人数，但是经济衰退和财政削减使得这一运动面临夭折。[①] 美国国家及各州的财政削减最终传导到各个城市和地方政府的公共服务预算的削减、裁员和赋税的提升，受到最大影响的恐怕就是教育、图书馆、博物馆等公共部门了，2011 年以来发生在威斯康星州以及其他一些州的游行，都与裁减教师和削减预算有关。而且，这种削减更多的是从州到地方的非直接财政援助，据时任纽约市长布隆布格（Michael R. Bloomberg）估算削减的 21 亿美元的对纽约市的市政援助中，只有 3 亿是以直接援助的形式进行，剩下的削减都是非直接援助，其中包括削减 14 亿市公立学校拨款。[②] 长期的财政削减必定会影响美国的教育，难怪 2010 年底国际学生评估项目（PISA）发布 2009 年评估结果的时候，引来美国国内一片愕然，舆论不断鼓噪中国学生已经超过美国。[③] 而且，未来若干年，美国的财政很难彻底消除债务和获得根本的好转，这将成为影响美国教育的较为长期的因素。

与此同时，美国仍然不愿削减巨额军费开支。[④] 2011 年 4 月 10

---

① SAM DILLON，Tight Budgets Mean Squeeze in Classrooms，in the New York Times，March 7，2011，page A1，http：//www. nytimes. com/2011/03/07/education/07classrooms. html？ _ r = 1&ref = us.

② Michael Cooper，"States Pass Budget Pain to Cities"，The New York Times，March 24，2011，p. A20，http：//www. nytimes. com/2011/03/24/us/24cities. html？ hp.

③ 2010 年 12 月发布的 2009 国际学生评估项目的测评结果显示，美国学生的数学能力排名 30 位，阅读能力排名 17 位，科学能力排名 23 位，而美国学生在 2000 年的阅读能力排 15 位，2003 年的数学能力排 24 位，2006 年的科学能力排 21 位，都有轻微的下降。但本文认为这并不足以说明美国教育已经衰落，而是美国国内舆论制造中国超过美国的"卫星时刻"，唤起美国公众注意的刻意宣传。有关数据详见 Wikipedia，Programme for International Student Assessment，http：//en. wikipedia. org/wiki/Programme_ for_ International_ Student_ Assessment#2009。

④ 我们这里主要指后冷战时代（即 2008 年之前）美国不愿意削减军费。新的时代趋势对美国削减军费提出了要求，2011 年之后美国也做出了削减，这构成不同于后冷战时代的新趋势。

日，美国国会两党就削减财政预算达成一致，在所削减的380亿美元中不仅没有任何涉及国防预算的款项，而且在2010年的基础上国防预算还将再增加50亿美元，达到5130亿美元，这还不包括正在进行的伊拉克和阿富汗等战争的费用，总体算来，美国2011年的国防预算将达到7000多亿美元，相当于政府所有可支配开支的一半以上，达到二战以来最高的水平，其占全球军费开支的35%。[①] 创造了“帝国的过度扩张”一词的保罗·肯尼迪警告道，美国现在面临“帝国过度扩张”的冒险，其全球利益与责任过于庞大，美国难以兼顾。[②] 2003年，美国在130个国家拥有702个海外基地，本土有6000个基地，在海外部署了50多万军人及其随从人员，并建造了5万多座建筑，包括兵营、飞机棚和军用医院。[③] 但在2006年以后的几年，伊拉克和阿富汗局势不断恶化，而美国占领军和地方当局无法对这两个地区进行有效管控，对这两个国家的占领成为美国的战略包袱，过度扩张的征兆表露无遗。而且，这两场战争加上刚刚爆发的对利比亚的军事打击表明，“美国已经奇怪地迷恋上了武力”。[④] 2002年——在美国支配世界的鼎盛时期——美国国家安全报告这样描述，“我们的军队十分强大，足以阻止潜在对手旨在超越或赶上美国实力的军事建设。”与此同时，“先发制人”战略出台和反恐战争的全球展开，美国走上了“穷兵黩武”之路。正如保罗·肯尼迪所警告的，当一个帝国处于最后阶段的时候，通常会不断增加军事开

---

① 《经济危机难阻各国强兵步伐》，载《参考消息》，2011年4月13日，第6版。

② 马耀邦著，李冬梅译：《美国批判——美国主导的全球化混乱》，当代中国出版社，2010年版，第85页。

③ David Isenberg, “The Cost of Empire Part 1 – Starting with a solid base”, Feb 13, 2004, Asia Times Online, http://www.atimes.com/atimes/Front_Page/FB13Aa01.html.

④ ［美］安德鲁·J. 巴塞维奇著，曹化银、曹爱菊译：《美国的极限——实力的终结与深度危机》，中信出版社，2009年版，第147页。

支、依赖武力、过度扩张，从而加速帝国的灭亡。今天的美国已经走上了这样一条道路。两党因新财年预算的争夺已经大大超出了以往的两党谈判，许多州都因为预算问题出现了游行和混乱。美国两党刚刚就预算案达成妥协，就发生了华盛顿市长带头游行反对预算案而被扣留的事情。[①] 这些都损害了美国的可持续发展。

第四，美国自我变革和调整能力的衰落。反对美国衰落论的观点认为，美国具有很强的自我变革和调整能力，即使衰落了，它仍然能够及时进行自我调整和变革，从而继续保持上升状态，这种观点大多持“周期论”，认为美国目前只是完成了一个霸权周期，而并非衰落。但这种观点忽略了美国国内社会生活和民主政治的变化。1971 年，尼克松总统单边废除了美元与黄金挂钩来解决布雷顿森林体系中的“特里芬难题”，这实质上确立了美国的“国债本位制”，因为在现有货币和贸易体系下的国家获得的美元顺差，无法直接兑现成黄金，这迫使其他贸易顺差国不得不购买美国国债来持有外汇储备。[②] 美国国债成为世界各国央行的储备资产，而美国就可以不用节约开支而从国际贸易赤字中获得巨大的好处。摆脱金本位制的束缚，也意味着美国可以大肆印刷美元，从美元的贬值中获得好处。另外，从里根政府时期，美国多届政府也大力鼓励国内消费，这也造成各种私人债务的大幅飙升，并形成了与此相匹配的消费主义的生活方式，美国逐渐成为自我放纵的“消费帝国”。[③] 所以，美国现有的发展模式本质上是以过度消费或“挥霍

---

① 《美国华盛顿市长上街游行抗议财政预算被捕》，http：//news. 163. com/11/0413/08/71GN2C5300014JB6. html。

② 马耀邦著，李冬梅译：《美国批判——美国主导的全球化混乱》，当代中国出版社，2010 年版，第 144—148 页。

③ ［美］安德鲁 · J. 巴塞维奇著，曹化银、曹爱菊译：《美国的极限——实力的终结与深度危机》，中信出版社，2009 年 5 月版，第一章。

性”支出为核心的债务发展模式，具有很强的惰性。“由俭入奢易，由奢入俭难”，我们很难想象整个社会、家庭和个人能够勒紧裤腰为美国经济转型和重新复兴做出“牺牲”，美国的自我改革和调整能力已经下降了。

此外，美国民主与改革之间的张力也日益明显地体现出来。形成于18世纪的美国民主体制具有历史性，如果一成不变，将无法完全适应现实变革的要求。因为当时的社会构成及经济结构与今天的美国社会及经济已经有所不同。两党之外的政治社会利益阶层随着全球化及美国社会而更加分化、多元和复杂。“茶党运动”是比共和党更加保守的社会力量，在主张“小政府”问题上具有更加激进的立场。奥巴马则算是代表民主党中的中间“偏左”的社会力量。“占领华尔街”运动则是比民主党更加“偏左”的社会力量。在美国政治、经济、社会构成更加分化、细化和复杂化的背景下，美国民主越来越难以驾驭多数人群的利益，也越来越难以凝聚社会共识，任何摆脱衰落的变革努力必将受制于这种民主制度。在后冷战时代，克林顿政府就曾遭遇关门的悲剧。最有名的是克林顿任总统时期的政府关门事件。1995年11月14日至19日、12月16日至1996年1月6日，美国联邦政府被迫关门，其主要原因就是民主党在教育和医疗改革问题上受到了共和党的杯葛。2009年，以“变革”为纲领上台的奥巴马在推进各种改革计划时面临巨大的阻碍，他对美国经济及金融也无能为力。2013年10月，因为对医改方案的反对，共和党控制的参院再次否决了奥巴马的拨款方案，导致了奥巴马政府关门达三个星期左右。这再次表明，美国民主政治中的“驴象之争”已经严重影响了美国政府的改革能力。从整个社会看，美国普通百姓首先关注的是保持生活水准、就业，至于挽救美国霸权不一定能成为其首要考虑。现有发展模式的惰性也将会通过民主机制而抑制摆脱衰退的变革努力。

综上所述，美国的衰落将是一个既定的历史趋势，正如任何事物的发展都在曲折中进行一样，美国实力的下降也不会是直线的进程，而是在波浪式的起伏中不断下行。在军事等某些特定的领域还会呈上升的态势，但全局性的衰退已不可避免；在某些特定的历史阶段，仍然显示出上升的“表象”，但放在大的历史进程看，美国霸权的实力仍然处在下降的历史进程中。但是，仍有许多学者们慎言美国衰落，概括起来，原因不外乎以下几点：一是史上多次关于美国衰落的预言落空，且每次美国的表现都出乎人们预料，美国经济即使衰落了，仍有复苏并进入新一轮扩张的潜力，而曾经被美国视为竞争对手的国家如苏联、日本都失败或停滞了。二是美国的军事实力仍然雄踞世界榜首，而且在可预见的未来没有国家能与其匹敌。在金融危机之后，美国的军备发展似乎更加提速了，并引领着新一轮的军事科技革命。无人机、激光炮、空天飞机、电磁炮、电磁弹射等一系列的新式武器已经处于实验或装备中，其军事技术和实力领先于世界其他大国的距离似乎呈现出扩大的趋势。三是衰落的滞后效应。财政危机及经济衰落最终会反应到一系列其他部门的衰落，但这还需要一定的时间长度。而且美国经济上的优势仍然很大，虽然已经下降，但在被其他国家赶上之前仍有很长的“时间窗口”，美国重新振兴的机会仍然很大。四是美国与其他国家的实力差距过于悬殊，即使衰落了，在未来10—20年仍是实力最强大的国家，其他国家仍然无法对美国构成有效的制衡。而且，美国的盟友体系仍然还在，对美国实力的下降起到了弥补的作用，这使得美国在国际事务中看起来依然是不可替代的。凡此种种，都影响着学者们的判断。不过与史上的历次争论不同，这次美国衰落正如寓言故事所讲的那样——狼真得来了。[①]

二、中国的“相对崛起”

除了美国陷入“相对衰落”的困境，“狼真得来了”还有另外一个重要原因，那就是作为新兴大国崛起代表的中国，正在缩小与美国单极实力的差距，中国崛起正在成为世界格局转变的关键因素。

在金融危机和西方及世界经济陷入衰退的背景下，中国经济依然保持了高速的增长。2009 年中国 GDP 增长 9.2%，2010 年按不变价格计算增长 10.6%。2011 年 GDP 的增长率为 9.5%[②]。美国环球商业信息中心提供的数据显示，在 2007 年金融危机发生之前，美国 16.4% 的进口商品来自中国。截至 2011 年 4 月，在此前的 12 个月里，美国 18.9% 的进口商品来自中国，高于前一个 12 个月的 18.5%。在同一时期，中国商品在欧盟进口额中占 18.4%，高于此前 12 个月的 17.7% 和 2007 年的 16%。[③] 以上数据表明，在金融危机最严重的 2009—2011 年，美国等西方国家陷入经济衰落的困境的时候，中国经济依然保持了高速的增长。面对中国的这种高速增长，美国战略界陷入了一种战略焦虑，对中国崛起的速度和规模感到恐慌和束手无策，担心中国很快就会超过美国。

2011 年以后，世界经济转向缓慢的复苏，中国在以习近平为总书记的新的中央领导集体的带领下，着眼于未来的可持续发展而改革经济结构和实现增长方式的转变，主动将经济增速降低到 7% 左右

---

① ［美］吉迪恩·拉赫曼：《美国衰落，狼真的来了》，载《参考消息》，2011 年 1 月 5 日，第 10 版。

② 依据国家统计局数据，http://www.stats.gov.cn/，上网时间：2015 年 7 月 31 日。

③ Alex Frangos，“China Boosts Lead in Global Exports”，The Wall Street Journal，Jul 11，2011.

的中高速增长，实现经济从规模数量扩张向增长质量扩张的转变，建立起中国经济增长的新常态。其增长速度分别是：2012 年为 7.7%，2013 年为 7.7%，2014 年中国 GDP 增长 7.4%。[①] 虽然，经济增速降低了，但经济增量却仍然十分巨大。作为世界第二大经济体，经济总量规模的扩大意味着增长 1% 对应的经济增量已经远远大于过去。以美元计价，2014 年中国经济规模首次超过 10 万亿美元，经济增长 7.4% 所对应的增量超过 8000 亿美元。根据世界银行数据，这一增量超过中等发达水平的土耳其等国 2014 年全年的 GDP 总量，对全球经济增长的贡献率为 25.8%，比美国高 1.1 个百分点，居世界第一位。从中国发展历史看，7.4% 的增长对应的经济增量也相当于中国 20 世纪 90 年代中期一年的经济总量。[②]

2015 年一二季度中国的 GDP 初步核算增长为 7.0%。[③] 其所对应的经济增量接近 2014 年新加坡全年的经济总量。并且，与世界主要国家或经济体相比，7% 的经济增速仍然是比较快的增速。从发达经济体看，二季度，美国国内生产总值增长 2.3%，英国增长 2.6%，韩国增长 2.2%；一季度，欧元区增长 1.0%，日本下降 0.9%。从发展中经济体看，一季度，印度增长 7.5%，南非增长 2.1%，俄罗斯下降 2.2%，巴西下降 1.6%。[④]

从以上数据，我们对中国的崛起可以得出以下几点：

第一，须明确，中国的崛起是“相对崛起”，目前还仅仅聚焦于“国内生产总值”（更进一步的还关注“制造业”）的衡量上。与美

---

① 依据国家统计局数据，http://www.stats.gov.cn/，上网时间：2015 年 7 月 31 日。

② 王保安：《7% 的增长速度“含金量”较高》，《经济日报》，2015 年 8 月 4 日，第一版。

③ 依据国家统计局数据，http://www.stats.gov.cn/，上网时间：2015 年 7 月 31 日。

④ 王保安：《7% 的增长速度“含金量”较高》，《经济日报》，2015 年 8 月 4 日，第一版。

国是否衰落一样，关于中国崛起的争论也十分激烈。一般国外的学者、媒体和观点喜欢持“中国已经崛起，已经成为发达经济体”的观点，认为中国的经济总量已经位居世界第二，中国沿海和一些大中城市的基础设施相对先进和崭新，中国先富起来的一些人的旅游足迹遍布世界各个地区，给当地带来了可观的经济收入。所以，中国已经跨入了发达经济体的行列。但是，来自中国的学者却往往不这么认知。比较有代表性的观点认为，我们“不能仅仅关注 GDP 一个因素，还应关注经济结构、经济效率、持续能力、收入分配、人均收入水平等方面。两个世纪前，清帝国的 GDP 占世界 1/3，远超任何一个欧洲列强，但却败于经济总量小很多的英国、法国、日本等。这里的主要原因在于中国 GDP 构成是缺乏现代技术的农耕经济，而英、法等国则有基于先进技术的工业和城市经济。在知识经济时代，软元素对于经济发展、可持续性、竞争力等意义更为巨大，甚至是决定性的”。[①] 从中国的经济分布看，国内发展极不平衡，中部、西部的许多地区还处于贫困的状态，可能还有多达 2 亿的人生活在国际贫困标准以下。[②] 所以，从这个意义上看，中国还难言崛起。

就像我们常常说，美国并没有衰落，美国的经济总量、科技创新实力、军事实力和富裕程度，仍然遥遥领先于世界上的其他国家，它仍然保持着增长，美国的衰落是指它相对的、不可比拟的单极优势地位有所下降了，其他国家的增长比它更快，与它的差距有所缩小而已，所以我们称之为“相对衰落”。同样，我们对中国经济规模

---

① 林跃勤：《中国超越美国的 3 大追问》，《人民论坛》第 328 期，2011 年 5 月 24 日。

② 《专家激辩中国是否“发展中国家”》，载《参考消息》，2015 年 8 月 3 日，第 14 版。

的扩大和经济实力的增强也不能说中国已经崛起了。我们只能说，中国是“相对崛起”，与中国自身的过去相比有所发展，与美国的实力差距缩小了。我们看到的，中国应对汶川地震、举办奥运会等所体现出来的强大能力，主要体现出的是我们政府的组织能力、执行能力和治理能力。所以，对中国崛起只能是相对崛起，对此有正确的认识是中国能保持战略清醒和战略定力，不迷失战略方向的关键因素之一。

第二，美国的持续相对衰落主要体现在中美经济在世界经济总量占比的对比和变化。无论是新兴国家，还是发达国家，在抗击金融危机和经济衰退的过程中出现了分化，美国相比其他发达国家经济恢复得最好、最突出，中国的崛起相比其他新兴国家更可持续、更稳定。我们说，美国实力的衰落是相对于新兴国家的崛起而言的，尤其是相对于中国的崛起而言。在后危机时代，群体性崛起的新兴国家也发生了分化，一些国家的经济也受到金融危机的影响而增速降低下来，如俄罗斯、巴西，但中国仍然保持了较高的增长速度和崛起的进程。2009 年，中国经济总量占世界的 8.7%，约占美国的 36.5%。到了 2013 年底，中国经济总量占到了世界的 12.3%,[①] 约占美国的 55.8%。[②] 2014 年，中国国内生产总值达到 636462.7 亿元,[③] 已经突破了 10 万亿美元，超过欧洲，成为第二个 GDP 超过 10

① 《国家统计局：2013 年我国经济总量占世界 12.3%》，新华网，上网时间：2014 年 10 月 23 日，http：//news.xinhuanet.com/2014－09/28/c_ 1112666489.htm。

② 这一数据时根据国家统计局和商务部发布的数据，并根据人民币和美国的汇率，计算出来的，其中中方的数据是 568845.21 万亿人民币，来源（上网时间：2014 年 10 月 20 日）：http：//data.stats.gov.cn/workspace/index？m＝hgnd；美国的数据为 16.91 万亿美元，来源（上网时间：2014 年 10 月 22 日）：http：//www.mofcom.gov.cn/article/i/dxfw/nbgz/201312/20131200437389.shtml。

③ 《国内生产总值年度数据》，中国国家统计局网站，上网时间：2015 年 6 月 20 日，http：//data.stats.gov.cn/easyquery.htm？cn＝C01。

万亿美元的经济体。①

与此同时，关于中国经济总量从购买力平价方法测算已经超过美国的议论不绝于耳。国际货币基金组织2011年4月25日在报告中预测，按照购买力平价计算，中国最早会在2016年超过美国，成为世界最大的经济体。届时美国经济规模为18.8万亿美元，而中国经济规模将达到19万亿美元。美中两国在世界经济中所占份额也会发生变化。中国的比例会从现在的14%增加到18%，而美国的份额将会从现在的略高于20%下降到17.7%，稍低于中国，名列世界第二。② 2014年5月，世界银行发布的《2011国际比较项目发布汇总结果》指出，从购买力平价测算，2011年中国的经济规模已经达到美国的86.9%，从2011—2014年期间，中国经济规模增长24%，而美国仅增长7.6%。据此，中国经济规模有可能在2014年超越美国。2014年10月7日，国际货币基金组织发布的10月号《世界经济展望》显示，2014年美国GDP将达17.416万亿美元，中国GDP将达17.632万亿美元。这就意味着，中国GDP超越美国，成为世界第一大经济体。③

虽然，我们仍然坚持汇率测算法更加符合各国经济的客观情况，但凡此种种的议论折射出“突兀”的单极正在降低高度，再加上以中国为代表的广大新兴国家的崛起，单极结构呈现出扁平的“钝化”的趋势。同时，也反映出后冷战时代后期发生的所谓全球力量和财富从东方向西方转移的趋势，正越来越聚焦于中美之间。这进一步强化了人们对中国崛起的认识。事实上，在中国不断缩小与美国经

---

① 《2014年中国GDP将首次突破10万亿美元》，新华网，上网时间：2014年10月22日，http://news.xinhuanet.com/fortune/2014-03/05/c_119624704.htm。

② “IMF Predicts Chinese Economy to Surpass U.S. in 2016,” FoxNews, April 25, 2011.

③ 《GDP数据哪家强：中国经济总量超越美国，算法靠谱吗?》，新华网，上网时间：2014年10月20日，http://news.xinhuanet.com/fortune/2014-10/20/c_127116219.htm。

济总量的差距，且已成为世界上第二大经济体的情况下，研究界和舆论不可避免地会关注中国进一步发展的结果。越来越多的研究认为，在未来的某一时刻，中国会超过美国，成为最大的经济体。

三、“帝基”的动摇

关于美国是否持续“相对衰落”的议论仍然在进行着，最近三年的事实表明美国已经很难再回复到世纪之初的单极优势了，美国的 GDP 在世界经济中的占比基本上维持在了 20% 左右，这和 2009 年的美国经济水平基本处于同一水平。2010 年美国 GDP 占世界经济总量的 23.1%，2011 年为 21.4%，[①] 2013 年底这一占比则为 22.1%。[②] 美国的复苏进程不温不火，在世界经济中的占比不断下降，并基本上维持在 20% 的水平波动。2014 年底，有关美国是否已经摆脱衰落的争论再次引起广泛关注，因为美国经济在第二、三季度达到了 4.6% 和 5% 的增长率，舆论哗然，许多观点都认为美国经济已经摆脱衰退正在强劲复苏。然而，美国政府 2015 年 1 月 30 日公布的数据再次为“美国复苏论”泼了一盆冷水，2014 年其 GDP 年增速仅为 2.4%，略高于近六年经济复苏期间的水平，仍然没有摆脱衰落的阴影。2015 年 5 月底，美国商务部公布的数据显示美国经济第一季度 GDP 竟然萎缩了 0.7%。[③] 到了 7 月底，美国政府最终还是修改一季度的经济增速为 2.3%，推翻了之前认定 2015 年初经济出

---

① 历年世界十大经济体国内生产总值列表（世界银行数据），维基解密，上网时间：2014 年 7 月 27 日，http://zh.wikipedia.org/wiki/历年世界十大经济体国内生产总值列表。

② Gross domestic product 2013，世界银行网站，上网时间 2015 年 6 月 20 日，http://databank.worldbank.org/data/download/GDP.pdf。

③ 《美经济一季度萎缩 0.7%》，载《参考消息》，2015 年 5 月 31 日，第 4 版。

现萎缩的估算结果。[①] 这更令人对金融危机后持续了近六年的“反复无常”的复苏充满疑虑。而且，美国经济深层次的问题在金融危机之后并没有得到根本性的解决，[②] 也就是说它很难取得强劲复苏，只要其他国家保持相对较高的增长，未来美国仍然处于相对衰落的轨道上。国际货币基金组织因此而下调了美国经济增长的预期，呼吁美联储2015年不要加息。[③] 美国的实力地位维持在1992年和2009年的历史低位，意味着它仍处于相对衰落的进程中。

关于中国经济未来增长的预测，也有悲观的版本。哈佛大学教授约瑟夫·奈认为，从实力角度来说，中国肯定能够接近美国，但是中国不一定能超过美国成为最强大的国家。中国还有很大一片欠发达的农村地区。另外，用线性的方法来预测经济增长轨迹可能具有误导性。约瑟夫·奈认为，目前许多基于GDP增速所做的预测，忽视了美国在军事以及软实力上的优势，以及中国在亚洲均势内部所面对的地缘政治劣势。他的预测是，最有可能出现的情况是中国将与美国展开竞争，但是在21世纪上半叶中国的总体实力不会超过美国。[④] 吉迪恩·拉赫曼认为，美国在国际体系中的地位十分牢固，美国本身也非常强大。未来，中国本身可能也会遇到危机，其经济和政治体系都面临着可怕的转型。中国经济不可能无限期地以每年8%—10%的速度增长下去。中国还面临着可怕的人口和环境问题。所以，中国将成为一个奇特的超级大国。[⑤] 但是，这种悲观的版本忽

---

① 《美国经济二季度增长2.3%》，载《参考消息》，2015年8月1日，第4版。

② 《美国经济复苏进程“反复无常”》，载《参考消息》，2015年6月1日，第4版。

③ 《IMF呼吁美联储2016年再加息》，载《参考消息》，2015年6月6日，第4版。

④ Joseph S. Nye，“Is China overtaking America?”，April 8，2011，http：//english. aljazeera. net/.

⑤ Gideon Rachman，“When China becomes number one”，Financial Times，June 6，2011.

略了中国政府的主观能动性和中国人民的智慧和努力。以习近平为总书记的新的领导集体主政后，加快了改革的速度和经济结构的调整，既重视经济发展速度，又重视经济发展的结构和质量，将科技、环境、生态等各种因素统筹起来，不断革除中国经济发展模式的弊端。与此同时，经济增长速度也降到一个合理的区间。所有这些都针对着去除这些悲观论者的担忧。中国经济仍然保持着健康和中高速的增长。这也就意味着，美国相对衰落的进程仍然没有发生彻底的转变。

第二节　全球治理与国际制度变迁

2008 年的金融危机标志着后冷战时代的终结。从这场危机本身看，它实质上是一场全球化的危机，也是帝国秩序的危机，它是相互依赖条件下世界经济的失衡所导致的。这场金融危机虽然发生在帝国秩序的核心——美国，其巨大的负面影响迅速传播到全球，成为一场全球性的金融海啸，世界各国的经济都受到冲击，面临着衰退的风险。各国只有采取协调一致的全球性措施才是克服金融危机的根本之道，这次金融危机凸显了全球治理的价值和意义，使得全球治理进入到一个新的历史阶段。

第一，从观念结构上，金融危机凸显了人类共同命运的意识，并客观上促进了全球治理的民主意识。不管是否还存在着冲突和矛盾，几乎所有的国家都承认，只有世界各国共同协调各自的政策才是克服金融危机和经济衰退的根本，世界各国的前途和命运日益紧密地联系在一起。全球化使得任何国家在金融危机中都不能独善其身，金融危机虽然发生在美国，但是欧洲、日本和中国的经济同样受到影响。自 2008 年 11 月二十国集团（G20）峰会第一次在华盛顿召开到 2009 年 9 月的第三次 G20 峰会在匹兹堡召开，再到 2014 年 11 月第九次峰会在澳大利亚布里斯班的召开，世界主要经济体围绕着如何应对金融危机、如何协调各自的国内经济政策、如何在后危机时代进行各国经济政策的协调等，进行了首脑磋商，也就是说，世界各国对相互依赖的全球经济进行了全球性的管理，对自由主义的全球化模式进行了全球治理。应该说，人类的共同命运意识并不是新事物，在加速发展的全球化过程中，随着全球性公共问题的出现和密度加大，人类共同命运意识逐渐形成和发展。像气候变化、环境、能源、军备及大规模杀伤性武器的扩散、贫困等问题的增加，已经成为当今各国关注的全球性议题和全球治理的重点。而且，这些关乎各国生存和发展的共同问题，从观念上正在对传统国家中心主义进行改造和适应，使得各国政府在关切自身问题的同时，必须学会如何整体地、跨国家地而不是分割地思考世界。[①] “合作既是一种规范的理想状态，越来越多的人意识到，人类的未来与能否找到应对方案来解决这些问题和其他跨国问题密切相关，这已经是一个初步的全球共识了。这种新的意识正在转变成政治愿望。”[②] 可以说，这次金融危机大大强化了这种人类共同命运的意识，世界各国的经济在全球化中一荣俱荣、一损俱损的关联使得各国都意识到它们的命运是休戚相关的，他国经济的衰退也就意味着本国经济的受损，各国必须联合起来进行全球性的协调与合作。虽然，世界各国在是否实行经济刺激计划、何时退出经济刺激计划等问题上存在着

---

① 俞正梁、陈玉刚等：《21 世纪全球政治范式》，复旦大学出版社，2005 年版，第 42 页。

② ［法］菲利普·戈卢布著，廉晓红、王璞译：《动摇的霸权》，中国民主法制出版社，2014 年版，第 158 页。

分歧，但这种分歧是关于如何治理的分歧，而不是要不要治理的分歧。

同时，金融危机也使得全球化的价值取向多元化，这也大大促进了全球治理中的民主意识。金融危机本身是自由主义全球化模式的必然结果，也是美国主导的西方模式全球化的结果，所谓“华盛顿共识”实际上就是以私有制和自由放任的市场经济为核心的全球化共识，体现到政治上就是强调个人自由和选举民主，体现到安全上就是基于实力、不顾他国的安全竞争，如美国通过部署导弹防御系统来追求绝对安全等。金融危机打击了新自由主义的价值理念，不同发展模式的成型冲击了原有的意识形态，也带来了新的意识形态和价值观。反对政府干预的自由市场、西方的选举民主和美国模式具有普世性等主导全球化的价值观和理念已经动摇。世界开始认识到，自由市场并非平等的，它暗含着前提的不平等；市场不是政府的对立面，合理的监管和科学的宏观调控是保证市场有序和自由竞争的前提；民主与秩序、合法性，以及人的尊严并非一致。这些意识形态正在成为构建新全球化秩序的价值取向。全球化的价值向度不再仅仅由美国的价值观来主导，它将转向多元，也不再仅仅是从美国和西方国家向非西方世界的单向流动，而是相互联系和相互影响。“个人权利和社会平等均衡的公正社会”的观念对全球化秩序的构建将产生越来越大的影响，建立能够兼顾发达国家与发展中国家、西方国家与非西方国家、富裕国家与贫穷国家利益的，更加公正合理的秩序将成为未来全球化的价值追求。自由主义理念驾驭全球化的局面被打破也就意味着来自西方和非西方的价值理念都成为全球化的价值选择，全球化多元价值取向也就意味着西方主导全球化的局面正在发生变化，全球治理也将会更加均衡和民主，不同价值观和不同观点将共同对全球治理发挥着作用，这也就意味着全球治理的民主意识大大加强了。

第二，从制度结构上，金融危机大大促进了国际制度结构的变化。全球治理与国际制度是紧密相连的，可以说，任何全球性或地区性的制度都是满足特定的治理需要的。这次金融危机对国际制度结构的影响既体现在全球层面，也体现在地区层面。从全球层面来看，关于全球经济治理的制度已经发生了实质性的变化。首先，最突出的就是一些新的全球治理机制的出现。在全球共同克服金融危机方面发挥了重大作用的 G20 峰会就是一个金融危机后刚形成的新机制，它的前身是 1997 年亚洲金融危机后形成的二十国财长会议。它既包括了原来的七国集团的成员，也包括了诸如“金砖四国”等在内的世界新兴经济体，它所涵盖的国家的经济总量已经占到了全世界的 85% 以上。在应对全球性的金融危机方面，G20 机制也比原来的 G7 或 G8 更加有效。在匹兹堡峰会上，世界各国已经同意 G20 将代替 G7 或 G8 行驶管理全球经济的功能。原来的 G7 或 G8 则仍然保持在政治和安全领域的功能。从建立到 2015 年，G20 一个召开了暂词首脑峰会。“金砖四国”领导人峰会也是金融危机后刚刚诞生的一个对话机制。2009 年 6 月 19 日，“金砖四国”领导人在俄罗斯叶卡捷琳堡举行首次正式会晤，峰会发表的声明提出了四国关于当前全球治理的一些主张，比如，关于应对金融危机，四国承诺推动国际金融机构改革，使其体现世界经济形势的变化，认为应提高新兴市场和发展中国家在国际金融机构中的发言权和代表性，国际金融机构负责人和高级领导层选举应遵循公开、透明、择优原则，还强烈认为应建立一个稳定的、可预期的、更加多元化的国际货币体系。这次峰会还就气候变化、反对恐怖主义、反对贸易保护主义，以及加强合作提出自己的主张。“金砖四国”峰会的建立是新的国际制度创建的又一个典型事件，从 2009—2014 年，金砖国家一共举行过 6

次峰会。2014 年 7 月 15 日，金砖国家领导人第六次会晤在巴西福塔莱萨举行，金砖国家发表《福塔莱萨宣言》，宣布金砖国家新开发银行初始资本为 1000 亿美元，由 5 个创始成员平均出资，总部设在中国上海。金砖国家代表还在本次峰会上签署了《关于建立金砖国家应急储备安排的条约》，应急储备安排条约的目标是通过流动性工具和预防性工具提供支持的一个框架，以应对实际或潜在的短期国际收支压力。该安排是新兴市场经济体为应对共同的全球挑战、突破地域限制创建集体金融安全网的重大尝试；中国投票权为 39.95%，巴西、俄罗斯、印度各为 18.10%，南非为 5.75%。2015 年 7 月，在俄罗斯乌法市举办的金砖国家第七次领导人峰会上，各国宣布金砖国家新开发银行和应急外汇储备库建立。G20 峰会和金砖国家领导人峰会是金融危机后出现的两个重要的新机制。

其次，金融危机也促进了现有制度的改革，使得原有的国际制度更加适应当前全球治理形势的需要。这突出表现在 IMF 对各国份额的改革上。为了体现新兴市场和发展中国家在全球经济不断上升的权重，IMF 董事会 2010 年 12 月通过份额改革方案，约 6% 的份额将向有活力的新兴市场和代表性不足的发展中国家转移，并改革执董会使其更具代表性、全部由选举产生。改革完成后，中国、巴西、俄罗斯、印度、南非等最大新兴经济体在 IMF 的表决权份额将增加 4.5%—14.3%，其中中国的份额将从原来的 3.72% 升至 6.39%，成为 IMF 第三大会员国。这被认为是 IMF 成立 70 多年来最重要的治理改革。虽然，美国国会迟迟没有批准这一改革方案，但这种改革的趋势和动力一直存在着，是美国不得不面对的一个问题。对于新兴国家来说，虽然还没有获得实质性的决定权，但是中国等新兴经济体的投票权毕竟获得了提升。WB、IMF 的高层领导和管理者也开始出现中国人的身影。还有，关于 IMF 特别提款权货币（SDR）的改革也题上议事日程，各方开始就是否将人民币加入 SDR 进行讨论。如果成功加入 SDR，人民币将同美元、欧元、英镑和日元一样成为国际结算货币。

从地区层面来看，金融危机也使地区治理发生了一些新的变化，尤其东亚的地区治理。在东亚“10+3”合作体系中，中日韩三国的合作一直处于比较薄弱的环节，但是金融危机则使得中日韩三个东亚大国在共同抗击经济衰退风险的斗争中携起手来。2008 年 12 月 13 日，中、日、韩三国首脑在日本的福冈举行了第一次的三国首脑峰会，会议的主要议程就是三国共同应对金融危机带来的挑战、加强中、日、韩三国的合作、推动东亚地区合作。这是中、日、韩三国第一次在“10+3”合作框架之外单独举行首脑峰会，表明推动东亚地区合作的重心从东盟合作向中日韩合作倾斜。中、日、韩三国关于建立东亚区域外汇储备库的共识，直接推动了“清迈倡议”金融合作的进程。① 2009 年 10 月第二次中、日、韩首脑峰会在北京召开，这次峰会中日韩三国同意在贸易、投资、金融、交通、信息、环境保护、绿色经济、公共卫生以及人文领域等全面合作，决意支持东盟一体化建设，推进多种形式的区域、次区域的合作。可以说，这次峰会为中、日、韩未来的合作明确了方向和重点。2010 年 5 月 29 日第三次中、日、韩领导人会议在韩国济州岛举行，时任中国国务院总理温家宝、韩国总统李明博和日本首相鸠山由纪夫出席会议。会议当天发布了《2020 中日韩合作展望》文件，三国就提升伙伴关系、实现共同繁荣达成多项共识。迄今为止，中日韩领导人峰会一共召开了五次，第四次和第五次分别于 2011 年 5 月和 2012 年 5 月在东京和北京召开。从东亚地区的整体合作来看，金融危机后中国地

① 焦世新：《金融危机与东亚的地区合作秩序》，载《全球金融危机下的国际秩序》，时事出版社，2009 年版，第 123—140 页。

位的提高，美国对东亚政策的调整都影响着东亚地区的制度结构。

概括地说，金融危机对国际制度结构的影响主要体现为：第一，极大地影响着原有的国际制度改革。现有的国际制度大都创建于二战之后。冷战结束后，这些国际制度一直在发生着变革以适应新的国际现实，联合国改革、世贸组织谈判、全球核不扩散体系的谈判等一直在进行着。各种各样的国际制度中，许多都因为功能弱化而无法满足现实需要。这次金融危机对这种国际金融制度的改革进程无疑产生了重要的影响。比如，在世贸组织多哈回合的谈判上，这次金融危机一方面提出了保持自由贸易的重要性，另一方面也使得许多国家，甚至是发达国家为了减少危机带来的影响而采取了保护主义的措施。未来多哈回合谈判如何进行现在还是令人关切的问题。第二，在金融危机的背景下，又产生了许多新的治理机制。比如，我们前面所阐述的 G20 机制、“金砖四国”机制等。未来在全球气候谈判、全球能源合作中，还会有新的国际制度产生。

第三，从参与主体上，全球治理开始打破东西方的界限，这也孕育着新的国际秩序。在冷战时代和后冷战时代，全球治理的主导权始终被西方国家所控制，非西方国家参与全球治理也就意味着国家主权受到西方国家的节制。但是，这次金融危机后，全球经济治理的主体范围大大扩展了，除了原有的西方国家外，新兴经济体在全球治理中的地位有所提升。从 G20 的成员来看，它不仅包括西方工业七国外，还包括“金砖五国”、阿根廷、澳大利亚、印度尼西亚、墨西哥、沙特阿拉伯、韩国和土耳其等，发展中国家具有广泛的代表权。还有，“金砖五国”以及其他发展中国家也开始在全球治理中发挥更大作用。之所以如此，是由于在世界力量对比有利于非西方国家的历史大背景下，非西方国家的经济、实力和科技等都有了大幅的提高，具备了参与全球治理的能力。全球性问题也使得西方国家难以应对，需要全球性的参与。在这次金融危机中，非西方国家掌握着大量的美元外汇储备，掌握着较强的话语权，对美国摆脱经济危机具有重要的意义。这也意味着非西方国家在全球治理中的地位上升了。

其次，全球经济治理的客观需要和压力，世界经济的紧密联系性，以及世界各国相互依赖的增强，都要求美国和中国调整自己的政策和立场，适应这种全球治理的变化。这也迫使两国对待全球治理的态度也发生了战略转变。从美国来看，从小布什的第二任期开始，美国对待多边主义的政策有所回归，也正是在小布什任内美国主持召开了第一次 G20 峰会。奥巴马上台后，在金融危机、气候变化、不扩散等一系列全球性问题的态度有了更加明显的转变，奥巴马政府对待全球治理的态度似乎正在发生战略转变，当然，这也是美国维护自己全球霸权地位的一种策略。中国对待全球治理的态度转变也同样引人关注，2009 年 7 月，在意大利拉奎拉召开的“G8 +5”峰会上，中国明确阐述了自己对待全球治理的立场。中国参与全球治理是加入国际体系的必然，金融危机的爆发明确提出了中国参与全球治理的历史课题。自从改革开放以来，中国就已经开始了加入国际制度的进程，从 1992 年中国确立了市场经济的改革目标后，中国又加快了全面加入全球经济制度的进程。迄今为止，中国已经成为世界绝大多数国际制度的成员国，成为国际体系的利益攸关者。自然而然，中国就面临着如何在国际社会和国际机制中如何作为的挑战，所以，参与全球治理是中国加入世界的必然，2008 年的金融危机又客观上提出了这一历史性课题。非西方国家的地位上升，中国、美国态度的转变，对全球治理具有重要意义，这也意味着国际秩序已经发生变化。2014 年 11 月，在中美元首的“瀛台夜话”之后，双方达成了在气候变化问题上合作的共识和声明。2015

年9月，在习近平主席对美国的国事访问中，中美双方又进一步达成了在气候变化问题上合作的共识。这对全球气候治理具有重要意义。随着全球治理的展开和深化，新的国际秩序将会日益清晰和形成，这不仅体现在各种全球性问题的治理上，还体现在治理机制的变革上。

金融危机给全球治理带来的观念变革、制度变革和参与主体的扩大都表明，在如何对待全球化的问题上，人类正在形成新的一致，自由放任的全球化正在显现出弊端，全球治理也进入到一个新的历史阶段。

第三节 综合国力的竞争转化为多元发展模式的竞争与合作

后冷战时代，由于美国处于绝对的单极优势地位，其他国家很难对其进行外部制衡，即很难形成针对美国的联盟体系，所以大国纷纷转向内部制衡，也就是通过发展自己，增强以经济和科技为核心的综合国力的竞争，这种综合国力的竞争推动着各国寻求适合自己的发展道路或发展模式，这也是对以美国自由资本主义模式为价值核心的西方体系全球扩张的一种回应。在综合国力的激烈竞争下，世界进入多元文明发展模式的竞争与合作时代。与后冷战时代相比，多元文明竞争与合作新时代的内涵主要体现为以下几点。

第一，非西方的发展模式与西方发展模式的共存与竞争共同构成发展模式多元化的格局，多元文明国家自主探索现代化道路和发展道路的权利得到世界的确认，世界将进入话语权转变的时代。

各国必须自主探索自己的发展道路，现代化必须按照本国国情来进行，成为多元文明国家的共识。金融危机后，包含多元文明的G20共同应对发端于西方的全球金融灾难表明，美国等西方文明国家已经无法回避多元文明发展模式形成的事实，或者说，美国等西方文明国家被迫接受了多元发展道路的形成。自近代以来，处于强势地位的西方文明一直将自己的制度、价值观和生活方式向非西方文明进行扩张，后冷战时代是这种扩张的顶峰。新时代的到来则意味着西方模式扩张的进程将告一段落，俄罗斯、拉美和亚洲、非洲等一些国家自主探索符合自己国情的发展道路势不可挡，不同文明间力量对比的历史性变化和非西方文明发展模式的站稳脚跟成为新时代的标识。人们也清楚地看到，同属西方文明的美国和欧洲的发展模式在应对危机中也各执一端，双方处理国家、社会与市场的关系的态度并不相同。① 凡此种种都表明，多元文明发展道路的共存、合作与竞争的时代已经到来。

多元发展模式的实践也带来全球的思想解放和价值选择的多元化。在新的时代，世界将从西方的价值观和意识形态的禁锢下解放出来，人们判断政治体制的价值标准不再仅仅是政府是否由“选举”产生，更重要的是看它是否能够实行强有力的国家治理，能否给人民带来福祉。可以给人们尊严的公正社会不再是“美国模式”的代名词，美国也不再是人类学习的榜样。② 正如我们在前面所论及的，“和平比战争好、霸权——至少是仁慈的霸权比均衡好、资本主义比社会主义好、民主比独裁好、西方文化比其他一切文化都好”，这五条信念是构成历史终结论、民主和平论、不可或缺国家（indispensa-

① Tony Barber, Alan Beattie, George Parker, “Atlantic stimulus rift grows”, in Financial Times, March 10 2009, http://www.ftchinese.com/story.php?lang=en&storyid=001025176.

② Bruce W. Jentleson and Steven Weber, “America's Hard Sell”, Foreign Policy, November/December2008, pp. 45-46.

ble nation）论、罗马帝国论等主导美国后冷战时代意识形态的基本信条。然而今天，“这五条信念将不再像过去的那个世纪那样健全和坚固”。[①] 另外，经过后冷战时代和2008年金融危机后，世界将会更加理性平和地看待马克思主义和社会主义价值，社会主义思潮将重新回归到国际思潮的中心光谱中来，世界也将更客观和理性地看待冷战期间资本主义和社会主义的竞争。中国和俄罗斯等国多元文明发展的经验打破了市场原教旨主义，国家对市场的干预和调控、可持续发展、国有化、改善人民生活、以人为本、集体主义、民主集中制等也成为新时代世界各国探索自己发展道路进程中的价值选择。

同时，多元发展模式也会调整和改善在后冷战时代确立的发展模式，重新思考自己的发展经验，各个文明也将彼此相互审视和认真看待对方，相互取长补短。所以，新的时代也是各文明相互借鉴和学习的时代。对于多元的非西方文明来说，它们或许还要经历一段“脱美国化”的时期，以克服在后冷战时代受到的过度影响。

第二，奥巴马通过调整自己的霸权战略和行为方式来摆脱后冷战时代的困境和金融危机的影响，力图改善在后冷战时代恶化的形象，同时也将探索新的运用权力和“领导”世界的方式。

一方面，美国霸权在后冷战时代遭遇的困境迫使它在新的时代调整自己的对外行为，以求改善美国形象和重新塑造自己在全球的领导权。在全球权力从西方向非西方转移的格局中，美国处于相对下降的趋势，“尽管美国仍然是最强大的国家，但美国的相对力量，也包括军事力量都会下降，美国所使用的手段将更受到限制”。[②] 另

① Bruce W. Jentleson and Steven Weber，“America's Hard Sell”，Foreign Policy，November/December2008，pp. 43－44.

② NIC，“Global Trends 2025：A Transformed World”，US Government Printing Office，November 2008，p. vi.

一方面，美国面临的威胁和挑战的变化也是它改变自己的霸权方式的另一个根源。全球化在带来巨大利益的同时，也带来的诸如传染病和金融市场的崩溃等更加容易扩散、更加无法预警和监控的威胁。核扩散威胁随着核武器国家的增多变得更加难以控制，美国的反恐战略也胜负参半，气候变化、粮食安全、能源问题和未来即将出现的种种威胁形式更需要通过技术变革而非传统的军事力量来解决。[①]所有这些都促使美国调整自己对外运用力量的方式，改善其与世界的关系。美国国内出现的“巧实力”（smart power）战略理念主张将硬力量的运用和软力量的运用结合起来，就是美国调整自己的行为方式和霸权战略的一种代表性的思考和建言，这也是美国在经历冷战和后冷战时代之后，对如何运用权力获得霸权利益的一种学习。

美国在新的时代对后冷战时代的霸权行为方式进行调整。比如，美国虽然不会改变普世化自己的民主价值观，但要通过“颜色革命”那样大肆输出民主已力不从心；美国虽然仍认可尽可能少的政府干预的市场经济，但也无法再像后冷战时代那样推行“华盛顿共识”；美国虽然仍坚持自己的人权理念，但也难以像后冷战时代那样只是强调公民的政治权利，也难以拒绝接受发展权和生存权的价值。它在不改变军事打击手段和强制武力的同时，也会更加侧重利用谈判、对话等更温和的方式来推行自己的价值；美国虽然竭力维护现有的国际秩序，但也不得不考虑接受经济快速崛起的新兴国家，这会带来对现有秩序基本原则和规范的调整；[②] 美国虽然维持自己的盟友体系，但也会更加务实地处理与非盟友大国的关系。美国霸权将会适

---

① Richard L. Armitage, Joseph S. Nye, Jr, CSIS COMMISSION ON SMART POWER: A smarter, more secure America, Center for Strategic and International Studies, 2007, p. 10.

② Daniel W. Drezner, "The New New World Order", Foreign Affairs, Vol. 86, Number. 2, March/April 2007.

当调整自己对多边主义的态度，在气候变化、联合国改革、人权理事会、核不扩散等问题上采取更加现实与合作的态度。

第三，国际秩序和国际体系的变革将会加速进行，冷战和后冷战时代的意识形态因素有所下降，中国和非西方文明国家的因素将会有所上升，各方都围绕着这一历史进程而不断互动和调整，大国关系仍然在进行深刻的调整。

国际体系的变革贯穿于整个后冷战时代，也将会在新的时代加速进行。严格地说，多元文明共处时代仍然是构建新的国际体系的过渡时期。美国情报委员会的报告认为，“到 2025 年，现有的、构建于二战之后的国际体系将变得面目全非。”① 但未来的国际系统到底将会呈现何种面貌，取决于各种因素的相互作用。金融危机迫使世界各国将主要精力聚焦于国内的发展，各发展模式都通过改革来克服金融危机带来的影响，实现可持续的发展。意识形态冲突的因素仍然存在，但爆发类似冷战时代那样的意识形态冲突的可能性大大降低，这主要是因为包括中国在内的新崛起的国家并不奉行意识形态外交政策。不过，由于现代化道路遭遇挫折和经济发展的困难，在巴基斯坦、阿富汗、也门等国家激进的伊斯兰主义仍然可能成为重要影响因素，比如伊斯兰国在中东的蔓延；其次，围绕世界政治和全球挑战的变化，大国关系仍然在进行深刻调整，合作与竞争的模式将在不同问题领域和不同大国之间表现得更加突出。世界政治中诸如能源、水资源的冲突、对核心技术的竞争、对国际秩序的话语权的争夺仍会凸显，传统的军事安全、地缘安全和地区海上力量的竞争仍然存在。但是，单个国家无法应对的诸如金融危机、气候、恐怖主义、传染病、环境、不扩散等全球问题，则使得大国不得不

---

① NIC, “Global Trends 2025: A Transformed World”, US Government Printing Office, November 2008, p. 1.

加强国际间政策的协调，相互依赖和利益共存将使得世界共同风险的意识增强，大国关系中合作与竞争共存的格局更加凸显。从传统视角看，大国关系将更加去“冷战化”，欧洲和美国的分歧也将会加深，跨大西洋联盟的作用将会进一步下降。[①] 中美共同利益和合作面扩大的同时，在台湾、西藏、人权等一系列问题上的矛盾并不会消失。在国际体系的转型中美国虽然对中国进行防范和阻挡，但最终不得不接受中国作用和影响的扩大；再次，新兴经济国家的崛起、地区集团的扩大、越来越不能适应现实的国际机构、非国家行为体和网络的加强等，这些导致了后冷战时代高度集中在美国等西方国家的世界权力的分散，“在许多方面和许多地方都可以发现权力”。[②] 未来随着多元发展模式经济总量的增大，世界经济增长中心将会多元化，美国在世界经济增长中的作用和地位相对下降，中国以及其他成功探索发展道路的国家将为世界经济的发展提供更多动力。当然，多元文明发展道路在新的时代的继续探索也前途未卜，不同发展道路的多元文明国家之间，以及美国与多元文明之间的关系也将不断折冲，这也使得未来国际体系的转型具有不确定性。

另外，需要指出的是，新的时代毕竟孕育于旧时代，一些后冷战时代的因素仍然在相当长的时间内存在，并制约着新时代的发展。这也决定了后冷战时代的终结将会是一个长期的过程。一是美国和西方文明在经济和军事领域仍然具有巨大的优势，美国仍然是世界上主要的文化、信息和创新的来源地。[③] 美国的单极地位和西方的优

---

① 赵怀普：《当前美欧关系：大趋势与新变化》，载《现代国际关系》，2008 年第 2 期，第 40—46 页。

② Richard N. Haass，“The Age of Nonpolarity：What Will Follow U. S. Dominance”，in Foreign Affairs，May/June2008，p. 45.

③ Ibid.，p. 46.

势地位仍将存在，世界力量对比的变化将是一个较长的历史过程。①二是美国霸权的“普世主义”本性并不会改变。美国虽然改变了自己的行为方式，但其目的仍然是确保世界的领导地位，它仍然将输出自己的意识形态和价值观作为外交政策的基本目标。由此，决定着美国军事和外交战略的基本走向。三是多元文明的发展模式在探索中仍面临着许多后冷战因素的制约。这些因素决定，多元文明共存时代的到来将经历一个由弱到强的过程。在新时代的因素和后冷战时代因素的相互作用下，世界新秩序将伴随多元文明发展模式的共同发展、相互交流和碰撞中逐渐形成，包括政治、经济、安全和生态等新秩序的形成和构建将成为时代的主题。所有这些制约时代发展的因素，为世界各大国之间的博弈、互动留下了充分的空间，也为各国留下了施展战略的空间。

第四节　关于“帝国秩序”走向的各种分析

在我们看来，美国的相对衰落已经成为一个既定的事实，尤其是中美之间实力消涨的相对态势，更意味着单极格局正在或已经发生了实质性的变化，难以再支撑美国的帝国秩序。在全球治理的趋势下，国际制度体系正在发生深刻的变革，帝国秩序正在逐步被修正，合作的共识也越来越强大，国际关系的民主化趋势越来越明显。在这种时代背景下，学者们对帝国秩序的式微和路向何方都纷纷发表自己的看法。我们在此选取西方学者（以美国学者为主）的典型

① G. John Ikenberry, Michael Mastanduno, and William C. Wohlforth, "Unipolarity, State Behavior, and Systemic Consequences", World Politics Volume 61, No. 1, January 2009, pp. 1 - 27.

性的观点做出概述，这也是西方学者对帝国秩序未来走向的代表性的思考。

第一，并不认为美国的单极实力优势，即“帝国的基础”已经发生了变化，美国仍然需要坚持自己的帝国战略和追求。从绝对数值来衡量，美国仍然处在上升的过程中。兰德公司国际经济学研究负责人、斯坦福大学胡佛研究所高级研究员查尔斯·沃尔夫（Charles Wolf）的研究则通过数据对比，评估了美国2000—2010年的演变趋势。沃尔夫认为，虽然2001年网络泡沫的破裂以及2008—2009年的大衰退造成经济严重下滑，但这10年美国经济的增长趋势是明显的。2010年与2000年相比，美国的GDP增长了21%。军费支出增加了55%（达到6970亿美元），人口增长了10%（达到3.1亿）。与其他国家相比，美国有的指标上升，有的指标下降。在经济上，2000年美国的GDP相当于G20其余19国GDP总和的61%，到2010年，这一比例下降到42%。2000年美国的GDP是中国的8倍多，到2010年这一数字跌落至不到3倍。在军事上，2000年美国的军费支出是北约其他所有成员国总和的1.7倍，2010年是两倍多。2000年时美国军费分别是俄罗斯的6倍、中国的7倍，到2010年这两项数字分别达到17倍和9倍。在人力资源方面，2000年美国人口为2.82亿，占全球人口的4.6%。到2010年，美国人口上升至3.1亿，占全球人口的比例扩大至4.9%。2000年时，美国人口相当于欧盟15个成员国人口总和的59%，到2010年上升至78%（仍以欧盟15国统计）。总之，虽然经历了大衰退，但从美国的GDP、军费支出和人口的绝对值看都在增长且势头明显。[①]从2010年以来，美国是西方资本主义世界中抗击金融危机和克服经

① Charles Wolf, “The Facts About American ‘Decline’”, The Wall Street Journal, April 13, 2011.

济衰退表现最好的国家，它已经成为发达国家和民主国家中的经济表现最好的国家。

美国新保守主义的代表罗伯特·卡根对美国的帝国地位更加自信。他提出，美国无论怎么衡量都不能说是衰落了，甚至是相对的衰落也谈不上。“从经济角度看，尽管近几年美国经历和经济衰退和缓慢增长，但是美国在世界上的地位并没有发生改变。美国在世界GDP中所占的份额非常稳定，这不仅仅体现在过去10年里，而且在过去40年间都是如此。”① 美国的军事力量仍然是首屈一指的，这是霸权的基础。卡根认为，“今天关于美国影响每况愈下的印象大多是基于一种怀旧谬论：即曾经有一段时间，美国可以塑造整个世界来满足自己的愿望，并能使其他国家按照它的意愿行事。正如政治学家斯蒂芬·M. 沃尔特所说，当时美国‘管理着几乎全球范围的政治、经济和安全安排’。如果我们来衡量美国今天的相对地位，重要的是要认识到，过去的形象是一种幻觉。从来没有这样一个时候。我们倾向于认为冷战早年是一个美国在全球完全占有霸主地位的时刻。但根本不是这样的。那个时代，美国确实做到了一些不平凡的事：马歇尔计划、北约联盟、联合国和布雷顿森林经济体系都塑造了我们今天所了解的这个世界。然而，冷战初期的每一项伟大的成就，相应地都至少有一项同样巨大的挫折。”② 所以，并不是人们认为的，美国相比过去影响力或者领导地位下降了，而是人们对过去美国实力地位强大的错误的“幻觉”，美国一直都是这样。对于当前世界秩序的重大危机，卡根认为，与其说是美国衰落引起的，不如

① ［美］罗伯特·卡根著，刘若楠译：《美国缔造的世界》，社会科学文献出版社，2013年版，第156—157页。

② ［美］罗伯特·卡根著，尹密颜译：《美国是否正处于衰落之中?》，上网时间：2015年8月5日，http：//www. aisixiang. com/data/53714－2. html。

说是美国自身主导世界的意愿下降引起的。美国帝国秩序赖以存在的两大支柱中，美国独有地缘优势和实力基础没有变，而霸权秩序的国内民意支持正在衰退。这导致美国正在从后冷战时代向全球扩张“自由世界秩序”的轨道上后倒，尤其是阿富汗和伊拉克战争后，美国倾向聚焦国内事务的民意上升，现实主义思潮重现，导致美国越来越不愿意承担全球领导责任。从现实看，也难以找到像二战后美国接替英国的全球领导地位那样的“民主超级国家”，来接美国的班。卡根因此而誓言，“超级大国不能退休，疲惫的美国必须继续承担全球领导使命。”①

约瑟夫·奈同样对美国的领导地位确信不疑。他写道：“要评估美国在今后几十年的实力，就得考虑早先有多少评估不靠谱。别忘了，美国对20世纪70年代的苏联和20世纪80年代的日本都曾做出过离谱的高估，这足以令人引以为戒。如今，一些人认为中国人有10英尺高，并宣称现在是‘中国世纪’。就实力资源而言，庞大的规模和相对快速的经济增长将让中国在今后几十年逼近美国。但这未必意味着中国将在军事、经济和软实力方面超越美国。即便中国国内没有发生重大的政治挫折，许多预测也只是对经济增长率做简单的线性外推，而未来经济增长是可能放缓的。——中国、欧洲、俄罗斯、印度或巴西等挑战者在21世纪上半叶超越美国不是没有可能，但可能性不大。——与那些宣称21世纪是中国世纪的观点相反，我们并未进入‘后美国’世界。——随着美国优势略有下降以及世界变得更加复杂，美国世纪至少还会持续数十年时间，但它看

---

① Robert Kagan, “Superpowers Don't Get to Retire——What our tired country still owes the world”, *New Republic*, MAY 26, 2014，上网时间：2014年11月20日，http://www.newrepublic.com/article/117859/allure-normalcy-what-america-still-owes-world。

上去将与当年卢斯宣告的那个美国世纪颇为不同。”①

第二，也有学者承认美国已经衰落或美国秩序已经面临挑战，导致美国的帝国秩序已经陷入全球混乱，但是，他们或是认为没有霸权的继任者，或者认为美国秩序仍然是最好的秩序，所以都提出美国还需继续调整战略，继续承担领导责任，坚持美国的帝国秩序。罗伯特·卡根已经表达了这种观点。而美国外交委员会主席理查德·哈斯（Richard N. Haass）更深入地分析了这一点，他认为，由于美国领导地位的衰落，冷战后确立的美国单极霸权为主导的秩序正在陷入瓦解，这种失序或动乱在中东表现得最为突出，在欧洲的边缘则因为乌克兰危机也呈现出失序的状况，在东亚则表现出与日俱增的动荡的可能性。虽然，经济的相互依赖和全球政策协调使得有序的力量也在增长。但是，由于美国霸权衰落而没有继任者接棒，未来可能出现一个权力中心更多、不顾及美国利益的无序体系。哈斯也给美国维持领导地位和秩序提出了政策建议。他认为美国的帝国秩序是世界和平与稳定的保证，希望美国能继续发挥领导作用。哈斯在2013年的一篇文章中写道：“1941年，亨利·卢斯告诫国人摒弃孤立主义、参战并让20世纪成为第一个伟大的美国世纪。通过实现卢斯的愿景，美国成功取得了具有历史意义的三连胜：在两次世界大战中获胜，还赢得了冷战。如果卢斯今天仍健在的话，他很可能想去敦促国人让21世纪成为第二个伟大的美国世纪。但这次的关注点是制定有意义的制度和国际安排，从而与这个时代的标志性挑战进行抗争。尽管美国当前内外交困，但我们可能已经步入了这个美国世纪的第二个10年。”

---

① ［美］约瑟夫·奈著，邹策译：《中国崛起终结美国世纪?》，《金融时报》中文版，2015年3月31日，上网时间：2015年8月5日，http：//www.ftchinese.com/story/001061313？page＝2。

哈斯提出了六点看法：（1）美国实力仍然独占鳌头；（2）不会马上出现与美国平起平坐的竞争者；（3）其他大国都在集中精力解决国内问题；（4）美国行为方式并为引发别国的直接挑战；（5）美国的人口结构支持美国的帝国战略；（6）美国具备恢复经济高速增长的潜力。①

2014 年 9 月，基辛格出版了《世界秩序》一书，他在书中对近代以来国际秩序的起源、类型和历史演进都做出了自己的思考和分析，并对美国秩序给出了自己的分析和观点。基辛格在书中写道，从来没有真正的全球性“世界秩序”。我们时代经历的秩序是将近 400 年前，在德国维斯特伐利亚举行的一次和平会议上确定的，这就是维斯特伐利亚体系，也就是近代国际关系的开端。基辛格列举了欧洲、伊斯兰、伊朗、俄罗斯、印度、中国以及美国等各种国际秩序观的历史演进。他认为，在世界历史的大部分时期中，各种文明都曾有过自己的国际秩序定义，把自身视为世界的中心，将自己的原则视为世界的普遍价值。如果不承认这些差异和多样性，不承认西方秩序并不具有普遍性，将不可避免地造成灾难性后果。基辛格认为，世界秩序不是大一统的实体，而是受到文化和历史影响的产物。各国内部变化和宗教文化影响往往更加深刻地改变国际体系和国际秩序。基辛格认为西方国家应当学会尊重非西方国家的文化传统，这是建立世界新秩序的关键。基辛格对此有独到的看法：“如果一种选择是正义和无序，另一种选择是秩序和非正义，我始终都会选择后者。”而从“阿拉伯之春”到“伊斯兰国”崛起的灾难性后果来看，基辛格关于在秩序和价值观之间维持平衡的秩序观，是一种明智的判断。基辛格清醒地分析了美国主导世界秩序在观念和能

---

① ［美］理查德·哈斯：《如何打造第二个美国世纪》，《华盛顿邮报》网站，2013 年 4 月 26 日。

力上面临的双重挑战。在观念上，基辛格坦率承认，当代世界，美国的国际秩序观已难以得到大部分国家的拥护，其欧洲盟国也经常与美国发生歧见。在能力上，基辛格认为，冷战的胜利具有模糊性和局限性，虽然两极格局结束，苏联解体，但美国并没实现其战略目标。美国领导世界的能力和道义越来越受到质疑，仓促应对危机、过分冒险投入、不计后果撤出、匆匆打发了事、恶性循环等等，每况愈下。长此以往必将造成地缘力量失衡，酿成更多军事冲突，世界将更加失序。那么，出路何在呢？基辛格认为，美国必须摆脱战略僵化，展开新一轮的战略调整。其要点包括：确定其优先目标，回答新的问题，寻找新的动力；重新评估美国式世界秩序的适应性，更新军事实力，重建国家优势；把道义制高点与战略要素结合，研究其他深层次的战略因素，特别是充分研究对手的战略目标和资源配置；重塑新的世界秩序，在不放弃美国价值观基本内涵的前提下，使美国的世界秩序观较少利己性和威胁性，继续保持美国主导世界秩序的权力和合法性。①

约翰·伊肯伯里把后冷战时代、建立在单极实力地位上的美国帝国秩序放在二战以来美国体系逐步兴起的历史大背景下去分析和论述的。他认为，美国自由主义国际秩序是美国在二战结束后通过布雷顿森林体系和联合国体系建立起来的，美国本来的战略是建立一种覆盖全球的全球秩序，但由于冷战出现，这种自由主义的秩序只能在西方民主国家内部建立，它以美国为主导和中心，主要用于对苏联的冷战。伊肯伯里认为，美国秩序将自由主义精神和现实主

---

① 参看 Henry Kissinger，“World Order”，New York，Penguin Press，2014；黄仁伟：《世界秩序面临的挑战与演进——评基辛格新著〈世界秩序〉》，载《文汇报》，2015 年 1 月 16 日，第 23 版；李洪峰：《基辛格对世界秩序的观察》，新华网，上网时间：2015 年 8 月 6 日，http：//news. xinhuanet. com/herald/2015 -02/02/c_ 133964502. htm。

义精神很好地结合起来，美国成了“自由主义的利维坦”，这是历史上最成功的自由主义霸权秩序。冷战结束之后，这一秩序从西方民主国家之间的“内部秩序”成功扩展为在全球范围内适用的“外部秩序”。但是，后冷战时代全球体系出现了深刻的变化——美国的单极优势不断上涨、维斯特伐利亚主权体系出现了转型，这些破坏了美国领导的自有秩序的稳定性。更重要的是，暴力和不安全因素的来源已经从大国战争威胁转变为来自非国家、弱国家或动乱地区的威胁，美国传统的盟友体系难以有效应对，世界经济相互依赖也使得美国领导地位发生了变化。“9·11”恐怖主义袭击发生之后，小布什推行了具有“帝国”性质的大战略，企图重新确定美国组织和领导全球体系的方向。利用“布什主义”的帝国方式——单边主义、军事先发制人等方式重新建立美国进行全球支配的方式，美国也由此而成为“帝国”，但这种单极治理战略在美国内外都遭到了反对和抗拒。那么美国体系和秩序的未来如何呢？伊肯伯里认为，美国领导的自由主义霸权秩序已经陷入僵局，这是自由主义国际秩序下的权威危机，不是自由主义秩序本身的危机。美国在全球秩序中的角色受到质疑，霸权条款引起了争议。问题在于，自由主义的下一个时代会不会继续被美国所塑造和领导？伊肯伯里对美国秩序和体系提出了三个前途。一是重新协商的、以美国为首的体系。美国继续发挥领导性、体系性的作用，同时转向更具包容性和更加以协调为基础的大国机制下行事。二是后美利坚自由主义国际秩序。这是一种由共享的权威和支配所构成的更加扁平的体系，集体制度和普世规则处于这种演化而成的秩序的中心。三是由对抗的势力范围或阵营组成的更加碎片化的体系。这不仅意味着权力和权威从美国分散，还会在全球层面导致规则和制度的崩溃。伊肯伯里就第一种前途给出了自己的建议：美国需要让渡一些在霸权时代所拥有的权利和特权，需要继续倡导那些能发挥实际作用，且深具共识基础的规则和制度，选择以“规则支配”的方式在自由民主国家、发达国家、发展中国家、崛起国家和衰落国家、西方和非西方国家之间分享权威。伊肯伯里相信，只要美国外交战略正确，它仍将是一个由开放市场、民主社群、合作安全和以规则为基础的秩序所构成的世界的中心。[①]但需要指出的是，伊肯伯里的这种分享是有其限度的，那就是不损害美国唯一的领导地位。

第一和第二的区别在于，是否承认美国的单极地位已经相对的衰落了。但两者在本质上都是相同的，那就是都主张美国应该重振其领导地位，都认为世界上没有其他国家有能力、有意愿来接替美国的领导地位，基本上都主张未来仍然由美国独霸世界秩序的领导地位。这些仍躲避不了追求帝国秩序论的嫌疑，第三种观点则跳出了帝国思维的束缚，它显现出美国要与其他国家一起分享权威和领导地位的合作思维，这就是对中国在未来国际秩序构建中的作用和地位的关注。

第三，几乎任何一个学者在谈到秩序变迁的时候都要涉及到中国，有的观点认为未来仍然由美国发挥领导作用，中国影响不会对美国秩序造成实质性影响，如前述的罗伯特·卡根、约瑟夫·奈、理查德·哈斯都这么认为；有的观点则认为中国可能会发挥较为重要的作用，分享一些权威，但未来秩序仍然由美国主导，如伊肯伯里；还有的观点则提出中美关系在未来的秩序构建中发挥着极其重要的作用，决定着未来秩序的构建。

基辛格认为，中美关系是塑造未来世界秩序的核心关系。中国和美国，一个是正在崛起的大国，一个是世界头号强国。这就决定

---

① ［美］约翰·伊肯伯里著，赵明昊译：《自由主义利维坦——美利坚世界秩序的起源、危机和转型》，上海人民出版社，2013 年版。

了中美两国关于国际秩序观的异同和互动，是当今世界秩序发展演进中最为核心的问题之一。基辛格认为，中国的国际秩序观距离西方的价值观最远。但历史上中国的秩序观并不挑战西方的价值观。中国的价值观是非进攻性的，即使万里长城也是防御性的。中国人追求的是文化主导的心理优势。中国文化对待外来文化的态度都是逐步将它们“华夏化”。中国并不输出制度，而是吸引别国前来学习其制度。中国本身就是某种世界秩序，或者是更大的世界秩序的一部分。基辛格认为，改革开放以来，中国在不断融入而不是挑战现有国际秩序。中国新一代领导人都受过现代高等教育，他们受到中华文明、革命传统和西方文化的三重影响，他们在国际秩序观上与世界各国的共同点在不断增加，而不是减少。基辛格在书中详细列举了中美双方的异同。例如，中国作为一个主要大国，在 21 世纪体系中将发挥史无前例的作用，但在这方面缺乏经验。美国在如何与这样一个大国保持长久关系方面，也缺乏经验。中美两国文化与政治背景有重大差别。美国的政治哲学是实用主义，中国则是从理念出发。美国从未有过强大邻国的威胁，而中国在其边界以外始终存在强敌。美国人习惯于对可运作项目制定具体议程以解决问题，中国人则习惯于提出总原则和引导问题进程。中国人的思维方式是共产主义理想和传统中国文化价值的结合，而美国人对这两者都很陌生。历史上相互隔离的中国与美国，只是到最近若干年才进入一个共同的国际体系。中国认为自己是例外的，在很大程度上在这个体系中受到遏制。美国也认为自己是例外的，但在这个体系中传播其价值观。中美两个大国现在都在进行根本的国内调整，不论二者成为敌手，还是成为新型伙伴，都会对 21 世纪世界秩序起到重要的塑造作用。中美两国如何避免战略误判和战略冲突，构建“新型大国关系”，基辛格对此特别关注。有人别有用心地把 21 世纪初的中国比作20世纪初的德国，怀疑美国与中国难以避免历史悲剧重演。基辛格认为，避免这种历史惯性，必须排除一系列巨大障碍。而构建“新型大国关系”是唯一出路。基辛格提醒，纯军事方式的东亚平衡很可能导致比一战前更为强硬的盟国集团对抗。军事因素不应被当做唯一的、甚至是主要的平衡定义者。基辛格认为，“新型大国关系”是大国均势与伙伴关系的结合，伙伴关系理念应成为亚洲均势的核心要素，并具有前所未有的重要性。能否保持和平取决于各自在实现目标的克制程度，并有能力将竞争限定在政治外交领域。①

关于中美关系决定塑造未来世界秩序的议论，还有一个影响非常大的观点，那就是“两国集团论”（G2）。因为许多中国学者认为，这个观点过度拔高了中国的国际地位，要求中国承担超出自己国情和国际地位的责任和义务，因而对其批驳。“两国集团”（G2）的说法是经济学家弗雷德·伯格斯滕（Fred Bergsten）2005年首次提出的，用以概括中国与美国的非正式特殊关系。伯格斯滕在2009年阐释了使用这一概念的理由：中国和美国是全球最大的两个经济体；在危机发生前为期四年的发展期，中美两国的经济增长之和几乎占了全球的一半；它们是最大的两个贸易国；它们是全球最大的两个排污国；它们处在全球贸易和金融失衡的两端——美国是最大的赤字和债务国、中国是最大的顺差国家和美元储备最多的国家；它们代表着全球两大集团——美国代表高收入的工业化国家，中国代表新兴市场及发展中国家，目前两者各占全球产量的

① Henry Kissinger，“World Order”，NewYork，Penguin Press，2014；黄仁伟：《世界秩序面临的挑战与演进——评基辛格新著〈世界秩序〉》，载《文汇报》，2015年1月16日，第23版；李洪峰：《基辛格对世界秩序的观察》，新华网，上网时间：2015年8月6日，http：//news. xinhuanet. com/herald/2015 -02/02/c_ 133964502. htm。

一半。[①] 布热津斯基认为，G2 的架构有助于解决全球金融危机、气候变化、朝核与伊核问题等重大国际问题。从该概念提出者的解释来看，G2 与冷战时期的两极有截然不同的内涵。它不是指国际权力结构，而主要是着眼于世界经济和全球问题的治理，强调的是中美的重要地位、作用与责任。

与 G2 的概念相近似，美利坚大学教授赵全胜提出了针对亚太地区的“双领导体制”的说法，即在经贸和金融领域，中国的发展速度远高于美国，在克服金融危机和推动世界经济复苏方面起着火车头的作用，但在军事安全领域和政治、外交影响力方面，美国则继续居于主导地位。事实上，在亚太地区，国际军事架构绝大多数是在美国的掌控之下。除美日、美韩同盟之外，美国还与菲律宾、澳大利亚、新加坡和中国台湾等亚太国家和地区保持着军事伙伴关系。赵全胜认为，这一“双领导体制”，目前只涵盖亚太地区，欧盟、俄罗斯、印度、巴西等重要的国家和地区并不包括在这个体系内。这一新体制的出现，会对世界格局的发展带来新一波的冲击，会加速世界重心从大西洋地区向太平洋地区的转移。[②]

针对 G2 的观点，也有一些补充的议论，帕拉格·康纳（Parag Khanna）和马克·伦纳德（Mark Leonard）又提出了“G3”的概念。他们认为，由于美国人不希望另一个对手如此迅速地和它在战略上打成平手并拥有巨大影响力，而中国人也不乐意肩负起与他们实力相称的高度责任，因此美国和中国共管的世界（G2）大概是最糟糕和最危险的一种构想。取代成员冗多，对金融监管、气候变化和核

---

① C. Fred Bergsten, “The United States-China Economic Relationship and the Strategic and Economic Dialogue”, Peterson Institute for International Economics, September 10, 2009. http://www.iie.com/.

② 赵全胜：《亚太浮现“双领导体制”》，《环球时报》，2011 年 3 月 15 日。

扩散等问题都没有办法的G20，以及没有明确领导者的G0，由美国、欧盟和中国组成的G3结构是一种可取的体制。这样的结构整合了美国的军力和购买力、中国的资本和劳动力以及欧洲的规则和技术，代表着全世界经济总量的大约60%和强大的管理模式，对全世界来讲是至关重要的。由于G2世界将几乎注定重演历史，会把我们引向一个和20世纪一样不稳定的新世纪，因此要想在21世纪实现管理的进步就应该更经常地召集G3会议作为开始。①

第四，除了美国独霸、与中国合作等思维外，也有观点认为认为当今世界是一个缺乏领导国家的时代，可称为多极，也有人称为零极、无极。不管是何种说法，这些观点聚焦的是同一个问题——国际秩序中有关领导体制的构想。这样的观点在欧洲拥有许多支持者。英国国际战略研究所在2011年9月发表的《战略调查报告》指出，当今世界正处于一个过渡时期，从美国作为唯一超级大国发挥作用的时代，向着有关国家根据需要携手应对的体制转变。从另一方面来说，这也是一个缺乏领导国家的时代。瑞士安全研究中心2011年3月发布的《战略趋势》报告认为，伴随着深刻的全球和地区权力转移，一种新的多极国际秩序正逐渐显现，其标志是多样化、缺乏领导以及潜在的日益不稳定。②

德国全球与区域研究所的一项研究认为，中国、印度、巴西正成为全球行为体，力量获得相对增长，同其他地区大国一道（土耳其、南非、印尼），正影响着全球能源、气候、安全、贸易、货币和发展政策。另一方面，上述国家又太弱，因为它们尽管有强劲的经济增长，但不能在国内根除贫穷，并且在收入与财富分配上极端的

① Parag Khanna and Mark Leonard, "Why China Wants a G－3 World," New York Times, September 7, 2011.

② Center for Security Studies, STRATEGIC TRENDS 2011, ETH Zurich, 6 March 2011.

不平衡，导致了很大的社会问题。薄弱的基础设施、滞后的技术发展以及大多数人口的低水平教育构成了其经济与社会形势的特征。它们在全球层次的有效领导是有限的，因为它们还不能提供足够的全球公共产品（安全、货币准备、发展援助）。再者，它们常常未被所在地区承认为主导大国。它们的盟友，诸如 IBSA（印度、巴西、南非）、BRICS（金砖国家）和 BRICSAM（金砖加墨西哥）显示出较低的制度化和在言语与行动之间的较大差距。此外，新地区大国在较多问题上存在不一致，因此构不成一个同西方正相反的极。①

针对国际关系中缺乏主导者的现状，也有观点认为当今世界进入了一个更加“碎片化”的时代。② 欧亚集团（Eurasia Group）主席伊恩·布莱默（Ian Bremmer）率先提出了一个颇有影响的概念，即“零国集团”（G0）。他指出，自二战结束以来，首次没有任何国家或国家集团的政治和经济杠杆能够推动国际议程。美国将继续是唯一真正的全球力量，但它越来越缺乏资源和国内政治资本扮演全球公共产品的主要提供者。没有国家已准备好替代美国的领导地位。欧洲会持续忙于拯救欧元区。日本有其自身复杂的政治和经济问题。像中国和印度那样新兴大国因过于关注自身的发展而无暇承担新的国际责任。这一新的概念可称为 G0。面对正在出现的如此之多的政治和经济挑战，G0 的概念可以切中问题的核心，即缺乏国际领导。③

针对国际体系中存在的八国集团（G8）的作用和地位，金融危机后的事实表明它的作用正在下降，这个由西方主要国家加俄罗斯

---

① Robert Kappel，“The Decline of Europe and the US：Shifts in the World Economy and in Global Politics”，German Institute of Global and Area Studies，No. 1，2011.

② DE JACQUES HUBERT-RODIER，G8，G20 ：quel cadre pour la gouvernance mondiale ? *Les Echos*，31 mai 2011.

③ Ian Bremmer and David Gordon，“G-Zero”，http：//eurasia. foreignpolicy. com/posts/2011/01/07/g_ zero.

组成的俱乐部，原本是一个象征性主导世界事务的论坛。金融危机后，G28 取代了它的经济功能。乌克兰危机之后，俄罗斯又被排除出来，G8 在世界秩序中的地位每况愈下。

第五，其他一些观点和议论。比如，托马斯·怀特（Thomas Weight）从现实主义视角提出，后冷战时代典型的单极协调（Unipolar Concert）正在发生变化，所谓单极协调就是缺少均势、制衡和修正主义的行为，只有以美国为单极主导的大国协调体系。但是，俄罗斯和中国近些年的行为表明制衡行为（竭力去阻止或挫败美国）和修正主义（改变现状的行为）正在重返国际政治。俄罗斯已经去寻求通过军事干预和强制外交去阻止欧盟和北约的进一步扩张，这主要体现在它在格鲁吉亚、乌克兰和亚美尼亚的行为。俄罗斯通过兼并克里米亚正在修订欧洲的地区。怀特认为，俄罗斯在空中和海上的许多针对北约和欧盟的行为都很具有挑衅性。俄罗斯还在积极地重振军备，以便能更加有效地实施制衡和修正主义的战略。“中国也正在通过行为寻求打破南海的现状，确立自己的主权权利。许多情况表明，中国也在积极地发展军事力量，尤其是非对称的、迟滞美国的投送能力的军事力量。”怀特认为，所有这些只不过是单极协调的兴起和衰落，这非常类似于 19 世纪的欧洲协调，单极协调的消亡正在给美国的战略带来了重要的挑战。①

阿米塔夫·阿查亚（Amitav Acharya）从时代发展的角度认为，美国秩序已经结束了，世界已经进入到了一个新的秩序时代。虽然，美国仍然是世界事务中的主要的力量，但它已经失去了按照自己的意愿和能力塑造世界秩序的能力。美国只是众多力量极中的一个“锚”，这些力量极包括新兴大国、区域力量，以及原有的大国等，

---

① Thomas Wright，“The Rise and Fall of the Unipolar Concert”，in the Washington Quarterly，Winter 2015，pp. 7 – 8.

这些大国相互协调来塑造世界秩序。阿查亚不喜欢用极、无极、多极等概念，他喜欢把正在兴起的体系称为多元体系。在同一个体系中，有不同的观念、力量和领导国的选择。他还认为，美国、新兴大国和区域大国的政策必须要着眼于促进一个相互依存的多元化世界的稳定。①

同样，法国的菲利普·戈卢布（Philip S. Golub）也从时代发展和未来需要什么样的秩序的角度认为，冷战的结束让世界看到了一个最好的机会，基于法律规则和所有人都同意的行为准则建设一个国际体系。在小布什的领导下，美国毁掉了这个大好前景，它选择了在一系列扩展和建立唯一权威的灾难性行动中破坏国际制度和背弃国际法。这些行动已经彻底失败了。现在的世界经济危机表明，全球合作或至少是全球的协调，是避免世界金融体系和世界经济彻底崩溃所必需的。中美合作导致的双寡头垄断的世界格局可能是稳定的，但这肯定不符合世界的普遍利益。出现“多元多边协调”的格局是替代霸权主义规范的一个最好的方案，通过“有序的多元主义”可以避免霸权主义秩序和无所作为的无序的唯一途径。世界不是在帝国（或霸权主义）和混乱之间做出选择，而是要在混乱和具有包容性的制度性合作体系之间做出选择。如果美国不放弃帝国梦，或者试图逆潮流而动，维持其全球主导地位，就不可能实现现有秩序的多元主义。放弃帝国梦意味着它不再努力维持军事霸权和经济上的不平等，也要学会与世界上其他国家建立更加民主的关系模式。换言之，不是让世界上其他国家忍受美国霸权，而是让美国对新出现的平等局面做出让步。②

---

① Amitav Acharya，“The End of American World Order”，Oxford University Press，2015.

② ［法］菲利普·戈卢布著，廉晓红、王璞译：《动摇的霸权——美帝国的扩张史》，中国民主法制出版社，2014 年版，第 157—158 页。

以上五点反映出了国外一些学者们对“美帝国”的分析和观点，尤其反映出了美国学者对“美帝国”一些未来走向的分析和观点，具有一定的代表性。从这些分析可以得出以下几个判断。

首先，“帝国梦”仍然是美国学者内心的真实想法。不管是保守主义的罗伯特·卡根，还是自由主义的约瑟夫·奈（也有学者称其是现实主义学者）；不管是竭力将“权力”与“规则”结合起来的现实自由主义学者伊肯伯里，还是具有深厚历史底蕴和丰富政策实践经验的基辛格和哈斯；也不管这些学者是否认为美国的帝国基础——单极优势依然稳固，这些学者的观点最终都指向一点——美国的领导地位，在这个世界，美国的领导地位仍然是秩序和稳定的基础，美国秩序和体系虽然面临挑战，仍然是最好的和不可替代的。换言之，美国的领导地位不容置疑、不能放弃，帝国秩序需要维持。基辛格等一些学者在论述中将中美关系作为塑造未来世界秩序的核心，但仍认为美国秩序仍是国际关系中最合理的，它只是需要吸纳其他秩序的一些要求改进自己本身不合理的地方，以不损害美国的领导地位为其限度。对这些学者的观点的分析，也印证了我们在第一章所分析的，美国精英和社会中根深蒂固的“帝国主义思维”是美国追求“帝国秩序”的一个重要根源，它和美国文明的“普世主义”本性和美国自建国以来的扩张的历史传统一起构成了美国建立“帝国秩序”的“帝心”。况且，基辛格、卡根、哈斯、伊肯伯里等学者的“帝国渴望”和“帝国追求”对美国的战略决策和社会民意有巨大影响，引导着国家的战略走向和民意走向，它们代表着美国的主流。这不能不让我们对美国的未来是否还追求“帝国”感到担忧。

其次，也有越来越多的观点开始批评美国的帝国追求和帝国思维不适应未来的时代发展和秩序构建，不适应未来的世界合作。如前文所述的阿查亚、戈卢布等，他们认为时代的性质已经发生变化，不再需要美国在小布什政府时期表现出来的那种帝国倾向，未来的时代和秩序需要更加多元、多重的合作。新一波的、类似这样的观点从金融危机开始前后就已经出现了，影响力大的有扎卡利亚（Fareed Zakaria）于2008年发表的著作《后美国世界》，还有查里斯·库普乾（Charles Kupchan）的《不一样的世界：西方、正在崛起的和即将到来的全球转折》（2012年）等。其实，伊肯伯里虽然“帝心”不改，他的观点里也有时代发生转变令小布什的帝国战略无法应对的分析，他也将其归咎于小布什战略失败的一个重要根源。

再次，虽然也有一些美国学者不主张美国帝国追求的战略，但这些学者在美国社会未必占据主流，对决策的影响也没有想象的大。从以上观点，我们可以看出，目前对帝国进行批评的学者绝大多数都来自于美国以外的国家。在美国以外的世界，批评美帝国战略的观点占据主流。这与美国国内的精英的观点泾渭分明，形成鲜明的对比。随着美国单极优势地位的下降，其他国家的崛起和对美国离心倾向的增强，这种对美帝国的批评和反对也会越来越有力。美国的帝国战略不仅越来越不符合时代潮流，也将会越来越面临更多更复杂的舆论环境。

结　　语

本章所分析的时代趋势给美国提出了许多时代要求，比如：

要求美国放弃帝国战略。美国追求的、那种基于国家力量中心的极化的“领导地位”或“霸权地位”已经不适应时代趋势，美国应该学会如何作为“一个支配性国家在一个主权规范日益受到质疑的全球体系种行事”。[①] 这里面包含着权利和义务的平衡，责任、目的和手段的匹配一致。

要求美国积极参与全球治理，并尊重全球治理的价值多元趋势，这既包括民主、自由、人权等价值理念，也包括公平、公正、秩序、集体主义等价值理念。尊重各国寻求适合本国国情的发展道路的权利，尊重多元发展模式的价值，并学会与多元发展模式的和平共处、竞争及相互借鉴。放弃武力推广西方民主模式的霸权主义做法，也放弃通过“颜色革命”等手段来推广西方民主的做法，既要强调民主，又要强调善治、良治等。

在国际制度的变革中，要求美国充分尊重非西方世界的权利，构建合理的国际政治经济新秩序。当前的国际体系转型是指西方主导的国际体系的转型，国际制度进入改革期，全球治理体系也进入改革期。在这一进程中，许多非西方的新兴经济体参与进来，比如金砖国家、二十国集团中的其他非西方国家、世界气候大会上的非西方国家等。国际制度和国际体系的改革需体现这些国家的利益诉求、价值理念等，非西方国家应获得平等的参与全球治理的地位和权利，这体现在政治、经济、安全治理等各个领域，也体现在各个全球性问题的治理领域，这实质上也就是国际关系民主化的趋势。

要求美国处理好以中国为首的新兴国家崛起的时代问题。新兴国家的崛起是新时代的一个明显特征，中国的崛起最为突出。这些新兴国家的崛起必然引起全球治理、地缘政治的政治、经济和安全的冲击。我们以中国为重点，美国能否接受中国的崛起，如何与中国在全球治理的时代协调与合作，如何在地区合作中与中国展开协调与合作。这些都是美国需要认真面对的战略性问题，处理得好，

---

① ［美］约翰·伊肯伯里著，赵明昊译：《自由主义利维坦——美利坚世界秩序的起源、危机和转型》，上海人民出版社，2013 年版，第 208 页。

有助于新秩序的建立；处理得不好，则会危及到世界的和平、繁荣与稳定。

要求美国把注意力集中到重振经济上来，改革发展模式的问题。金融危机和美国实力的相对衰落实质上也暴露出美国自身发展模式的缺陷，美国如果要重新振兴美国经济、摆脱危机，就必须要改革发展模式自身的问题。美国的相对衰落也是美国战略过度扩张的结果，新的时代趋势也要求美国进行战略收缩，不仅是地缘上的收缩，还包括海外的安全承诺、削减军费等，放下帝国包袱，聚焦于自身的发展，重振经济实力，这是美国国力稳固的根基。

当然，后冷战时代的终结是一个渐进的过程，在这个过程中，美国的单极霸权优势逐渐褪色，美国体系的全球扩展终结，美国模式的合法性"神话"被打破，美国竭力构建的帝国秩序前途未卜。从当今的世界看，正处于一个秩序变革的过渡期，国际体系和国际制度也正在发生深刻的变迁，其主要特征就是全球合作共识的增强、国际制度结构的变化和国际制度主体更加均衡了。对于美帝国秩序的未来，本文梳理了国外学者的一些观点，并做出了简单的点评，这对我们认识未来秩序的变迁具有重要的参考意义。

第五章 奥巴马政府的战略及其内在制约

奥巴马政府入主白宫所面对的是小布什政府追求帝国战略所留下的“烂摊子”，这包括战后混乱的阿富汗、伊拉克；美国国内经济危机和衰退风险、债务大幅增加、失业率飙升等；美国社会“极化”所导致的“茶党”和“占领华尔街”运动等一系列棘手的问题。打着“变革”的旗号赢得大选的奥巴马政府是否有效应对这些问题，能否顺应时代要求改变美国的“帝国方向”，走出“帝国泥淖”，这关系到美国的未来。奥巴马政府已经接近连任的尾声，我们将首先结合着奥巴马政府发布的两份国家安全战略报告和奥巴马任内的所作所为，对其战略的主要内容做一个概述，并分析奥巴马的战略有没有实质性地改变帝国追求。在此基础上，本章从“亚太再平衡”、参与全球经济治理和对华战略三个方面来进行深入的分析。

第一节　奥巴马政府战略的要点

一、奥巴马的战略“帝心”不改

奥巴马受命于“危难之际”，在金融危机的打击下和新的时代趋势下，美国本该“痛改前非”，与帝国道路分道扬镳，走上一条与世界多元文明国家和平相处、平等相待、共同发展繁荣的康庄大道。无奈，美国本性难移、帝心不改，奥巴马一上台就祭出了美国“绝不做第二”的战略目标。

何为帝国？美国的伊肯伯里（John Ikenberry）定义为：单独行动，预先采取行动，放弃国际组织与规则，谋求美国在其中起操纵作用的世界秩序。在这种世界秩序中，要点是美国对全球进行控制。美国不允许其他国家发展出与美国对等的力量，不允许美国的首要地位受到挑战，无论这种挑战是来自敌方的阵营还是来自自己的盟国。用迈克斯·布特（Max Boot）的话来表述就是：保持美国的首要地位，使得单极制度化。[①] 也有美国学者定义为“帝国首先指的是继民族国家的主权之后接踵而来的一种新型的主权。这种主权不受任何约束、限制，它不知道有什么‘疆界’，或者它只知道有弹性的、可变动的疆界”。[②] 理查德·哈斯（Richard N. Haass）认为美国倡导的帝国战略，“要求我们按照某些原则来组织世界，这些原则会

---

① Thomas Donnelly, “What's Next? Preserving American Primacy, Institutionalizing Unipolarity,” *National Security Outlook*, May 1, 2003.

② ［美］斯坦利．阿罗诺维茨等主编，肖维清译：《控诉帝国——21世纪世界秩序中的全球化及其抵抗》，广西师范大学出版社，2004年5月版，第168页。

影响国家间的关系和国家之内的情况。强制和使用暴力通常是最后的手段。美利坚帝国要成功，就不得不做一个非正式的帝国。”① 美国的帝国战略追求蕴涵着美国自身的战略基因，历史上美国不断扩张和追求霸权实质上就是帝国战略，只不过当时的霸权还没有达到帝国这样的程度。在冷战中打败苏联后，新保守主义逐步主导美国战略决策，帝国追求的传统和习惯逐步确立起来，或者说，美国的霸权逐步进入到了帝国的阶段，它主要包括两点内容：一是美国不可挑战的单极优势地位；另一个是美国对全球的左右、管理或控制。概括起来，就是美国对全球领导地位的追求，将自己的利益和意志强加于世界。

后冷战时代，美国的帝国战略追求经过老布什、克林顿和小布什三任政府逐步确立起来。老布什政府处在历史发生变动的过度时期，许多的时代趋势都还不明朗，老布什的战略也有许多的局限性。但他确立了替代冷战时代遏制战略的新的战略框架，这就是“霸权领导 + 全球扩张”，随后的克林顿政府和小布什政府都延续了这一战略框架，只不过在全球扩张的道路上填充上了属于自己的战略内涵。克林顿政府提出了“参与和扩展”的战略，注重通过全球化和国际制度扩展来推广美国体系，以新经济为内核来实现美国经济的扩张，结果造成美国历史上最长的一次经济增长周期，美国的单极实力优势大大强化。小布什政府则在克林顿政府建立的实力优势基础上推行了更具“帝国”特点的布什主义战略，借助“9·11”事件发动了阿富汗战争和伊拉克战争，将美国的军事力量第一次打入并部署到了中亚地区，这是美国在地缘政治上的扩张。当然，无论是克林顿政府还是小布什政府，都将美国的自由民主价值观作为自己基本

---

① Richard N. Haass, “Imperial America”, Paper at the Atlanta Conference, November 11, 2000, http://www.brook.edu/views/articles/haass/2000imperial.htm.

的立场和观念向全球扩散，将美国的利益和意志强加于世界。克林顿发动了“人权高于主权”的人道主义干预战争——科索沃战争，小布什则希望通过军事更迭伊拉克政权，植入美国民主制度，为中东树立“民主样板”，这就是所谓的“大中东计划”。对于克林顿政府来说，他的战略扩张就是“经济 + 民主”，而小布什的战略扩张则是“地缘 + 民主”。当然，两者都是围绕着美国的全球领导地位展开的。

如果说，克林顿政府还有对多边主义的顾虑、帝国的追求还没有完全成型，到小布什政府时期，美国的帝国战略追求基本形成，这也是后冷战时代的顶峰。2002 年 9 月布什政府的《新国家安全战略》报告反映出“帝国战略”的要点。比如，报告强调必须在“无赖国家”和恐怖主义对美国构成威胁之前制止它们，也就是必须先发制人。用霍夫曼（Standley Hoffmann）的话来说，这个报告乃是“全球统治的信条”（a doctrine of global domination）。[①] 从单极、单边、先发制人、全球统治再到帝国，这确实是一种合乎逻辑的发展。伊兰（Ivan Eland）指出，“9・11”事件之后，一些评论者进一步推进了其安全观念，力主通过帝国模式来实现国家的安全。他们宣称，在 21 世纪保护美国安全的最好方式就是仿效英国、罗马等过去的帝国。他们的假定是，如果美国能够在其文明的霸权之下巩固国际体系，那么美国就能更安全、更繁荣。伊兰认为，虽然美国政府没在正式使用“帝国”这个词，但小布什的安全战略中无疑已包含了“新帝国主义”的内涵。[②] 小布什的战略将美国推向了后冷战时代的

---

① Standley Hoffmann, “The High and the Mighty”, The American Prospect, Jan. 13, 2002.

② Ivan Eland, “The Empire Strikes Out, The ‘New Imperialism’ and Its Fatal Flaws”, Policy Analysis, No. 459, Nov. 22, 2002.

顶峰，也使得美国成为“新帝国”或“新罗马帝国”，其特征就是美国对全球领导地位的迷恋和追求，以及将自己意志强加于世界的战略冲动。

“帝国论”反映了后冷战时代美国的单极地位强化到一个历史的高度，但是小布什推行的军事反恐和地缘的军事扩张损耗了美国的实力地位。面对美国的衰落，奥巴马政府仍然在寻求世界领导地位，仍然寻求帝国战略。2010 年 5 月，他的第一份国家安全战略报告写道，“我们的国家安全战略是集中精力、重振美国的领导地位。我们将立足国内，壮大自己的力量，我们将放眼国际，塑造能够应对当前时代挑战的国际秩序；唯有如此，我们才能在 21 世纪更富有成效地推进美国的利益”。[①] 在他第一个国情咨文里，他信誓旦旦地宣布，美国“绝不做第二”。在许多外交访问的演讲中，奥巴马都明白无误地宣誓，美国决心维护其全球领导地位。追求全球领导地位是美国毫不掩饰的外交战略目标。比如，关于美国“亚太再平衡”战略，美国官方和奥巴马本人反复地宣誓，其目的就是为了维护美国在亚太地区的领导地位。2014 年 5 月 28 日，奥巴马参加四年一次的西点军校毕业典礼并发表演讲，面对西点军校一千多名毕业生，奥巴马一如既往地谈及美国在国际事务中应承担的“领导”角色。奥巴马表示，美国打算成为未来 100 年内的世界领袖。“美国是一个不可或缺的国家。美国必须永远处于领导地位，如果我们不领导，没有别人会来领导”，奥巴马说，“我们面对的问题是怎么去领导。”2015 年 2 月发布的第二份国家安全战略报告继续强调，“任何一个保障美国人民和增加我们国家安全利益的成功战略必须基于一个不可否认的事实——美国必须处于领导地位。这对于维护基于规则的秩

---

① 参见 2010 年《美国国家安全战略报告》第一章。

序非常关键，这不是美国该不该领导，而是如何领导的问题”。[①] 如果按照我们前述的帝国战略的两点内涵，奥巴马的战略虽然对小布什的战略进行了修正，但从其战略本质看，仍没有摆脱追求“帝国”的窠臼，是对所谓“全球领导地位”的偏执和追求。

二、奥巴马政府战略的要点

基于迄今为止的作为和奥巴马政府发布的两份国家安全战略报告，其全球战略包括以下几个方面：

第一，在认知上，美国认为自己没有重大的生存威胁，但却面临来自于全球化带来的宗教、种族和族群认同所引发的战争、核扩散、不平等与经济不稳定、环境和食品安全、公共卫生问题、新技术的破坏性应用等非传统威胁和挑战。对此，奥巴马政府把战略从基于能力又转向基于利益。将安全、繁荣、民主和国际秩序视为美国永恒的利益，并把所面临的全球化挑战归类到这四类利益范畴之中，其中对安全利益的追求包括了应对恐怖主义、自然灾害、大规模网络攻击和传染病的威胁。

第二，奥巴马政府将重振美国的领导地位视为其战略目标，其战略途径为“国内建设、国外塑造”，在国内恢复经济活力和增强实力，并在强大实力基础上塑造国际体系来促进美国利益，重回克林顿时期的“接触”政策，作为实现和促进美国四大领域利益的基本手段。其设想是美国经营好在欧洲、亚洲、美洲及中东地区的盟友体系，与中国、俄罗斯、印度等“影响力中心”、“地区样板”、“敌对国家”等进行接触，改善战略环境；塑造国际体系也包括国际组

---

① 参见 2015 年《美国国家安全战略报告》序言。

织的改革，建立基于权利与责任均衡基础上的国际秩序。

第三，重建经济和经济恢复能力，将经济振兴置于美国全球战略的中心地位。奥巴马政府认为，美国力量的源泉根源于经济实力和活力，提升经济竞争力是奥巴马战略的中心任务。执政以来，奥巴马政府推出7000亿美元的经济刺激计划，连续进行三轮量化宽松政策，对内推行经济振兴和社会变革计划，以刺激经济和出口，加强金融监管，完善医疗保险制度，教育政策创新，加大对研发投入等。在国际上，奥巴马政府接受了G20取代G8作为全球经济治理的平台，就各自抗击经济危机、国际金融机构改革、刺激经济复苏的政策进行协调，应对危机和引领全球经济复苏。

第四，反恐在奥巴马的战略中仍居于非常重要的地位，但并不是中心地位，反恐的主要手段更加多元，美国也在利用反恐追求对全球的监控，其主要变化有四：一是将反恐的目标确定为恐怖主义及恐怖主义与大规模杀伤性武器的结合，缩小了打击的目标，奥巴马基本上放弃了主动去“政权更迭”的做法，对中东和北非发生的“颜色革命”采取顺其自然的支持态度；二是改变“反恐战争”的范式，更多运用无人机或小规模的特种部队，减少人员伤亡，包括击毙本·拉登的军事行动，也基本上采取小分队的军事袭击，而不是大规模的军事行动；三是从伊拉克和阿富汗撤军，更加强调通过全面协调来防止恐怖袭击，以缩小战略资源与“摊子铺得过大”之间的缺口；四是通过各种监听手段和技术手段、网络优势对全球进行监听、监控和情报搜集，连自己盟国首脑也不例外，以国家安全或反恐的名义对世界进行监听和掌控，更好地实现美国的控制。

第五，从美国利益出发推动国际秩序转型。在核不扩散体系问题上，奥巴马一上台就提出了“无核世界”的倡议，并与俄罗斯谈判达成削减战略核武器的条约，倡议召开并多次主持、出席核安全峰会。奥巴马通过核国家削减核武器，进一步要求无核国家不发展和不拥有核武器，并将核不扩散的范围扩大到核材料的不扩散，以防止核与恐怖主义的结合。在国际经济体系方面，奥巴马为扭转竞争力下降带来的困境，通过与欧洲谈判“跨大西洋贸易与投资伙伴协议”（TTIP），在亚太地区推动“跨太平洋战略经济伙伴关系协定”（TTP），来建构有利于自己的区域自贸体系，并竭力通过这两大谈判来主导国际贸易规则的谈判和制定。在国际货币基金组织等金融体系的改革中，美国在坚持自己的否决权和决定权的前提下同意增加新兴经济体的份额，在确保美国主导权和霸权地位的条件下，减轻负担、分散责任。

第六，调整全球的地缘战略布局，将全球战略重心从欧洲向亚太转移。

首先，在中东实现战略收缩。奥巴马一上台即访问中东和北非，推动巴以和平谈判，不再将恐怖主义与伊斯兰教挂钩，以改善与伊斯兰世界的关系，在对中东事务的干涉上减少直接军事干涉，并实现了从伊拉克撤军。

其次，在缓和与伊斯兰世界矛盾的同时，进行所谓“战略东移”和“亚太再平衡”，将亚太地区视为未来全球新的权力和繁荣中心，加大了政治、经济和安全对亚太地区的全面介入和接触。① 在军事力量布局上，美国在从中东实行战略收缩的同时，加大对亚太地区的军事部署，利用中国与周边国家的矛盾与领土、领海争端，作为扩大在亚太地区影响力和主导地位的重要抓手，以此牵制中国的崛起

① Robert D. Hormats, “*Engaging Asia: The Future of U. S. Leadership*”, National Bureau of Asian Research Engaging Asia 2010 Conference, Washington, D. C., September 17, 2010; Hillary Rodham Clinton, “*America's Engagement in the Asia-Pacific*”, Honolulu, HI, October 28, 2010, http://www.state.gov/secretary/rm/2010/10/150141.htm.

和维护自己的主导地位。在奥巴马的任期，吸取小布什政府的教训，美国始终坚持将其战略重心放在亚太。小布什政府在上任伊始也准备将战略重心放在亚太、防范中国崛起，但“9·11”事件爆发后，小布什偏离了这一战略方向，发动了全球性的反恐战争。许多美国人认为，小布什发动反恐战争后的十年是中国崛起的黄金十年。奥巴马上台后，再次将美国的全球战略重心向亚太转移，面对乌克兰危机、中东“伊斯兰国”的兴起，奥巴马政府始终强调美国全球战略重心在亚太。

再次，美国加强与日、韩、澳等亚太盟友关系，美国推动了日本解禁集体自卫权，并于 2015 年 4 月更新了与日本的防卫合作指针，积极支持日本国内通过新的安保法；与澳大利亚签署了军事部署协议，到 2017 年，驻达尔文基地的美军人数将增加一倍多，轮驻规模达到 2500 名海军陆战队队员。这份协议还着眼于未来 25 年美澳还将继续扩大军事合作；美国还积极推动韩国和日本的合作，企图将美日、美韩等双边军事同盟向美、日、韩三边军事同盟转型；美国还拉拢印度、越南等与中国存有领土、领海争端的国家，作为牵制中国崛起的伙伴国；积极推动缅甸的所谓“民主化”，作为美国“亚太再平衡”的样板。而在对华关系上，对中国构建“新型大国关系”的倡议，美国处于矛盾、纠结的状态，既不排斥与中国的合作，又不放弃利用周边国家来牵制、威慑中国。

最后，奥巴马政府仍坚持对外拓展民主和人权，承认一切“和平民主运动”的合法性。虽然，奥巴马明确宣示不通过武力或强制来输出民主，提出以“榜样的力量”来推动民主人权价值观。但是，在利比亚发生的“阿拉伯之春”革命中，美国仍然参与了空中的军事打击。在推动民主扩张的问题上，奥巴马虽然比小布什政府更为收敛，但在不陷入霸权陷阱和不背上包袱的前提下，仍然积极干涉和武力介入。在叙利亚问题上，美国多次宣布要派出飞机打击，向叙利亚的反对派提供武器；在打击“伊斯兰国”的问题上，美国一度派出军事顾问，还派出飞机进行空中打击。

以上的几个要点概述了奥巴马政府战略的一些内容，下面我们将从三个方面来分析奥巴马政府的战略，这三个方面分别是美国的“亚太再平衡”，也就是美国通过全球战略收缩和调整新的全球战略重点，将下降的实力和有限的战略资源用到美国认为最需要应对地区和问题上；美国如何参与全球治理，也就是如何度过金融危机的冲击，使得美国经济脱离危机的影响，并通过全球经济治理及贸易政策的调整为美国未来的发展谋求新的优势；美国如何处理与中国的关系，也就是如何处理新兴国家的崛起，在未来国际秩序的调整和改革中确保美国的优势地位和领导地位。

第二节　“亚太再平衡”

一、奥巴马政府“亚太再平衡”战略的实质

“再平衡”战略是冷战结束后，甚至是二战结束以来，美国第一次将亚太作为其全球战略的重心。我们知道，在整个冷战时期美国和苏联两大阵营处于对抗和竞争状态，美国全球战略的重心在欧洲，欧洲是美国和苏联两个超级大国进行争霸和博弈的重点地区。卡特政府时期，美国和苏联争夺的重点又转向了中东。冷战结束后，在克林顿政府时期，美国并没有明确的地区战略重点，或者说，美国仍然延续了冷战时期的做法，把欧洲作为战略重点。到了小布什时期，美国一度着手将其战略重心向亚太转移，但“9·11”事件的爆

发使得美国的战略关注转向反恐，其全球战略的重心随之转向了中东地区，并全力以赴“民主改造”伊斯兰文明的所谓“大中东计划”，美国也陷入了阿富汗和伊拉克两场地区战争的泥淖。此后，金融危机的爆发凸显了全球权力和财富向新兴大国的转移，以及美国和欧洲经济实力的下降，美国重新寻找新的战略关注，包括中国在内的整个亚太地区的快速崛起自然成为美国的战略关注重点。于是，以“变革”为口号上台的奥巴马入主白宫后，一方面着手从阿富汗和伊拉克两场战争中脱身，结束大规模的军事反恐战争，并通过各种方式来改善美国在小布什政府时期恶化的美国形象，恢复软实力；另一方面，将美国的外交资源和战略关注向东亚地区转移，加大对东亚地区的关注，包括加入到东亚地区的合作机制中，不断介入到东亚地区的领土主权争议中等，为其全球战略重心向亚太的转移做准备。

对于奥巴马政府“再平衡”战略的实质，我们认为：它首先是美国全球战略的收缩，也就是美国在战略资源相对不足的条件下，从“全线出击”转向“重点盯防”，减少和收缩在中东和欧洲等战略区的战略投入，以确保亚太地区作为新的全球重点的战略投入和关注。所谓的“亚太再平衡”其实是根据美国新的战略评估和战略重点，调整全球战略资源的投入和分配，实现新的全球和地区层面的平衡。美国“亚太再平衡”战略出台的最直接背景是2008年金融危机后美国自身经济受到重创，单极优势实力地位大大下降，而包括中国在内的东亚国家则仍然延续了长期以来的经济活力，东亚区域合作取得了实质性进展，整个东亚区域崛起的进程看起来势不可挡。更让美国关切的是，中国的崛起已经或正在深刻改变着东亚的地缘政治环境。美国也将亚太地区视为未来全球保持繁荣的关键所在，称“亚太地区的重要性在于它关系着美国经济的未来”。[①] 认为美国的未来与亚太地区未来的繁荣和安全紧密相关。东亚地缘环境的变化和东亚合作的发展，使得美国急欲渗入到地区合作网络和进程中去，来确保美国未来的战略利益和领导地位。在实力相对下降的情况下，美国只有集中有限的战略资源，从欧洲、中东和中亚等地实现收缩，从伊拉克和阿富汗有序撤军，将战略资源和战略重点转向亚太地区。美国还竭力从小布什时期的全球过度扩张导致的沉重战略包袱中脱离出来。“亚太再平衡”战略实际上是美国全球战略在其他地区收缩，确保将亚太作为重点的战略。

其次，自奥巴马 2009 年入主白宫以后，美国大张旗鼓地从政治、经济、军事，以及地区合作机制上全方位地加强在亚太地区的存在，其实质是美国“亚太再平衡”的战略布局，被希拉里界定为所谓的“前置外交”（“forward-deployed” diplomacy）的范畴，这种战略布局带有主动性。在亚太新战略的背景下，奥巴马政府称美国为“太平洋国家”，奉行全面接触亚太的战略，[②] 前置外交是其主要战略手段。希拉里曾将“前置外交”的三大任务界定为“塑造未来的亚太经济；确保地区安全；支持更强的民主机构，传播人类的普遍价值”。[③] 在 2011 年明确提出所谓“转身亚洲”后，[④] 这三大任务

---

① Robert D. Hormats, “Engaging Asia: The Future of U. S. Leadership”, National Bureau of Asian Research Engaging Asia 2010 Conference, Washington, DC, September 17, 2010, http://www. state. gov/e/rls/rmk/2010/149393. htm.

② “Remarks by President Barack Obama and Prime Minister Yukio Hatoyama of Japan in Joint Press Conference”, The White House, November 13, 2009, http://www. whitehouse. gov/the-press-office/remarks-president-barack-obama-and-prime-minister-yukio-hatoyama-japan-joint-press.

③ Hillary Rodham Clinton, “America's Engagement in the Asia-Pacific”, Honolulu, HI, October 28, 2010, http://www. state. gov/secretary/rm/2010/10/150141. htm.

④ Hillary Chinton, “America's Pacific Century”, Foreign Policy, November 2011, pp. 57 – 63.

又被明晰为美国“再平衡”战略的五大支柱：加强与盟友的关系；加深与新兴强国的伙伴关系；发展稳定、有益和建设性的对华关系；加强区域机构；帮助建设能够维持共同繁荣的区域经济。① 美国将其战略资源、外交资源从世界其他地方投送并分配在亚太地区，以求塑造亚太地区格局朝着美国期望的方向发展，所谓“前置外交”也就是着眼于为未来布局。这种战略布局营造出来的战略态势具有相当的进攻性。虽然，我们认为战略布局只是美国战略和外交资源的分配、投送，而不是运用，更像是一种战略“卡位”，但美国确确实实将亚太作为其全球战略重点在经营，这也营造出了一种气势汹汹的战略态势。这种战略布局包括很多方面：加强与盟友关系和介入钓鱼岛和南海岛礁主权纠纷更多的是基于地缘战略的布局；将全球军力部署向亚太倾斜是基于军事能力的布局；加入东盟 + X 体系，推进 TPP，打造新一代自贸协定是基于未来利益扩张的布局；改善与缅甸关系，将缅甸打造成民主改革的榜样是基于民主价值观的布局。

二、“亚太再平衡”的提出和实施

2011 年 11 月，美国国务卿希拉里在夏威夷大学东西方研究中心发表演讲，宣示美国将“转身亚洲”。② 与此同时，美国总统奥巴马也在夏威夷的演讲中强调美全球经济、安全和战略重心将全面转向亚太，这被许多人视为美国“转身亚太”或“再平衡”战略的正式

---

① 《美再平衡战略阐述难释疑》，新华网，北京，http：//news. xinhuanet. com/world/2013 -03/27/c_ 124507056. htm。

② Hillary Chinton，“America's Pacific Century”，Foreign Policy，November 2011，pp. 57 -63.

出台。事实上，自诩为“太平洋总统”的奥巴马，自入主白宫起就一直在谋划和调整其亚太战略，在此时正式提出只不过是美国在各方面的准备都完成后的一个标志性的宣示。

归纳起来，美国的“亚太再平衡”战略从以下几个方面展开：

一是通过加入和改造亚太地区的多边合作机制，以塑造美国的主导权。美国通过加入东盟合作“10 + X”合作体系、主导 APEC、推出跨太平洋战略经济伙伴关系来塑造亚太地区的合作制度建设进程，塑造和确保所谓美国在亚太地区的领导地位。东亚峰会是以东盟为核心连接域内及域外大国的规模最大、层级最高的会议，根据首届东亚峰会签署的《吉隆坡宣言》，只有《东南亚友好合作条约》的签约国，并与东盟建立实质性关系的完全对话伙伴国，才有资格加入到东亚峰会中来。奥巴马政府对加入这一对话机制具有很强的紧迫性，一上台就着手为全面参与东盟合作体系扫清法律障碍，希拉里就任国务卿后第一次出访就造访东盟秘书处，宣布美国正在考虑加入《东南亚友好合作条约》。在 2009 年 7 月的东盟地区论坛期间，美国正式签署了这一条约，2010 年 7 月又签署了这一条约的第三议定书。“美国加入这一条约强化了美国接触东盟的努力，显示了奥巴马政府成为在东南亚的强有力和富有成效的存在的决心。美国寻求在地区制度建设中成为伙伴，而加入这一条约将进一步加强我们与亚洲的关系。”① 从部长级会议到首脑会议，从经济领域到安全领域，美国不仅继续参加东盟地区论坛，还提升或新建了美国—东盟的“10 + 1”对话机制，美国与东盟已经分别于 2009 年 11 月在新加坡、2010 年 9 月在纽约、2011 年 11 月在雅加达、2012 年 11 月在

① Office of the Spokesman, “U. S. Secretary Clinton Signs the Third Protocol of the Treaty of Amity and Cooperation in Southeast Asia”, Washington, D. C., July 26, 2010, http://www.state.gov/r/pa/prs/ps/2010/07/145129.htm.

金边、2013 年 10 月在斯里巴加湾、2014 年 11 月在内比都举行过六次“10 + 1”首脑会议。美国与东盟的各种部长级的对话也在逐步增多，美国国务卿和防长已经与东盟展开了“10 + 1”的部长级会议。在完成了相关的法律程序后，希拉里在 2010 年 10 月出席了在河内举办的东亚峰会，而奥巴马则参加了 11 月在印尼巴厘岛举办的东亚峰会，成为第一位参加东亚峰会的美国总统。从美国来看，它担心自己被中国和印度日益上升的影响力挤出东盟，对与东盟建立对话机制的态度非常积极。除了签约和建立对话机制外，美国还向东盟派遣首任大使，正面介入到与东盟的合作及东亚合作的进程之中。关于 APEC，美国将力图重振 APEC，美国的目标是推动其演变成一个重要的、结果导向的论坛，以服务于美国亚太战略的目标。

同时，美国于 2009 年 12 月宣布加入“跨太平洋自贸协定”(TPP)，要打造一个高标准的区域性协定，掌握未来的经贸和发展的主导权，并抵消亚太地区内部的区域合作和一体化进程，尤其是中国提出的“10 + 3”自贸区。加入 TPP 后，美国不断推动 TPP 扩大成员国。在 2010 年 3 月正式加入谈判，与 TPP 发起四国智利、新西兰、新加坡和文莱及后来加入国秘鲁、越南、澳大利亚举行了第一轮谈判。6 月下旬，在美国旧金山完成了第二轮谈判，并分别于当年 10 月和 12 月完成了第三轮和第四轮谈判。2013 年 3 月，日本宣布加入了 TPP 谈判。美国力争进一步拉拢其他成员，但对中国采取了防范的态度，争取在 2015 年前使 TPP 成为唯一一个涉及太平洋东西两岸，横跨美洲、亚洲、大洋洲的多边贸易协定。为了在任内达成 TPP 的谈判协议，奥巴马费劲心思与国会达成一致，于 6 月 29 日签署贸易促进授权法案（TPA）和贸易优惠延长法案，这被认为将大大缩短 TPP 谈判进程并降低不确定性。2015 年 7 月 28—31 日，美国、日本、澳大利亚等谈判国贸易部长在美国夏威夷州毛伊岛召开会议，就 TPP 的达成展开关键谈判。在随后召开的新闻发布会上，美国贸易代表弗罗曼和其他 11 国谈判代表共同宣布 TPP 谈判取得“重大进展”，但个别剩余问题仍需继续谈判。这实际上意味着这次谈判没有达成预期的目的，他们本来计划使这次谈判成为达成最后协议的最后一次谈判。

二是推出新军事战略，将其军事战略重心转向亚太地区，带动其经济、政治全面介入亚太事务。无论是冷战时期，还是后冷战时代，美国在亚洲的军事存在从来都是其亚太战略的重要组成部分。奥巴马自上台以来一直重视美军在亚太的前沿部署，尤其是自 2010 年以来，美国明显加强了在亚太地区的军事布局，以服务于其亚太总体战略的调整。这也突出体现为美国加紧升级美军驻关岛军事基地，使其成为集补给、指挥于一体的“多功能军事基地”。美国计划修建核动力航母停靠的码头、导弹防御系统和实战演习基地等。为加强亚太地区的空中监视能力，美国空军自 2010 年开始在关岛部署“全球鹰”无人侦察机。与此同时，美国在亚太地区的军事演习频率明显增加、规模扩大。据统计，仅从 2010 年 6 月到当年年底，美国与亚太盟国就举行了 20 多场军事演习。尤其是在朝鲜半岛发生了“天安舰”事件和“延坪岛炮击”事件后，美国更是联合日、韩进行了大规模的军事演习，甚至派出航母参加黄海的联合军演，中国部分地区也进入了美航母编队的作战识别圈。根据希拉里的讲话，五角大楼将会为包括亚太在内的前沿存在提供三个原则：政治上更可持续、操作上更灵活、地理上更分散。① 也就是说重视民主价值观的一致性，规模的小型化、行动和进出上更灵活，在地理上分布更多更广。美国近些年在亚太的军事活动和部署也正是按照这样的轨

---

① Hillary Rodham Clinton，“America s Engagement in the Asia-Pacific”，Honolulu，HI，October 28，2010，http：//www. state. gov/secretary/rm/2010/10/150141. htm.

迹进行的。一直到新军事战略出台，所谓“再平衡”的战略概念提了出来。

2012 年新年伊始，美国国防部公布了《维持美国的全球领导地位：21 世纪国防的优先任务》的新军事战略报告，将其军事战略重心转向亚太。这是美国奥巴马政府自从上台以来持续将美国全球战略的经济、政治、安全等重心转向亚太的必然发展结果，也是美国冷战后亚太战略转型的高潮。根据新军事战略，美国将削减一定的军费以减少财政赤字，转变军事战略思维与军事重点发展领域，以保持美军战斗力应对各种不可预知的挑战。同时，将美国军事战略重心的指向从关注反恐等非传统安全转向更加注重传统大国的崛起，在欧洲、亚洲和中东等三大重要安全区域中，突出强调了亚洲对于美国国家利益的重要性。[①] 新军事战略出台后，美国即围绕着该报告中的要求向亚太地区增加军事力量的部署，贯穿落实这一新的军事战略。4 月，首批美国海军陆战队员进驻澳大利亚达尔文港，这也是 2011 年 11 月奥巴马访问澳大利亚时达成的协议。2011 年前，美国在澳大利亚没有驻军；2011 年，随着美国“亚太再平衡”战略的提出，美澳军事合作加强。2012 年开始，美国海军陆战队以轮换的方式进驻位于澳大利亚中北部的达尔文港。

除了增加军事力量的部署外，在 2011 年 11 月希拉里正式宣布实施“亚太再平衡”战略之后，美国还辅之以国防部长的多次亚洲之行来宣传、解释和推销美国的“再平衡”战略，以及美国太平洋舰队主办的环太平洋军演（简称环太军演）来展示新军事战略。2012 年 6 月初，美国国防部长帕内塔连续访问了新加坡、越南和印度三国，这次亚洲之行被一些媒体称做是“绕着中国飞”，是“没

① 陈积敏：《奥巴马政府新军事战略评析》，载《现代国际关系》，2012 年第 2 期。

有中国的中国行”。但实际上，美国是在三个最具地缘重要性的地区国家兜售和布局美国亚太军事力量“再平衡”战略。美国太平洋舰队主办了空前规模的“环太平洋—2012”军事演习，来贯彻和展示其新军事战略，这场演习从6月29日开始至8月9日结束。环太军演是自1971年就开始的例行性演习，在冷战时期是一年一次，苏联崩溃后改为两年一次，2012年军演是该例行性军演的第23次。之所以引起世界普遍关注，是因为这次军演是美国新军事战略公布后的第一次，其规模和参与国家数目都是空前的，而且中国的缺席尤其引人注目。迫于舆论压力和其他考虑，2013年1月，美国太平洋舰队正式向中国发出邀请，希望中国参加2014年的环太军演。中国于当年3月回复，接受了邀请。2014年6月，中国派出导弹驱逐舰海口舰、导弹护卫舰岳阳舰、综合补给舰千岛湖舰、和平方舟医院船组成的舰艇编队，分别从海南三亚、浙江舟山军港起航，赴美参加“环太平洋—2014”演习。美国邀请中国参加环太军演主要目的就是为了显示美国的“亚太再平衡”战略，尤其是军事战略，不是针对中国的。但后来局势的发展，越来越突出地显示出美国针对中国的军事企图，这凸显了“亚太再平衡”战略的虚伪性。2015年美国国内所谓“惩罚中国”的声音渐渐流行，美国一小撮人叫嚣要让中国为自己在公海上的行为付出代价，这包括设立东海防空识别区、中国在南海的行为。参议院军事委员会主席约翰·麦凯恩说，中国2014年的所作所为让奥巴马政府邀请中国参加下一次环太平洋军事演习的计划引发了质疑。①美国国防部也传出消息，希望不再邀请中国参加2016年的环太军演，但美国海军主张继续邀请中国参加。美国国内的舆论主张要让中国“付出代价”的声音，表明美国正在撕

---

① 《美高官叫嚣应惩罚中国：不再邀其参加环太军演》，新华网，上网时间：2015年8月10日，http：//mil. huanqiu. com/observation/2015－05/6372622. html。

下“亚太再平衡”战略的“遮羞布”，正日益公开地将美国的战略矛头指向中国。

美国的军事“再平衡”是其“亚太再平衡”全方位接触战略中的重要一环，它带动着美国全面地介入到亚太地区事务。如何处理与崛起中的中国的关系也是“再平衡”战略的最重要的内容，根据美方的说法，“亚太再平衡”的战略目的不是为了围堵和遏制中国，但国际舆论和观察家们的各种观点和评论并不是这样认为的。对此，美国也曾经安排军方的高官先后访华，对美国的战略进行解释。国防部长帕内塔和太平洋总司令洛克利尔分别在 2012 年的 9 月 17 日和 6 月 26 日访问中国，这也是美国军事“再平衡”战略的一部分，其主要目的是向中方解释美国在亚太的“再平衡”战略，澄清该战略主要是针对中国的说法，防止所谓“误判”。但是，无论美方的言辞多么动听，它的所作所为越来越使人认为其主要目的就是针对中国的崛起，就是为了牵制中国的崛起。美国在邀请中国参加环太军演上的态度的变化已经很好地说明了这一点。

三是加强盟友关系，改善与伙伴国关系，接触敌对国家。后冷战时代，美国在亚太地区的盟友体系呈现离心化的趋势，其根本原因当然在于和平与发展的主流使得这些盟友关系存在的意义降低，失去威胁目标的同盟体系日益松散。另外，印度、印尼等新兴国家的崛起也成为美国亚太新战略必须要面对的问题，还有如何应对原来的敌对国家缅甸、朝鲜等的关系。美国将它与日本、韩国、澳大利亚、泰国和菲律宾的盟友关系视为战略接触的基础，认为这些盟友已经保卫了亚太地区近半个世纪的和平与安全，支撑了非凡的经济增长。美国与这些国家以安全合作开始结盟，现在已经扩展到许多领域的共同行动。在美国新的亚太战略中，它不仅仅是要维持它们，还要更新它们，以使它们在这个变化的世界仍然有效。改善与伙伴国关系是指美国同印尼、越南、新加坡、马来西亚和新西兰等正在形成中的伙伴关系，以及两个同时崛起的大国——中国和印度建立伙伴关系。由于小布什政府的战略重点在反恐和中东事务，美国在东亚的盟友关系一度出现疏离。奥巴马政府一上台立即通过高层访问来拉近与盟友的关系，通过2009年7月希拉里对泰国的访问、2009年美菲之间的元首互访、2009年11月奥巴马对新加坡的访问、2010年美国国务卿的四次东亚之行和防长的多次访问，以及之后每年的多次高层访问等，美国加强了与盟友的关系。美国还加强了与澳大利亚的盟友关系，大幅提升与澳大利亚的军事关系。2011年11月，奥巴马在访问澳大利亚的时候宣布未来几年内将有2500名的陆战队员在达尔文港轮流驻扎。

美国还利用“天安舰”事件强化美日、美韩同盟，并推动这两个双边同盟向三边同盟发展。2010年3月，“天安舰”事件发生后，美国支持韩国与朝鲜的对抗，使得韩国在争议地区的实弹演习推动韩朝紧张持续升级，也使得韩国更加依赖美国的保护。美国趁机强化正在疏离的韩美军事同盟，将原定于2012年向韩方移交的战时作战指挥权延迟到2015年。美国乘机与韩国建立了两国外长、防长的“2+2”会谈机制。此前，这种外长加防长的对话机制只在日美之间举行。美国和韩国还就核保护达成一致，根据双方协议，美国对韩国提供核保护伞、常规打击能力，韩国则积极考虑在本国境内部署导弹防御系统。在此背景下，美国在韩国是否部署萨德导弹防御系统就成为各方关切的问题。从表面上看，美国军方欲在韩国部署萨德导弹防御系统，是为了防止朝鲜军队方面铤而走险，对韩国和驻韩美军基地带来威胁，实则是美国政府“亚太再平衡”战略的一部分，目标除了针对朝鲜军方外，明显是在针对经济和军事日益崛起的中国，美国政府不断在完成从周边围堵中国的战略部署。中国驻韩大使表示了反对，中国国防部长访问韩国时，也对萨德导弹防御系统的部署表示了担忧。俄罗斯则表示反对，称此举可能对某些地区形成威胁。

与此同时，在美国的推动下，美韩、美日同盟正由双边互动向三边协调发展，日本和韩国亦加强了外交和安全协作。2010 年 7 月，日本首次以观察员身份加入美韩黄海军演。在 11 月 23 日“延坪岛炮击”事件爆发后，美韩在朝鲜半岛西部海域开始联合军事演习，时间持续了四天。12 月 6 日，美国、韩国、日本三国外长在华盛顿举行会晤。会晤结束后，三国外长发表了联合声明，并在联合声明中表示，三国将在与朝鲜相关的问题上保持和加强协调与磋商。在美国的推动下，日本和韩国在 2011 年 1 月举行了防长会议，双方就两军之间相互提供军事后勤进行谈判，两国防长还表示，在适时的时候签署《军事信息总体安全协议》。2012 年 6 月 21 日，美国借朝鲜半岛的紧张局势一步一步将韩国和日本撮合在一起，举行了三国史上第一场联合军事演习，演习地点设在朝鲜半岛以西和以南海域。

最后，需要强调的是美日同盟的发展。美日同盟在美国“亚太再平衡”战略中具有极其重要的地位，美国在后冷战时代常常把美日同盟称为美国亚太战略的基石。在美国“亚太再平衡”战略的大背景下，美国不断推动美日关系的发展，利用不断深化的中日矛盾，实现“亚太再平衡”战略的目的。而日本则利用美国的“亚太再平衡”战略实现其国家正常化的目标。金融危机后上台的鸠山由纪夫内阁的外交具有鲜明的亚洲取向，他积极推动东亚地区三国合作，重视中日韩合作，将日本的发展和未来置于日本“亚洲国家的身份”之上。这导致美国对鸠山政权的反对。在普天间军事基地问题上，美国拒绝同有脱美倾向的鸠山政府妥协，进而施加压力导致鸠山政权倒台。菅直人内阁上台后，日本重回对美依附路线，在美军驻日基地问题上妥协。野田出任首相后，因为其执意在 2012 年 7—9 月间实施“钓鱼岛国有化”，导致中日矛盾升级，日本更加倒向美日同盟。2012 年 12 月 16 日，日本自民党在第 46 届众议院选举中以绝对优势获胜，安倍晋三出任日本首相。随后，日本的战略急剧倒向美国的“亚太再平衡”战略，美国开始不断推动日本在解禁集体自卫权上采取实际的步骤，以此加强美日同盟。在 2013 年的美日“2 +2”双边会谈中，美日讨论了重新修订防卫合作指针的问题。美方提出，重新修订美日防卫合作指针的前提条件是日本必须拥有集体自卫权，美日需要平等地承担防卫合作责任。随后，安倍政权开始在日本国内不断制造舆论，为解禁集体自卫权造势。2014 年 4 月初，时任美国国防部长哈格尔访日，在 4 月 5 日的会谈中，日本首相安倍晋三通报了日本政府正计划修改宪法解释，以允许自卫队行使集体自卫权。哈格尔对此“表示欢迎”。安倍称亚太地区安全局势发生了很大变化，日美同盟重要性日益提高，日本政府对美国坚持重视亚太的战略表示欢迎。双方还确认推动修订日美防卫指针，继续加强安保防务领域的合作。[①] 4 月 24 日，在对日本的访问中，美国总统奥巴马再次声称，钓鱼岛“适用”于《美日安保条约》第五条。针对安倍政府企图修改宪法解释，行使集体自卫权。奥巴马表示，他“热烈欢迎日本有意发挥更大作用，维护国际安全”，“我赞赏安倍首相加强日本防卫力量和深化我们两国军事合作的努力，包括修改目前行使集体自卫权的禁令”。奥巴马说，他敦促日本自卫队“在我们的联盟框架内做更多的事情”。[②] 由此，美国推动日本解禁集体自卫权

---

① 《美国防长哈格尔访日》，新华网，上网时间：2015 年 8 月 10 日，http：//japan. xinhuanet. com/2014 - 04/06/c_ 133242461_ 3. htm。

② 《奥巴马访日前公然为日本“站台撑腰”》，新浪网，上网时间：2015 年 8 月 10 日，http：//news. sina. com. cn/o/2014 - 04 - 24/02402999221. shtml。

的战略企图昭然若揭。2014 年 7 月 1 日，日本内阁召开临时内阁会议，通过决议，正式决定修改宪法解释，解禁集体自卫权。日本二战后“专守防卫”安全政策发生根本转变。2015 年 4 月底，安倍访问美国，美国和日本正式修订了日美防卫合作指针。访美回国后，安倍随即启动了国内的法律程序，将一揽子的安保法案，包括《自卫队法》、《武力攻击事态法》、《周边事态法》、《联合国维和行动（PKO）合作法》等十部法律的修正案综合构成的《和平安全法制完善法案》，还有随时允许为应对国际争端的他国军队提供后方支援的新法《国际和平支援法案》，等等，提交国会进行审议。2015 年，日本众院和平安全法制特别委员会凭借自民、公明两党的赞成票表决通过了以解禁集体自卫权为核心内容的安全保障相关法案。[①] 这样，日本朝着完成解禁集体自卫权的法律程序又迈进了决定性一步。随着日本集体自卫权的逐步实现，美日同盟的升级，美日在东亚安全事务中的合作范围和地理范围明显扩大，针对中国的牵制行为明显增加。

在美国“亚太再平衡”的框架下，美国还试图加强与缅甸和朝鲜的接触。这两个国家是美国的敌对国家，美国希望通过接触来增加影响。其中，对缅甸的接触较为成功，但对朝鲜的接触则难以摆脱其霸权和冷战思维的限制。在对缅接触方面，2011 年 12 月，希拉里访问缅甸，成为 50 多年来第一位访问这个东南亚国家的美国国务卿。此后，两国关系开始改善。2012 年 1 月，美国和缅甸宣布互派大使。7 月，美国总统奥巴马宣布减轻对缅甸制裁，准许美国公司在缅甸投资。11 月，美国总统奥巴马访问缅甸。奥巴马此行使其成为首位在位期间访缅的美国总统。美国表示将正式放松对缅甸的贸易

---

① 《解禁集体自卫权日本众院表决通过新安保法》，搜狐网，上网时间：2015 年 8 月 10 日，http：//mil. sohu. com/20150715/n416828642. shtml。

限制，这是近十多年来美国首次放松对缅甸的进口限制。美国将缅甸国内的改革与对缅改善关系的进程结合起来，在推动关系改善的同时，推行自己的民主价值观。但在对朝接触方面，则遇到了冷战状态难以打破的问题。在新的亚太战略背景下，美朝双方首先进行了三次试探性的会谈。双方同意采取一系列措施以建立信任，改善关系。其中包括，朝鲜同意在朝美会谈期间暂停核试验、试射远程导弹和宁边铀浓缩活动，允许国际原子能机构对朝鲜暂停铀浓缩活动进行核查。美国政府同意向朝鲜提供食品，并重申不再敌视朝鲜，逐步改善美朝双边关系。这给恢复六方会谈带来了乐观的情绪。但是，双方在卫星发射和导弹发射问题上的分歧仍然没有解决。4 月 13 日，朝鲜从平安北道铁山郡的西海卫星发射场发射了首颗应用卫星“光明星 3 号”，虽然发射失败，但却使朝美对话再次陷入停滞。12 月 12 日，朝鲜突然再次发射了“光明星 3 号”卫星，使得朝美关系再次陷入对抗的僵局，美国积极寻求制裁朝鲜的新措施。随后，朝鲜半岛局势不断升温，美国对朝接触政策再次失败。

四是利用中国和周边国家的矛盾来扩大美国在亚太的存在和影响。自小布什政府时期，美国就一直试图扩大对亚太地区事务的介入和影响，但一直都收效不大。在“重返亚太”和调整亚太战略的背景下，美国开始寻求利用中国与周边国家的领土主权争端，尤其是海上领土主权争议，来作为其扩大在亚太地区影响力和主导地位的战略抓手。除了大力支持与中国有领土主权争议的印度成为“二十一世纪的世界强国”外，美国在中日钓鱼岛主权争议和南海岛礁主权争议问题上也积极利用各方的矛盾达到自己的目的。

在钓鱼岛问题上，在美国“亚太再平衡”战略的背景下，日本政府和国内右翼在钓鱼岛问题上越来越大胆。进入 2012 年，美国不断发表声明称，不对钓鱼岛主权争议持有立场，但钓鱼岛“适用”

于《美日安保条约》，并在外交上悍然采用所谓“尖阁列岛”等日本对钓鱼岛的称呼，给日本政府和右翼发出了强烈的错误信号。帕内塔在9月份的访问中，还呼吁中日和平解决钓鱼岛争端，其实质是“拉偏架”。结果，在希拉里和帕内塔刚刚结束对中国的访问，日本政府就不顾中方一再严正交涉，于9月11日宣布“购买”钓鱼岛及其附属的南小岛和北小岛，实施所谓“国有化”。中国政府表示坚决反对和强烈抗议，钓鱼岛事件随后升级。美国介入钓鱼岛主权争议的另外一个表现就是美日军事合作的升级，美国不仅部署“鱼鹰”等先进的战机在美国驻日基地，还与日本多次举行联合夺岛演习。这是日本政府不断在这些问题上采取强硬立场的背后原因。还有，如前所述，美国利用中日之间的岛礁争端不断强化本已疏离的日美同盟关系。

在南海岛礁主权争议问题上，美国在2010年第17届东盟地区论坛外长会议期间，抛出南海议题，首次公开提出南海问题涉美“国家利益”。希拉里称，南中国海“航行自由和公共海、空开发”是美国国家利益，并称这不仅是美国与东盟成员国或东盟地区论坛参与国的共同利益，也是其他海洋国家和整个国际社会的共同利益。美国前国防部长盖茨在首届东盟防长扩大会议上再次重申，“航行自由、经济开发和商业自由”事关美国国家利益，推动海、空、太空等全球“公域”的开放是美国遵循的一项基本原则。美国前助理国务卿坎贝尔在多个公开场合强调，美国在维护南中国海的和平与稳定、商业及航行自由问题上拥有持久利益。美国还在参加东盟系列峰会和外长会议上多次挑起议题，要求大会讨论海上安全和南海岛礁争议问题。美国虽表面上称不对南海岛礁主权争议持有立场，但却不断介入到这个争端中去，支持所谓通过东盟框架实现《南海行为宣言》法律化。美国实际上利用东盟国家，尤其是与中国存有领土主权争议的国家对中国崛起的担忧，利用中国与这些国家之间历史遗留下来的领土争议问题，来达到抵消中国不断上升的影响，树立在地区安全事务中的美国主导权，借此实现“重返”亚太。2013年以来，美国对南海岛礁主权争议的介入愈来愈强力，“切香肠论”、“给中国划定红线论”等等不断从美国国内的听证会上传出。南海问题也越来越成为中美双方对话中美国向中国施压的问题。2014年以来，美国不断炒作中国在南海的岛礁建设问题，批评中国建设南海岛礁的面积规模过大，建设速度过快，无理要求中国停止。2015年5月20日，美国一架P-8A侦察机突然飞越中国正在开展建设活动的南海岛礁上空，遭到中国方面的警戒喊话，机上还乘载了美国CNN的记者，将这一情况在美国电视上做了报道。美国国防部还宣称，此次飞行，美国没有直接飞越中国岛礁上空，仍然有一定距离。时任美国国防部长卡特要求美军做好直接穿越中国岛礁上空的准备。7月18日，美军太平洋舰队司令斯威夫特再次乘P-8A侦察机巡航南海。美国对南海岛礁主权争议的介入似乎发生了变化，正在从“幕后怂恿相关声索国”向“直接冲到前台”转变。2015年8月4—7日，在第48届东盟系列外长会议上，美国和日本再次一唱一和地对中国进行批评和指责。这实质上妨碍了中国和相关国家对南海问题的解决，增加了争端的复杂性。

三、“亚太再平衡”战略的内在矛盾

“亚太再平衡”战略存在内在的矛盾，这个内在的矛盾就是美国对帝国战略的追求，使得它难以放弃在其他地方的利益和领导地位，这削弱了“亚太再平衡”战略的张力。从全球层面看，美国能否有效把战略资源调配到亚太地区决定着它能否真正实现全球战略重心转到这一地区，这直接影响着美国能否实现它的战略目的。但中东地区和欧洲关涉美国的重大现实利益，中东民主化、中东和平进程、伊朗核问题、叙利亚、伊拉克等问题、乌克兰问题等问题的严重性、复杂性，使得美国从这些地区脱身绝非易事。美国正进行的从中东和欧洲收缩战线和战略资源，已经引起了欧洲和中东盟友的抱怨，克里就任国务卿后首访欧洲和中东也有安抚之意。战略资源的有限性、中东问题的重要性都制约着美国“转身”亚太的战略。

中东安全局势的发展也牵制着美国，它是否能从中东脱身，也是个问题。2014 年以来，费卢杰市及拉马迪的部分区域被“伊拉克和黎凡特伊斯兰国”（简称“伊斯兰国”）及其他反政府武装组织占领。从 2014 年 6 月 6 日开始，摩苏尔的“伊斯兰国”武装组织与伊拉克安全部队爆发了激烈冲突，造成严重伤亡。摩苏尔和提克里特的相继沦陷使得伊拉克安全局势进一步恶化。6 月 16 日，奥巴马曾宣布向伊拉克增派约 275 名海军陆战队员，旨在保护美国驻伊拉克使领馆及外交人员的安全。19 日，奥巴马在讲话中宣布援助伊拉克安全部队的一揽子方案，准备向伊拉克增派 300 名军事顾问，与此前派驻伊拉克的美方顾问一道，对如何以最佳方式为伊拉克安全部队提供培训、咨询和支持进行评估。[①] 8 月 8 日以来，美军开始对肆虐伊拉克的“伊斯兰国”发动空袭，希望以此来抵抗住这股极端恐怖主义的进攻。8 月 21 日，美国新闻记者詹姆斯·福利被斩首的视频被公布后，奥巴马政府面临巨大的压力，美国是否重新派地面部队进入伊拉克，平定这股恐怖主义势力变得让人更加费解。埃及《第七日报》评论称，美国记者被“伊斯兰国”斩首一事或将改变

① 《奥巴马宣布伊拉克军援方案增派三百军事顾问赴伊》，解放网，2014 年 6 月 19 日，上网时间：2014 年 11 月 9 日，http：//www. jfdaily. com/guoji/new/201406/t20140620_465731. html? prolongation = 1。

美国在伊拉克局势中的角色。文章认为，这是“伊斯兰国”第一次公开杀死美国公民。美国此前一再宣称只会有限度地介入伊拉克危机，但在本次事件后，可以预计美国国内对于打击恐怖组织的呼声将会继续高涨，奥巴马政府将面临更大压力。或许，美国将由一个军事行动的参与者，成为打击“伊斯兰国”的主力军，美军重返伊拉克进行地面战的可能性正在上升。[①] 另外，巴以在 2014 年 7 月以后的冲突也是美国不能无视的问题。7 月 8 日，以色列对加沙地带展开“护刃行动”，造成大量的人员伤亡。巴以双方经历和几次暂时停火，并进行了谈判接触，但都没有达成一致。中东的战火是否令美国重返中东也是一种可能。但是，在 2014 年 8 月这个中东多事之秋，美国国务卿克里与国防部长哈格尔展开了各自任期内的第六次亚太之行。一时间，多名美国军政高官频现亚太，再次透露出美国“重返亚太”的决心。正如美国国防部发言人约翰·柯比 8 月 14 日所言，“就算别处再乱，美国也不会放弃亚太。”与此同时，美国加大了对中国南海和东海的抵近侦察，并大肆炒作中国拦截飞机与美国侦察机飞行距离过近，这也显示出美方继续将亚太作为战略重心的决心。但是，客观形势并没有按照美国所愿发展，随着中东局势和伊拉克局势的发展，美国正越来越深入地重新介入到中东事务中去。11 月 7 日，柯比再次宣布，奥巴马批准向伊拉克增派 1500 名军事人员，指导和训练伊拉克军队以及库尔德武装，以对抗极端组织“伊斯兰国”。而之前，美国已经派驻了 1400 名的军事人员。与此同时，美国国内要求加大打击“伊斯兰国”力度的主张抬头，甚至要

---

① 《斩首事件给奥巴马极大压力美军或重返地面战场》，新华网，2014 年 8 月 25 日，上网时间：2014 年 8 月 25 日，http：//news. xinhuanet. com/yzyd/mil/20140821/c _ 11121653 11. htm.

求美国不排除扩大对叙空袭可能。[①]

另外一个重要问题——伊朗核问题于 2015 年 7 月达成协议对美国的“亚太再平衡”战略表面上看是一个好消息，但实际上仍难以让美国完全从中东“脱身”。伊朗核问题是中东存在了几十年的老问题，它的解决也是伊朗核问题谈判六国（美国、英国、法国、俄罗斯、中国和德国）长期努力的结果，对维护核不扩散体系具有重要意义。根据伊朗与伊核问题六国于 2013 年 11 月达成的阶段性协议，伊朗同意在 2014 年 7 月 20 日前就其核计划做出妥协，西方国家则相应减轻对伊制裁，各方同时寻求通过谈判达成全面协议。由于分歧严重，各方后来又将谈判期限延长至 2015 年 6 月底。经过艰苦的努力，2015 年 7 月 14 日，伊朗外长扎里夫及欧盟外交和安全政策高级代表莫盖里尼发表联合声明，经过最后一轮半个多月的谈判，伊朗及伊核问题六国终于达成全面协议。协议包括逐步放松直至最后取消对伊朗制裁、民用核技术合作、对协议实施的监督以及联合国安理会决议草案等主要内容。[②] 但这个协议并不能让美国从中东脱身，[③] 伊朗核问题是众多棘手问题中的一个：首先，它相比“伊斯兰国”问题、叙利亚问题、巴以和平进程来说是耗费外交资源相对较少的一个，即便美国在伊朗核问题上达到了目的，这并不意味着美国就能腾出手来，释放出来很多的外交资源；其次，伊朗核问题的解决也引起了以色列等美国中东盟友的强烈反对，美国不得不巩固它对盟友的安全承诺，这包括加强对伊朗的监控，调整或增加对

---

① 《奥巴马批准向伊拉克增兵 1500 人助剿 IS》，解放网，2014 年 11 月 9 日，上网时间：2014 年 11 月 9 日，http://www.jfdaily.com/shouye/focus/201411/t20141109_942924.html。

② 《伊核全面协议达成　国际社会反应强烈》，新华网，上网时间：2015 年 8 月 10 日，http://news.xinhuanet.com/world/2015-07/15/c_128020035.htm。

③ 该协议还需要美国国会批准，截至本文完成，美国国会还没有审议此协议。

中东盟友的安全承诺，这需要增加战略投入，至少需要增加战略警惕；第三，伊朗核问题的解决使得中东的地区国际关系发生了巨大变化，制裁的解除使得伊朗成为一个正常的国家，中国、俄罗斯、法国、德国等域外大国都很重视与伊朗的关系。随着其他大国对中东投入的增加和影响力的上升，势必影响到美国在中东的主导地位。根据前述，美国是不会放弃其领导地位的。所以，伊朗核协议的达成并不意味着美国就可以从中东脱身了，这并没有解决美国“亚太再平衡”战略的内在矛盾。

未来，中东、东欧（乌克兰地区）及其他地区爆发各种危机的可能性始终存在，这不可避免会对美国在这些地区的战略利益带来影响。由于美国“帝心”不改，它能否真正舍弃其他地区的牵扯，这将对美国能否实现将亚太作为战略重心带来挑战。

从亚太地区层面看，东亚地区国家之间的关系极其复杂，各种矛盾纠结在一起。既有历史问题，又夹杂着现实利益的冲突；既有地区合作，也有领土主权的纠纷。美国虽然利用地区矛盾实现了全面介入，但域内国家也在利用美国来达到自己的目的。日本借美国的战略实现国家转型，国内的右翼积极寻求突破“和平宪法”，重新武装日本，并利用日美同盟谋求在钓鱼岛问题上的利益；东盟欢迎美国介入东亚合作的背后，则是利用美国来平衡中国崛起所带来的影响，防止因过分依赖而受制于中国，东盟奉行“大国平衡”战略的目的是维持其引领东亚合作方向的主导地位，这和美国的战略是相对的。2011 年 11 月在东盟系列峰会上“区域全面经济合作伙伴关系”（RCEP）谈判的启动，具有平衡 TPP 的战略考虑，东盟的战略钟摆开始回调。在南海岛礁主权争议问题上，菲律宾、越南等国在岛礁主权争议中咄咄逼人，力图以此挑起中美冲突。在对待中国崛起的问题上，美国难以建立一个遏制中国的区域性联盟。总体看，东亚国家与美国的战略目的是相冲突的。美国亚太新战略的利益和目的不外乎确保美国所谓的领导地位、规范中国等地区国家的崛起、贸易和投资等经济利益、确保地区和平与稳定、不扩散和能源安全等，而东亚等相关国家则各有自己的利益和目的，与美国的利益并不完全一致，加上东亚地区复杂的历史和现实矛盾，使得美国亚太战略的实施会受到多种力量和趋势的相互作用，这使得“再平衡”战略的五个支柱之间相互矛盾和掣肘。东亚地区国家实力对比的变化、中国崛起、日本国家转型、东亚地区合作进程、各种地区性问题等都处在快速变化的过程中，要实现地区内的平衡、稳定与繁荣并不是一件容易的事情。而域内国家之间的相互矛盾，及其利益的重叠性和冲突性，都制约着美国“再平衡”战略的实施效果，也削弱了这一战略的张力和效果。

第三节　参与全球经济治理

美国实力的相对下降主要体现在经济实力的下降上，奥巴马政府一上台就将重振美国经济作为其战略的重点，2010 年发布的国家安全战略报告反复强调重振经济地位对美国领导地位的重要性和根本性。奥巴马政府将参与全球经济治理作为克服金融危机的战略手段，将改革国际金融体系作为吸纳新兴经济体进行全球经济治理的途径，将调整其贸易政策和重构全球贸易体系作为谋求美国经济优势的突破口，这两者都是围绕着国内的经济复苏和振兴而展开。

一、克服金融危机和促进经济恢复

2008 年的金融危机是发生在资本主义体系中心地带的经济危机，

本质上看是美国经济扩张、膨胀和泡沫化的结果，它带来的影响也是体系性和全球性的，我们将其视为后冷战时代终结的一个标志性事件。鉴于全球经济在后冷战时代相互联系的空前加强和各种全球性问题“生死与共”的性质，使得世界必须共同应对金融危机及其全球性的后果，这对美国战略是一个基本时代要求。美国出于恢复自身经济和维护霸权地位的考虑，也对此做出了回应。金融危机后，美国参与全球经济治理主要体现在以下几个方面：

首先，与世界各主要经济体就加强监管、克服金融危机、维护国际金融稳定、促进世界经济增长进行协调，共同发力来克服金融危机。2008 年的金融危机是美国金融衍生产品泛滥、金融创新过度和缺乏金融监管造成的，到 2008 年 9 月，美国多家知名金融机构，如房利美、房地美、雷曼兄弟公司、美林公司、美国国际集团等，纷纷受到波及，面临破产、被接管或被收购的命运。金融危机的影响范围超出美国，拓展至全球多个国家和地区，造成亚洲、欧洲和美国主要股指大幅下跌。美国及欧洲各国政府纷纷出台大规模救援计划，以帮助本国金融机构渡过危机和防止经济衰退。在应对金融危机的过程中，各国意识到，在经济全球化的今天，应对金融危机需要各国携手合作，共同采取相应措施。有关召开国际金融峰会的呼声由此产生。在此背景下，小布什政府发出倡议，美国将主持召开一次国际峰会，会议具体日期被定在 2008 年 11 月 15 日，与会方为二十国集团的成员。此外，国际货币基金组织、世界银行、联合国和金融稳定论坛等国际机构的负责人也将应邀出席。11 月 15 日，二十国集团领导人金融市场和世界经济峰会如期在美国首都华盛顿召开，会议就国际社会加强协作、共同应对金融危机和支持经济增长达成一致，并呼吁改革世界金融体系，防止类似危机再次发生。这次峰会，美国是发起国，也是主办国。虽然，美国完全是从自己的经济复苏和摆脱危机的角度去考虑，但也为世界主要经济体聚集到一起来凝聚全球治理的共识发挥了作用。

当然，各经济体出台什么样的经济政策、怎么协调各自的经济政策则是全球经济治理的主要内容，各经济体之间显然存在着分歧。① 比如，在2009年4月的二十国集团伦敦金融峰会召开前，围绕着如何摆脱目前危机，使经济尽快复苏；如何改革国际金融体系，加强监管，防止危机再次发生等议题，美国与欧盟以及主要发展中国家拥有共识，但是在解决的先后顺序和解决方式上，欧美之间存在较大分歧。第一，美国主张刺激经济增长优先，欧盟则主张加强金融监管优先。美国认为，重建金融体系是中期问题，目前最迫切的是加大财政投入，刺激经济增长。美国财政部长盖特纳日前呼吁其他国家在未来两年拿出各自国内生产总值的2%，协同努力来刺激全球经济。而欧盟认为美国的刺激经济倡议不适合欧洲，因此，欧盟没有必要采取新的财政刺激措施，而是应该加强金融监管，堵住漏洞，进行金融体系改革，建立更有效的监管制度。第二，美欧在为国际货币基金组织增资规模方面主张有所不同。美国提出巨额增资目标，欧盟则支持较小增资目标。当时，国际货币基金组织本身提出的增资规模是2500亿美元，而盖特纳提出的增资目标是5000亿美元。欧盟支持国际货币基金组织的增资规模，并决定为此提供750亿欧元，日本则采取紧跟美国的姿态。西方七国集团另一个成员加拿大表示，期待伦敦峰会能够促进二十国集团成员采取一致措施稳定全球金融系统，确保各国刺激措施协调有效，促进世界经济尽快恢复增长。另外，加拿大认为各国应完善自身金融体制，但它不支持欧盟有关组建新国际监管机构的建议。“金砖四国”——巴西、

① 《伦敦峰会各方观点汇总》，新华网，2009年3月20日，上网时间：2014年9月30日，http：//news. xinhuanet. com/world/2009 -03/30/content_ 11100164. htm。

俄罗斯、印度和中国就稳定国际金融体系、采取财政刺激措施拉动内需、改革国际金融机构和反对保护主义等问题取得共识。四国财政部长 3 月 14 日发表联合公报强调，改革必须充分反映全球经济的变化，保证新兴和发展中国家拥有更大的发言权和地位。[①]

但是，在欧洲各国的反对下，伦敦峰会并没有完全如美国所愿，与会领导人就国际货币基金组织增资和加强金融监管等全球携手应对金融经济危机议题达成多项共识，通过了向国际货币基金组织注入 1.1 万亿美元的议案。在加强金融监管方面，二十国集团领导人认为有必要对所有具有系统性影响的金融机构、金融产品和金融市场实施监管和监督，并首次把对冲基金置于金融监管之下。峰会强调，各国在实施经济刺激措施时应致力于实现可持续性复苏，并朝着绿色经济迈进。[②]

出于国内金融业健康发展和重振金融业的需要，主要是还处在抗击金融危机和经济风险的关键阶段，美国不得不响应了伦敦峰会的共识，在政策协调方面加强了力度，主要是加强了国内金融监管的改革。6 月 17 日，美国政府正式公布全面金融监管改革方案，期望以此恢复对美国金融体系的信心，防止再次发生类似的金融危机。根据这份方案，作为美国中央银行的美国联邦储备委员会将获得新的授权，对那些一旦倒闭便可能构成系统性风险、给整个经济造成损害的大型金融机构及其附属机构进行监管。同时，该方案要求美联储在行使紧急授权、提供资金救援陷入困境的银行之前，必须获得美国财政部的批准。根据该方案，美国将创立一个新的消费者保

---

① 《伦敦峰会各方观点汇总》，新华网，2009 年 3 月 20 日，上网时间：2014 年 9 月 30 日，http：//news. xinhuanet. com/world/2009 – 03/30/content_ 11100164. htm。

② 《二十国集团峰会就全球应对金融危机达多项共识》，新华网，2009 年 4 月 3 日，上网时间：2014 年 9 月 25 日，http：//news. xinhuanet. com/world/2009 – 04/03/content_ 11122784_ 1. htm。

护机构，防止各种损害信用卡和抵押贷款等消费者的权益的行为。此外，该方案还要求加强市场纪律和提高透明度，提高国际金融监管标准和改善国际协作等。[①] 2009 年 12 月 11 日，众议院以 223 票赞成、202 票反对的结果通过了金融监管改革法案。根据该法案，美国金融监管体系将全面重塑，美联储将成为“超级监管者”，全面加强对大型金融机构的监管。同时，新设消费者金融保护局，赋予其超越目前监管机构的权力。2010 年 5 月 20 日，参议院以 59 票赞成、39 票反对的结果通过了金融监管改革法案。与众议院版本相比，参议院版本法案在监管措施方面更为严厉。两院需协商出统一文本后各自重新进行投票表决。2010 年 6 月 30 日，众议院以 237 票赞成、192 票反对的结果通过了两院统一版本的金融监管改革法案。2010 年 7 月 15 日，参议院以 60 票赞成、39 票反对的结果通过了最终版本金融监管改革法案，为该法案最终成为法律清除了最后障碍。[②]

参院最终通过的金融监管改革法案版本被认为是“大萧条”以来最严厉的金融改革法案，其主要内容如下：[③]

第一，成立金融稳定监管委员会，负责监测和处理威胁国家金融稳定的系统性风险。该委员会共有十名成员，由财政部长牵头。委员会有权认定哪些金融机构可能对市场产生系统性冲击，从而在资本金和流动性方面对这些机构提出更加严格的监管要求。

第二，在美国联邦储备委员会下设立新的消费者金融保护局，

---

① 《美国政府公布金融监管改革方案》，新华网，2009 年 6 月 18 日，上网时间：2014 年 7 月 15 日，http：//news. xinhuanet. com/world/2009 – 06/18/content_ 11558080. htm。

② 《美国金融监管改革立法大事记》，新华网，2010 年 7 月 16 日，上网时间：2014 年 6 月 30 日，http：//news. xinhuanet. com/world/2010 – 07/16/c_ 12339796. htm。

③ 《美国金融监管改革法案要点》，新华网，2010 年 7 月 16 日，上网时间：2014 年 6 月 30 日，http：//news. xinhuanet. com/world/2010 – 07/16/c_ 111962029. htm。

对提供信用卡、抵押贷款和其他贷款等消费者金融产品及服务的金融机构实施监管。

第三，将之前缺乏监管的场外衍生品市场纳入监管视野。大部分衍生品须在交易所内通过第三方清算进行交易。

第四，限制银行自营交易及高风险的衍生品交易。在自营交易方面，允许银行投资对冲基金和私募股权，但资金规模不得高于自身一级资本的3%。在衍生品交易方面，要求金融机构将农产品掉期、能源掉期、多数金属掉期等风险最大的衍生品交易业务拆分到附属公司，但自身可保留利率掉期、外汇掉期以及金银掉期等业务。

第五，设立新的破产清算机制，由联邦储蓄保险公司负责，责令大型金融机构提前做出自己的风险拨备，以防止金融机构倒闭再度拖累纳税人救助。

第六，美联储被赋予更大的监管职责，但其自身也将受到更严格的监督。美国国会下属政府问责局将对美联储向银行发放的紧急贷款、低息贷款以及为执行利率政策进行的公开市场交易等行为进行审计和监督。

第七，美联储将对企业高管薪酬进行监督，确保高管薪酬制度不会导致对风险的过度追求。美联储将提供纲领性指导而非制定具体规则，一旦发现薪酬制度导致企业过度追求高风险业务，美联储有权加以干预和阻止。

当然，从推行扩张性的财政政策以刺激经济，实现复苏等方面，美国与世界各国也都进行了协调。世界各国步调一致、同时进行经济刺激计划，进行扩张性的财政政策，可以使得各自的经济政策都产生正向的影响，推动世界经济的整体复苏。应该说，全球经济治理对世界经济的复苏是发挥了非常重要的作用。在伦敦峰会上，虽然法德等欧洲国家极力要求加强金融监管，然后才进行大规模的经济刺激计划。但经过峰会上的激烈争论，最终统一将加强金融监管和大规模经济刺激同时进行，美国也同意在推行量化宽松等扩张性财政政策的同时，加强国内的监管。到2009年9月的匹兹堡峰会时，在美国的坚持下，各成员同意在经济复苏势头得到巩固前继续加强财政刺激政策，不仅要保证经济恢复，也要保证就业增长。其次，各成员同意采取具体措施实施严厉的金融监管新举措，并就加强金融改革的多项措施达成共识，包括增强金融衍生品市场透明度、将企业高管的薪酬与企业长期业绩挂钩。可以说，正是美国及其他二十国成员国的协调应对，才使得世界经济的复苏顺利展开。奥巴马在匹兹堡峰会的新闻发布会上曾经说，“二十国集团成员在今年4月伦敦峰会以来采取的应对金融危机措施，已将全球经济从崩溃边缘挽救回来，并为未来的繁荣奠定了基础。”① 2011年1月10日，国际清算银行在巴塞尔召开成员央行行长双月例会及全球经济会议，分析全球经济形势。会后，欧洲央行行长特里谢作为全球经济会议主席称，与会世界各国主要央行官员确信全球经济开始复苏，其势头之快超乎预期。特里谢强调，发展中经济体在复苏中表现强劲。但他同时警告，发展中经济体正面临“普遍的”通货膨胀风险，并表示与会央行行长“一致认为应切实抑制通胀预期，这一点非常重要”。②

其次，在金融危机的高峰时期，为了拉拢新兴经济体和其他发达经济体与美国一道共克时艰，美国不得不支持改革国际金融体系

---

① 《奥巴马称二十国集团成员采取的措施挽救了全球经济》，新华网，2009年9月26日，上网时间：2014年3月13日，http://news.xinhuanet.com/world/2009-09/26/content_12113584.htm。

② 《国际清算银行央行行长会议确认全球经济复苏》，新华网，2011年1月11日，上网时间：2014年8月2日，http://news.xinhuanet.com/world/2011-01/11/c_12965709.htm。

的呼声和要求。在美国次贷危机引发全球性金融危机后，国际金融体系监管缺位、美元作为国际储备货币地位自身存在的不足以及发展中国家和新兴市场经济体在国际金融体系治理结构中缺乏发言权等问题一一凸显，对现有国际金融体系进行改革成为时代要求。为了尽快度过金融危机带来的经济萧条，美国政府不得不顺应改革国际金融体系的时代要求。在 2008 年 11 月的华盛顿金融峰会上，二十国集团领导人就应对当前世界面临的金融和经济问题的措施达成行动计划，计划涉及提高金融市场透明度和完善问责制、加强监管、促进金融市场完整性、强化国际合作以及改革国际金融机构等五个领域。在改革国际金融机构方面，计划的近期目标是吸收新兴经济体加入金融稳定论坛，强化国际货币基金组织的职能，检验整合国际金融管理和监督机制，增加新兴经济体和发展中国家获得信贷的机会，加大对基础设施和私人企业投资等。其中期目标是全面改革世界银行和国际货币基金组织，使之能够更充分地反映不断变化的世界经济格局，适应未来的挑战。① 这次峰会实际上提出了改革国际金融体系的要求，为改革国际金融体系拉开了序幕。美国没有对此表示强烈反对，美国总统布什甚至表示，世界将迎来“布雷顿森林体系 II”，② 可见美国至少是采取了表面支持的态度。

在伦敦峰会期间，国际金融机构的改革被提到更加突出的位置。二十国集团领导人决定强化它们的宏观监测职能并完善内部治理，较为松散的金融稳定论坛被金融稳定委员会所取代，其成员将包括二十国集团所有成员、西班牙和欧盟委员会。新的金融稳定委员会

---

① 《二十国集团峰会达成金融和经济改革行动计划》，新华网，2008 年 11 月 16 日，上网时间：2014 年 5 月 30 日，http：//news. xinhuanet. com/world/2008 - 11/16/content_ 10365872_ 1. htm。

② 《国际金融体系改革拉开序幕》，新华网，2008 年 11 月 16 日，上网时间：2014 年 5 月 29 日，http：//news. xinhuanet. com/world/2008 - 11/16/content_ 10366352_ 1. htm。

将与国际货币基金组织一道对全球宏观经济和金融市场上的风险实施监测，发挥预警作用。国际货币基金组织和世界银行将实施改革并赋予新兴经济体和发展中国家更大的发言权，包括在负责人选任问题上打破美欧分别把持的局面，改为任人唯贤。如此细化的国际金融改革方案确实来之不易。峰会前夕，美欧因为伦敦峰会是先救经济还是先推进国际金融改革大打“口水仗”，一度引起了外界的担忧。[①] 2009 年 9 月，二十国集团匹兹堡峰会举行，会议取得突破性进展。国际货币基金组织改革治理结构是会议取得的最重要成果之一。根据会议决议，发达国家需将把部分配额转移给发展中国家，发展中国家的配额将从 43% 提高到 48% 。这是该组织发展史上一次重要改革，它对提高发展中国家在国际金融机构中的地位和声音有积极的作用。

在国际金融机构改革的过程中，美国为了维护自己的霸权利益，通过牺牲欧洲国家的发言权，增加新兴经济体的发言权和配额，来进行国际金融机构的改革。美国媒体称，奥巴马政府除了建议要将国际货币基金组织约 5% 的配额移交给新兴市场和发展中国家外，还建议把国际货币基金组织理事会席位从 24 个减少至 20 个，由于一些欧洲国家对全球经济的影响力在过去 20 年中逐渐减弱，所以发达国家需要做出的牺牲主要由欧洲国家负担。[②] 时任国际货币基金组织总裁卡恩在会后发表声明说，本次峰会做出了 21 世纪需要的全球经济合作的历史性决定，提高了国际货币基金组织的合法性和有效性。他还呼吁，国际合作对应对危机至关重要。他呼吁二十国集团领导

① 《伦敦峰会成果不菲》，新华网，2009 年 4 月 3 日，上网时间：2014 年 5 月 9 日，http：//news. xinhuanet. com/world/2009 - 04/03/content_ 11127281. htm。

② 《国际金融改革：美欧争锋互有胜负》，新华网，2009 年 9 月 28 日，上网时间：2014 年 7 月 4 日，http：//news. xinhuanet. com/fortune/2009 - 09/28/content_ 12119005. htm。

人履行承诺，共同推动世界经济强劲、可持续和平衡的发展。①

匹兹堡峰会后，国际货币基金组织围绕着改革 IMF 的精神开始制定有关改革的方案。2010 年 12 月 15 日，IMF 理事会已批准份额和执董会改革决议方案。国际货币基金组织在声明中说，在理事会批准这项决议后，下一步是各成员国接受拟议的增资和对《国际货币基金组织协定》的修订。成员国将尽最大努力在 2014 年 10 月份的理事会年会之前完成这一工作，许多国家还要经过议会批准。份额改革完成后，中国的份额将从目前的 3.72% 升至 6.39%，投票权将从目前的 3.65% 上升至 6.07%，超越德国、法国和英国，仅排在美国和日本之后。这些改革将对国际货币基金组织的发言权和治理进行重大调整，从而增强该组织的合法性和有效性。② 国际货币基金组织还提议改革执董会，以促成一个更具代表性、全部由选举产生的执董会。执董会改革完成后，欧洲国家将让出两个席位，以提高新兴市场和发展中国家在执董会的代表性。执董会改革方案需要投票权占 85% 的成员国批准，而份额改革方案需要占份额不少于 70% 的成员国批准。随着时间的推移，IMF 的改革获得了更多的支持，2012 年 4 月 20 日。IMF 宣布，根据成员国最新承诺，该机构获得成员国增资总额已超过 4300 亿美元，这一增资额度使得该机构的可贷资金几乎扩大了一倍，显示出了国际社会确保全球金融稳定以及促

① 《IMF 总裁认为二十国集团峰会成果令人振奋》，新华网，2009 年 9 月 26 日，上网时间：2014 年 6 月 6 日，http://news.xinhuanet.com/world/2009-09/26/content_12112696.htm。

② 《IMF 理事会批准份额和执董会改革决议方案》，新华网，2010 年 12 月 17 日，上网时间：2014 年 4 月 7 日，http://news.xinhuanet.com/world/2010-12/17/c_13653236.htm。

使世界经济复苏更加稳健的强烈意愿。①

再次，在新兴国家的斗争下，尤其是中国的斗争和努力下，将二十国集团机制提升为全球经济治理的平台，并在匹兹堡峰会上正式确立为全球经济治理的首要平台。二十国集团成员包括七国集团成员国，以及中国、俄罗斯、阿根廷、澳大利亚、巴西、印度、印度尼西亚、墨西哥、沙特阿拉伯、南非、韩国、土耳其和作为一个实体的欧盟。它的成立缘于1997年的亚洲金融危机，它使国际社会认识到，国际金融问题的解决除西方发达国家外，还需要有影响力的发展中国家参与。1999年12月16日，二十国集团的财政部长和中央银行行长在柏林举行二十国集团创始会议。会议强调，二十国集团是国际货币基金组织和世界银行框架内非正式对话的一种新机制，旨在推动国际金融体制改革以及发达国家和新兴市场国家之间就实质性问题进行讨论和研究，以寻求合作并促进世界经济的稳定和持续增长。国际金融危机爆发后，在小布什政府的倡议下和召集下，二十国集团提升为领导人峰会，于2008年11月在华盛顿举行第一次峰会后，成为全球经济治理的平台。2009年的匹兹堡峰会，除了改革国际金融体系和继续实行经济刺激政策是大会的主要议程和关注点外，还将二十国机制确立为全球经济治理的首要平台也是会议的一大亮点。在匹兹堡峰会的《领导人声明》中，领导人宣布二十国集团将成为“国际经济合作的主要论坛”，二十国集团峰会也将机制化，自2011年起每年举行一次。美国在提议以及召集首次二十国峰会，将峰会确立为全球经济治理的首要平台，并使得二十国峰会机制化的过程中采取了较为建设性的态度。八国集团将在国际

① 《国际货币基金组织宣布增资最新数额逾4300亿美元》，新华网，2012年4月21日，上网时间：2014年6月7日，http://news.xinhuanet.com/2012-04/21/c_111819946.htm。

经济事务上退居次席，转为主要关注国际安全、外交等问题。当然，二十国集团成为全球经济治理的首要平台，与中国、巴西等新兴经济体的外交斗争和努力分不开，与新兴经济体在世界经济中日益重要的地位分不开，但美国采取的合作态度、在二十国机制形成过程中发挥的作用也为新兴经济体提供了机遇。① 美国总统奥巴马在会议前一天首次以东道主身份主持匹兹堡峰会工作晚宴后，白宫发表声明说，与会领导人支持“二十国集团成为国际经济合作首要论坛”。据媒体报道，这项倡议由奥巴马提出。包括匹兹堡峰会在内，二十国集团过去一年内连续举行三次金融峰会，这期间又有八国集团峰会、八国集团与五个主要新兴经济体、主要经济体论坛等数个较小峰会。奥巴马曾对此公开表达不满，要求这些会议“瘦身”，这才使得二十国集团成为全球首要经济治理平台。不管美国是出于何种考虑，美国在将二十国集团升级为首要的全球经济治理平台的过程中，发挥了一定作用。

二、对国际贸易体系进行改造

美国常常把这次金融危机的根源归结为全球经济的失衡，认为失衡是导致美国国内金融创新泛滥的根源。失衡的一个重要表现就是全球贸易的失衡，正是贸易的失衡使得美国不断走向债务经济的发展模式，也正是贸易的失衡使得新兴市场国家在世界经济中“异军突起”，在世界经济总量中的份额不断扩大，改变了世界经济的格局。所以，金融危机之后，美国除了积极在全球经济治理中克服金

① 《G20“升级”取代八国集团成首要全球性经济论坛》，新华网，2009 年 9 月 26 日，上网时间：2014 年 1 月 7 日，http：//news. xinhuanet. com/world/2009 -09/26/content_12112703. htm。

融危机带来的经济萧条，同时也在思考如何让美国在未来的经济发展中占据先机，避免再次陷入类似此次金融危机的窘境。所以，美国开始考虑如何改造国际贸易体系，这一方面表达了对多哈回合谈判的失望和不满，另一方面也使得美国开始通过贸易谈判和制定新的贸易规则来获得新的发展优势和将新兴经济体置于发展的劣势地位。换言之，美国要通过对国际贸易体系的改造来使得美国经济走向振兴之路，提高经济竞争力，维护美国的全球领导地位。

奥巴马正式上台以来，推行的国际贸易战略战略或者说对国际贸易体系的改造，主要围绕着以下三个方面：第一，美国于 2009 年正式加入“跨太平洋伙伴关系协议”（TPP）谈判，并将不断推动其扩大，将美国的贸易标准和战略意图贯彻其中，使得其发展成一个由 12 个亚太国家组成的强大区域谈判网络。第二，美国和澳大利亚牵头，并联合欧盟等 20 多个国家于 2012 年在世贸框架之外，启动了一项新的服务业贸易谈判（TiSA）。这跟 WTO 正在进行的服务业贸易谈判其实是两个平行的进程。第三，2013 年奥巴马连任美国总统之后，正式宣布启动由欧盟提出的“跨大西洋贸易与投资伙伴协议”（TTIP）的谈判。这是历史上最大的自由贸易协定（FTA）的谈判，美欧两大经济体覆盖了世界贸易量的 1/3、全球 GDP 的一半。这将在很大程度上成为美国重塑世界贸易规则、标准和格局的一个有力杠杆。① 美国通过这三大谈判来对全球贸易新规则的谈判和制定施加影响，并试图通过这种方式来左右整个谈判的进程，确立美国的主导地位，从而为美国未来的发展谋得“先机”，为其未来的发展确立有利的规则和地位。这构成奥巴马政府全球战略的一条主线。

TPP、TTIP 和 TiSA 三大贸易谈判勾勒出奥巴马政府国际贸易战

---

① 李巍、张玉环：《奥巴马政府国际贸易战略走向与中国的应对》，载《国际关系研究》，2014 年第 2 期，第 121—122 页。

略的整体轮廓，这一国际贸易战略既重视区域也重视双边，其最终目的却是利用与众多国家形成的相对一致的贸易协定建立全球多边贸易新规则，以确保在 WTO 框架内多边贸易谈判止步不前的情况下，美国依然掌控着全球贸易的规则主导权，并为其经济霸权所服务。

TPP 本来是由新加坡、新西兰、智利和文莱四小国发起的谈判，2009 年 11 月奥巴马政府高调宣布加入 TPP 谈判，使得 TPP 成为世界瞩目的焦点。加入 TPP 是美国“重返亚太”政策的具体体现，也是美国全球贸易战略的重要组成部分。东亚市场作为全球最为活跃的经济体聚集区之一，美国在此有重要的经济和战略核心利益，美国不仅希望利用 TPP 扭转本国因金融危机而带来的经济颓势，更希望达成一项在货物贸易、服务贸易以及投资等多领域的经济自由化规则和标准，力图重掌全球贸易新规则、新秩序的制定权和塑造权。2011 年 11 月 10 日，日本正式决定加入 TPP 谈判。2013 年 9 月 10 日，韩国宣布加入 TPP 谈判。这无疑会使 TPP 的规模更加庞大，不过这同时也会给 TPP 的谈判进程带来一定程度的影响。美国极力推动 TPP 的谈判，将其作为美国“亚太再平衡”战略的核心，奥巴马为此还竭力从美国国会争取到了快速审批的通道，具体的谈判进程，我们在前面“亚太再平衡”部分已有所论述。

TTIP 是美国在大西洋推动的与欧盟之间的多边贸易谈判，美欧自贸区的呼声由来已久，从 1995 年的“新跨大西洋市场”到 2005 年的“跨大西洋经济一体化和增长倡议”，美欧终于在 2013 年 6 月开始了首轮 TTIP 谈判。TTIP 包含了世界上最重要的两个经济体，不仅能使美欧经济焕发活力，还能打造更高规格的全球 FTA 新标准。同 TPP 一样，TTIP 对于美国来说，具有维持经济秩序、维护经济霸主地位以及应对新兴国家崛起带来的外部压力的战略意义。目前，美欧已经进行了多轮谈判，这一雄心勃勃的FTA谈判前景光明，但也面临着重重阻力。

除了TTP和TTIP之外，TiSA谈判是奥巴马上任以来推出的另一个重要的多边服务贸易谈判机制，它于2012年底正式宣布启动，并于2013年3月正式开始首轮谈判，主张用列“负面清单”的谈判模式，推动达成更高标准的服务贸易协议。许多年前达成的《服务贸易总协定》（GATS）已经无法满足目前蒸蒸日上的服务贸易，而多哈回合服务贸易谈判又停滞不前，因此作为世界上最大的服务贸易国家，美国积极推动新的服务贸易谈判。目前已经有23个国家参与到TiSA谈判中，TiSA成员国同意谈成一个高质量、综合性的且与GATS兼容的服务贸易协定。TiSA谈判将覆盖所有的服务业领域，涉及到金融服务业、信息和通信服务（包括电信和电子商务）、海上运输服务、能源服务、政府采购、国内监管新规则等多方面。除了提高市场准入标准，谈判还会将乌拉圭回合上达成的标准发展出新的贸易规则。TiSA谈判虽然仍处在初期阶段，但它却反映了服务贸易协定未来的发展方向。

综合来看，通过TPP、TTIP和TiSA的联合推进，美国形成了以北美自由贸易区（NAFTA）为躯干，以TPP和TTIP为两翼、以TiSA为辅助的战略格局，它将继续稳固美国在全球贸易版图上的中心位置而不受经济崛起国，特别是中国的挑战。继2010年中国GDP总量超过日本成为世界第二之后，2013年中国进出口贸易总额超过美国，成为世界上第一大贸易国。尽管中国对外贸易的质量不高，但美国不得不向中国让出其盘踞多年的头号贸易大国地位，这种心理冲击效应不可低估。[①]

① 李巍、张玉环：《奥巴马政府国际贸易战略走向与中国的应对》，载《国际关系研究》，2014年第2期，第122—123页。

三、美国参与全球经济治理的内在制约

美国参与全球经济治理，与其他国家一起来应对金融危机带来的冲击，这似乎与美国的霸权形象不符。但如果深究，便会理解其中的逻辑，这是因为任何一个国家都无法单独处理当前的全球性问题，为了克服危机和恢复经济，美国不得不要求其他国家的帮助，要求其他国家与美国协调一致。但出于霸权利益的自私目的，出于美国仍然追求“帝国地位”或“全球领导地位”，美国参与全球经济治理并没有很好地兼顾到其他国家或新兴经济体的利益，一旦美国经济度过了最困难的阶段，它就会“过河拆桥”，不会考虑其他国家和经济体的利益。比如，在美国推出量化宽松政策的时候，曾遭到全世界的反对，但美国丝毫不为所动，前后一共进行了三次量化宽松，达到数万亿美元的规模。随着世界经济的企稳和美国经济的复苏，美国开始考虑退出量化宽松政策的时候，它却不顾及新兴经济体可能面临的通货收缩。美国曾表示，它何时及如何退出量化宽松将会根据美国经济的情况做出决定，而不是其他什么因素，这其实是一种不负责任的“过河拆桥”的行为。自从 2010 年以来，随着世界经济的复苏，二十国集团作为全球经济的首要平台却越来越多地关注叙利亚、乌克兰等地区热点和安全问题，它的功能正在偏离既定的轨道。美国完全将其作为了霸权工具，从其利益出发，来对待二十国集团。当它需要的时候，它就会推崇，当它度过难关的时候，它就弃之不用。现在美国经济已经度过最困难的时候，它对二十国集团的态度已经大不如从前。对它在金融危机时期，在二十国集团中所提出的改革措施和对二十国机制的重视都大大退步了。

在国际金融体系的改革上，美国在二十国机制中表示出了支持。

但是，在二十国集团内提出和支持 IMF 的改革方案是一回事，如何落实这些改革方案则又是另外一回事。根据 IMF 改革的具体的规则、程序和步骤，只要美国一国不通过，即使其他国家通过了，也不能达到改革的条件。由于国内政治的羁绊，美国正在成为阻碍 IMF 改革的最大的因素，那些份额会下降甚至执行董事会席位还会减少的欧洲国家都批准了这些方案，美国却迟迟没有通过。美国的国内政治在严重阻碍着 IMF 的改革进程。2012 年正是美国大选之年，为了确保大选获胜，奥巴马政府不愿将提案提交给国会。奥巴马在成功连任之后，国会却又在 2013 年 3 月初的会议上否决了这项提案。从美国国会来说，在削减预算的大背景下，还要向 IMF 增资数百亿美元是不可行的。还有，美国仍然不愿意中国在 IMF 这样的国际机构中的话语权上升，这也是国会不批准这一方案的可能原因。2008 年金融危机形成全球性的金融海啸的时候，美国召集全球二十个主要经济体的首脑齐集华盛顿，要求全球共同行动挽救危机，共同推出相应的经济刺激计划。为了调动包括中国在内的新兴经济体的积极性，美国在危机开始后最严重的那两年，对新兴经济体要求的国际货币体系改革，特别是国际货币基金组织的改革表示了明显的支持态度，甚至不惜牺牲个别欧洲传统盟友的利益。但是，现在时过境迁，美国走出了经济最困难的阶段，它对二十国集团等的战略利益需求下降，对它曾经支持的各项措施和改革方案，已经失去了原有的热情。

从美国的贸易政策看，美国推行的各个贸易谈判，在经济上有利于美国经济的复苏，其最根本的战略意图就是确立美国的发展优势和在世界经济中的有利位置，重新夺回全球贸易的主导权。后冷战时代，国际贸易格局发生了许多重大的变化，新兴国家在国际贸易谈判中的地位逐渐上升，而美欧受全球金融危机以及债务危机的影响，实力相对衰落，由美欧主导的全球贸易体系不断受到冲击。多哈回合谈判停滞不前、气候减排谈判一直未见突破，美、欧、日等发达国家认为，无论是在贸易领域还是在气候减排领域，美欧与以中国、巴西等新兴国家在诸多关键领域存在分歧，新兴国家态度过于强硬，对发达国家提出过高要求，有时候甚至是为了反对而反对。美国希望通过构建双边和区域性的自由贸易关系，夺回在全球贸易体系中的领导者地位。二战后的贸易自由化主要集中在降低关税领域，并取得了重大成就。通过 TTIP、TPP、TiSA 等协议的谈判美、欧、日可以重新塑造世界贸易的新规则，为全球贸易规则设置新范本，进而再度在全球贸易体系中占据主导地位，这将全面削弱发展中国家在目前全球多边贸易谈判中日益增加的话语权。① 美国针对新兴经济体，尤其是针对中国的意图极其明显，它的这种国际贸易政策的考虑实际上是违背时代趋势的，必定会给全球贸易和经济体系带来负面的影响。

第四节　对华战略

美国的对华战略是其“亚太再平衡”战略的核心组成部分。所谓“再平衡”，主要平衡的是中国崛起带来的影响，其主要战略目的就是防范中国崛起挑战美国在亚太的领导地位，其战略手段、战略原则、战略途径都是以应对崛起的中国为出发点。但是，“亚太再平衡”又不同于美国对华战略，我们结合奥巴马上台以来的作为，对美国对华战略做出简要概述。

---

① 李巍、张玉环：《奥巴马政府国际贸易战略走向与中国的应对》，载《国际关系研究》，2014 年第 2 期，第 125—126 页。

一、对华战略的几个方面

第一，对于中国崛起，既然没有合法的理由反对，那就口头上表示欢迎和支持，但防范是必不可少的。伴随着中国实力的不断上升，从小布什政府时期，美国就表示欢迎和支持中国的崛起。奥巴马上台后，他本人、国务卿、国防部长、财政部长等，在谈到中国时都表示欢迎中国的崛起。在 2009 年 11 月奥巴马第一次访问中国时发表的《中美联合声明》中，“美方重申，美方欢迎一个强大、繁荣、成功、在国际事务中发挥更大作用的中国。”[①] 在 2011 年 1 月胡锦涛访问美国时签署的《中美联合声明》中，美方再次重申，“美方欢迎一个强大、繁荣、成功、在国际事务中发挥更大作用的中国”。[②] 面对中国的崛起，美国既然无法否定一个国家崛起的权利，那就表示支持，但这种支持是有条件的，那就是中国要支持美国的“重返亚太”战略，在同一份联合声明的同一条款中，往往包含两个相互对应的内容，一是美国欢迎中国崛起，另一个就是“中方表示，欢迎美国作为一个亚太国家为本地区和平、稳定与繁荣作出努力”。[③] 美方对中国的防范是一直都存在着的，在中国崛起的背景下，这种防范无形中加强了。可以说，“亚太再平衡”战略就是对中国的战略防范。

第二，在对中国加强合作和接触的同时，利用中国与周边的领土、领海主权纠纷，实现其全面介入亚太战略和牵制中国崛起的目

① 《中美联合声明（2009）》，新华网，2009 年 11 月 17 日，上网时间：2014 年 4 月 7 日，http：//news. xinhuanet. com/world/2009 - 11/17/content_ 12475620_ 2. htm。

② 《中美联合声明（2011）》，新华网，2011 年 1 月 20 日，上网时间：2014 年 4 月 7 日，http：//news. xinhuanet. com/world/2011 - 01/20/c_ 121001428. htm。

③ 《中美联合声明（2009）》和《中美联合声明（2011）》。

标。中国和美国保持了经济上的密切联系，中美经贸关系并没有受到大的影响；两国加强了在全球治理层面的协调，在气候谈判、核不扩散、公共卫生、二十国框架内的协调、推动全球经济复苏等许多重大问题上都加强了协调和沟通，展开了非常广泛的合作。2014年11月12日，在奥巴马访问中国的时候，中美两国就气候变化达成了共识，并发表了《中美气候变化联合声明》，两国就气候变化和减少碳排放达成战略合作。在伊朗核问题取得成果的过程中，中国发挥了积极而重要的建设性作用。事后，奥巴马还亲自给习近平主席打电话，对中国提供的支持、合作表示感谢。奥巴马执政之后，中国和美国的合作面仍然在不断继续扩大。

与此同时，美国利用中国崛起给周边国家带来的战略疑虑和领土、领海主权纠纷，实现全面介入亚太事务的战略目的，达到平衡中国崛起的目标。① 在南海问题上，美国官员齐上阵，从国务卿希拉里到助理国务卿、几任国防部长等都纷纷对此问题发表谈话，或者，在多边会议上挑起海上争议的议题，力图将这些复杂的矛盾国际化。他们声称，南海涉及美国家利益和地区和平，要求南海问题国际化，敦促各方必须依国际海洋法办事，和平解决，推动建立争端解决国际机制。这听起来像是在说公道话，其实质则是使南海问题复杂化，给中国与其他声索国以双边方式妥善解决争端制造障碍，有意离间中国与东盟的关系。2015年7月28日，美国助理国务卿拉塞尔最近在发表演讲时就南海问题提出“三个停止”建议，建议各方停止填海造地、停止建造新的设施、停止既有设施军事化，并表示中国和菲律宾只有通过仲裁解决南海争议才可行。中国驻美大使崔天凯当日回应称，美方首先要做的是不要再发表煽动性言论，不要再发表

① 有关美国利用领土、领海主权纠纷实现牵制中国崛起和“亚太再平衡”的分析，详见“亚太再平衡”的相关部分，在此仅做补充性分析。

这种貌似公正、实际上很虚伪的“双重标准”言论，更不要采取加强军事部署、派舰机飞赴南海的行动。至于菲律宾提起的南海仲裁案，崔天凯表示，中国加入了海洋法公约，但在加入的同时做了一些保留，包括排除这种所谓国际仲裁，这是中国作为缔约国的权利。① 在钓鱼岛问题上，美方一方面敦促中日保持克制，对此主权纠纷“不持立场”，另一方面又公开宣示，钓鱼岛的“行政管辖权”归日本，属于《美日安保条约》第五条的适用对象。2014 年，美国国防部长和总统相继访问日本，对日本解禁集体自卫权表示支持。2015 年，美日升级了同盟关系。与此相配合的是，美国不断加强与日本、菲律宾和越南等国家的军事合作，频繁举行军事演习，给这些国家的主权立场壮胆，使得这些国家在与中国的领土主权纠纷中立场变得更加强硬，并继续加剧侵犯中国的领土主权完整。美国还大力扶持印度崛起，以便使得与中国同样存在边界领土主权争端的印度实力迅速增强，达到牵制中国的目的。

美国通过挑唆、利用中国与周边国家的主权纠纷一方面加强了对中国的战略防范，另一方面借此而实现了在经济上和东亚地区合作上的全面介入。可以说，崛起中的中国实质上就是美国“亚太再平衡”战略的核心目标，其“再平衡”的对象就是中国，其“再平衡”的内容就是从政治、经济、地区合作、地缘安全等各个方面平衡中国崛起带来的影响，维护和确保美国的领导地位。

第三，在帝国思维下，美国对中国提出的构建“中美新型大国关系”的战略倡议表现出了矛盾、纠结，甚至是出尔反尔的态度。构建“新型大国关系”是中国为了避免中美之间发生“崛起大国”与“守成大国”之冲突的一个重大战略构想。在胡锦涛担任中国国

---

① 《崔天凯：美持“双重标准”虚伪》，大公网，上网时间：2015 年 8 月 11 日，http：//news. takungpao. com/world/roll/2015 – 07/3088644. html。

家主席的时候，中方就向美方提出了这个战略倡议，希望中美合作避免战略冲突和误解。这个战略倡议也得到了美国行政部门的积极回应，美国总统奥巴马强调美国“欢迎中国的和平崛起”，表示“美中两国可以向世界证明，美中关系的未来不会重蹈覆辙”。时任美国国务卿希拉里称，中美关系“不是像敌友那种黑白分明的关系”，“我们在共同树立典范，力争在合作和竞争之间达到一种稳定和彼此都能接受的平衡。这是前无古人的”。[①] 2013 年 6 月 7—8 日，习近平主席访问美国并与美国总统奥巴马举行庄园会晤。两国元首同意，共同努力构建中美新型大国关系：不冲突、不对抗、相互尊重、合作共赢。

但是，美国行政部门和国务院对“新型大国关系”战略倡议的响应，并不能代表美国社会精英、防务安全等部门的观点。在本书第一章中已经提出，美国“普世主义”本性、扩张的历史和精英们的帝国情结决定了美国必然要走向帝国或霸权的战略追求。体现到“中美新型大国关系”的战略倡议上，美国国内很快出现了不同的声音，这些声音认为这一战略倡议实际上提高了中国的全球地位和战略地位，将中国和美国放在了同等的地位上；或者对“新型大国关系”倡议中的相互尊重核心利益的提议表示反对，只维持“不冲突、不对抗”即可。美国一些智库和学者称：美方从来没有接受中方提议的“中美新型大国关系”的倡议，只是同意将构建不冲突、不对抗的“中美新型大国关系”作为双方努力的目标，美方从来不接受中方对“中美新型大国关系”的定义。还有观点认为，美国政府之所以愿意在 2013 年和 2014 年对“新型大国关系”的提法表示敬意，是出于两个原因：首先，美国政府想让中国政府尝到一点甜头；其

---

① 袁鹏：《关于构建中美新型大国关系的战略思考》，载《现代国际关系》，2012 年第 5 期。

次，美国希望重新界定这一概念，使之符合美国对于地区事务的看法，并影响中国的政策选择。[①]

美国智库的精英和不同部门的战略决策者所关切的是如何维护美国的主导地位，而不是通过尊重中国的核心利益而避免冲突。换言之，不管美国未来是否尊重中国的核心利益，中国对美国都应该不冲突、不对抗，这实际上仍然是“霸权做派”和“帝国做派”，仍然在维护一种不平等的中美关系。

二、奥巴马对华战略的内在矛盾

奥巴马政府对华战略的内核如进攻性现实主义所言：竭力构建对美国的离岸平衡，防止中国在崛起后“挑战”美国在本地区的领导地位。从战略手段上看，它既有离岸平衡的考虑，又有构建地区合作制度的考虑。当然，这个战略本质上也是美国在“帝国”的幻想下做出的，要维持所谓的帝国秩序，也就是美国主宰和统治其他国家的秩序，这个战略有其内在的制约：

首先，最直接的后果就是亚太地区的领土主权纠纷发生冲突的可能性增大，它并不是维持了地区的和平与稳定，而是加剧了地区矛盾，大大增加了不确定和不稳定的因素。美国口口声声说，它介入亚太事务是出于对亚太地区和平与稳定的考虑，有利于减轻亚太小国对大国崛起的恐惧，但现实中，却是增加了这些小国与中国在领土、领海主权纠纷中的动能，这些国家采取了更加强硬，更富有挑衅性的行为，这对地区和平与稳定带来的挑战是十分巨大的。美国在介入领土、领海主权纠纷的时候，并不是从争端本

---

① 《美媒：美或重估“美中新型大国关系”提法》，参考消息网，上网时间：2015年8月12日，http：//column. cankaoxiaoxi. com/2015/0708/843496. shtml。

身的是非曲直出发，而是从牵制和制衡中国的目的出发，对中国与菲律宾、越南、日本等国采取双重标准。比如，在 2015 年新一轮的南海主权争端问题上，美国指责中国扩建南海岛礁，而对菲律宾、越南等国家的扩建行为视而不见，其“拉偏架”、牵制中国的意图显露无疑。

其次，加剧了中美之间的战略猜疑。美国将其全球战略重心放在亚太将会成为一种长期的现象，这样就意味其针对中国的一面也将成为长期现象，中美之间的地缘竞争也不会是短期的事情，它必将给中美关系带来系统性和战略性的风险，它带来的最直接的后果就是中美之间的战略互疑在长期的地缘竞争中可能加剧。中国对美国在周边领土主权争议中的介入，美国对中国是不是会武力解决这些问题，从而挑战美国的领导地位，这些都将成为双方长期考虑和观察的问题，战略误判的可能性也随之上升。从国际关系理论的角度看，这实际上也是一种安全两难，任何一方为了增加自身安全而做的防御性举措在另一方看来都是威胁，中美之间的相互认知将会陷入困境。比如，在东海和南海领土主权争议问题上，中方从来都认为这些岛礁是中国领土主权的一部分，中国在外交宣示中也从来没有避讳这一点，中国的立场是一贯的。中国虽然坚持和平发展战略，但对维护领土主权完整和祖国统一的立场也是坚定的。美国对亚太海上主权争议的介入往往会引起中国的担忧，担忧美国是不是要运用霸权来损害中国的领土主权完整，遏制中国的崛起。但美国一方，则往往把中国对这些问题的处理看做是中国改变和平发展战略的观察点，中国任何的维护领土完整的行为都被赋予观察性指标的意义，以此判断中国是不是放弃了和平发展战略。美国长期对中国的军事现代化持有战略猜忌，对于中国是否运用自己的军事力量来解决岛礁主权争端极其敏感。在其推行的新的对华战略的前提下，中美之间的战略猜疑无疑加大了。

第三，美国的亚太新战略还增加了中美之间的合作难度。美国亚太新战略强调通过介入领土主权纠纷来“重返”亚太，其对华合作加防范的两面手法使得中美双方在一些地区问题上的合作也平添了许多战略猜忌和困难。比如，美国利用中国周边领土领海主权争议来介入亚太事务，也有纠集这些国家牵制中国的意图。在一些具有共同利益的问题上，双方的原则性分歧将会上升，比如在维护东北亚的安全等问题上。虽然双方都希望维护朝鲜半岛的和平与稳定，这也符合双方的利益。但是，朝鲜半岛的对立是冷战的遗产，同时又中美之间对抗的产物，一旦中美互信降低，双方在维护半岛和平等共同利益上合作难免会受到掣肘。再比如，“十多年来，亚太地区治理机制的发展一直不均衡，经济合作机制建设较为顺利，而政治互信和安全保障机制建设相对滞后。后危机时代，各国实力对比变化，各国内外政策不断调整，原有的地区机制已难以满足地区形势发展需求，互信缺乏和安全困境越发成为威胁地区稳定和繁荣前景的突出问题。这需要亚太各国共同努力改变这种局面。尤其是，中美作为既有能力、又有义务重塑亚太未来的两个大国应通力合作，在重建地区秩序和行为规则方面发挥主动引导和主要领导作用。如果美国在推进亚太战略的过程中对中国核心利益关注不够，甚至希望从中国同周边国家之间的紧张关系中获利，地区治理机制的重塑必将陷入僵局甚或误入歧途，包括中美在内的所有国家都将是这种可能性的受害者，任何一方亚太战略的参与成本都将极大上升。如果由于缺乏全面而有效的对话与合作机制而引发亚太失序，各国还将面临更严重的损失”。① 这会进一步加剧中美之间的困境。

---

① 王鸿刚：《美国的亚太战略与中美关系的未来》，载《现代国际关系》，2011 年第 1 期，第 10 页。

三、对华战略的“接触共识”正在经历变迁

金融危机后，中美关系中竞争性的一面明显上升，两国对对方的战略意图、战略方向的判断都在向消极方向移动。美国国内开始密集、深刻地反思其对华战略，“建设性接触”的主张还在，“惩罚中国”的论调甚嚣尘上，“遏制战略”的主张也颇有影响。这种越来越多元化的对华战略主张和声音表明，美国曾经的对华战略共识已经开始瓦解。“美国外交政策到了一个转折点，政界分析人士开始重拾冷战时期的思维，讨论遏制中国政策的必要性。曾因受益于美中‘建设性接触’而坚定的美国政界对华政策共识已经瓦解。自尼克松政府以来的历届美国政府，无论是共和党还是民主党政府都坚信，接触是推动中国自由化的唯一现实途径。卡特将尼克松的这一政策传给里根，小布什又将这一政策传给奥巴马。”① 在克林顿、小布什政府时期支持中美接触的力量——美国商界的对华接触热情也有所下降。中国美国商会前主席、安可公关顾问公司中国区总裁麦健陆（James McGregor）曾帮助说服美国贸易联合会为中国 2001 年入世进行游说。但在 2015 年他接受采访时却认为，这种一致的目标“破裂了”，“他们都认为中国将损害他们的利益”。②

2015 年以来，美国主要学术机构和智库纷纷发表报告，提出从军事上打击中国，到全面退让的各种建议，美国的对华政策思想和建议呈现出混乱的状况。里根和老布什政府时期国防部官员白邦瑞

---

① 《美媒：美对华“建设性接触”共识瓦解》，参考消息网，上网时间：2015 年 8 月 10 日，http：//column. cankaoxiaoxi. com/2015/0615/818039. shtml。

② 《美国智库激辩对华战略：遏制还是接触?》，中国日报网站，上网时间：2015 年 8 月 12 日，http：//world. chinadaily. com. cn/2015 －06/16/content_ 21014452. htm。

(Michael Pillsbury)，在其《百年马拉松》一书中写道，中国“几乎让我们所有美好的期待都落空了”。中国40多年来一直在实施秘而不宣的“百年马拉松”战略，希望在2049年即新中国成立100周年时取代美国成为全球超级大国。美国不仅被蒙在鼓里，还帮助中国发展经济、科技和军事力量。白邦瑞最后指出，中国这一战略是美国在21世纪面临的最严峻的国家安全挑战，美国应该采取竞争性战略、凝聚国内共识、加强盟友整合等12点应对措施。[①] 2015年3月，美国外交学会发布了一份名为《美国对华战略大转变》的报告，外交学会会长哈斯在序言中写道，“中国今后数十年里将继续是美国最大的竞争者，中国在经济和军事两方面的巨大发展，对美国在亚洲的利益乃至在全世界利益都构成了重大威胁。”这份报告的结论就是中国的强大对美国构成了最巨大、最深刻的战略性挑战。为此，报告提出美国需要采取三大战略：美国增强自身经济实力，加强与亚太国家的经济联系；停止削减国防预算，立刻增强军备；灵活但强有力地推进远至印度洋的包围中国网。[②] 4月，美国前国家安全顾问、小布什政府驻印度大使布莱克维尔（Robert D. Blackwill）和卡内基国际和平基金会高级研究员、小布什政府国家安全委员会成员泰利斯（Ashley J. Tellis）发表的《修订美国对华大战略》写道，与中国接触就是在加强竞争对手的实力。两人提出，是时候采取一项新的大战略了：减少接触，增加“平衡”，以确保美国全球主导地位的“核心目标”。他们还提出，美国应加强在亚洲的军力，阻止中国获得军事技术，加快导弹防御体系的部署并加强美国的网络攻击能力。但同为卡内基国际和平基金会高级研究员的史文（Michael

---

① 《学者：习近平访美有助消除美对华噪音》，新华网，上网时间：2015年8月10日，http://news.xinhuanet.com/politics/2015-08/10/c_128113427.htm。

② 《中美关系出现历史性转折?》，载《参考消息》，2015年8月4日，第一版。

D. Swaine）认为，这样做必将导致另一场冷战，甚至更糟。根据他们提出的方案是，美国应该放弃在东亚的主导地位，将东亚的大部分地区变为一个由达到平衡的众多力量（包括增强日本的实力）管理的缓冲区，所有外国力量都应该撤出朝鲜半岛，同时中国应该保证不对台湾发动战争。

与此同时，约翰·霍普金斯大学保罗·尼采高级国际研究院教授兰普顿（David M. Lampton）也认为，美中关系已经到了一个临界点。他在一次演讲中说："我们各自的担忧越来越接近超过自双边关系的希望。"① 越来越多的美国学者正在呼吁华盛顿抛弃"接触"战略，代之以更加强有力的"制衡"战略。美国的《国家利益》双月刊进入2015年后刊发了一些这样的文章，比如，詹姆斯·普日斯图普和罗伯特·曼宁发文呼吁借鉴美国的冷战经验，将冷战中的"遏制"替换为"制衡"，但是要"灵活、谨慎地使用对抗能力"。与此同时，美国外交学会发布了题为《制衡而非遏制》的报告，建议"制衡中国实力的崛起，而不是继续助力其上升势头"，具体做法就是限制"中国滥用其日益增长的实力的能力"。②

现实主义者斯蒂芬·沃尔特认为，美国的众多优势并不意味着华盛顿可以简单地支配北京或阻止对现状的一切改变，但确实意味着美国领导人不必对划线和设限太过不安，问题在于应当在哪里划线。他写道，如果中国实力继续提升，那么它将不可避免地寻求进一步调整当前国际秩序。期待北京被动接受其他国家创建的制度和地区安排（尤其是现存秩序中那些在中国软弱之时制定的要素）是

① 《美国智库激辩对华战略：遏制还是接触?》，中国日报网站，上网时间：2015年8月12日，http：//world. chinadaily. com. cn/2015 -06/16/content_ 21014452. htm。

② 杰夫·M. 史密斯：《美国对华战略应该是这个样子》，2015年8月3日，《国家利益》双月刊网站。转引《参考消息》，2015年8月4日，第一版。

非常天真的。建议中国成为一个“负责任的利益攸关方”固然不错。就像世界银行前行长罗伯特·佐利克所做的一样，但更大程度地参与当前体系也不妨碍中国尝试修改该体系的某些部分。北京当然不会寻求推翻现存秩序中它所喜欢的要素，只会寻求修改不利于该国安全或长期繁荣的要素。但这种调整进程应该推进至何处？即便我们认识到一个日益崛起的中国将不可避免地享有更大影响力，而且在一些领域可能甚至拥有合法理由调整现状（例如在国际货币基金组织的投票权），承认这一事实也几乎肯定不意味着允许北京拥有其领导人想拥有的任何事物。关键问题很容易提出但很难回答：美国（以及其他国家）应该在哪里划线？①

沈大伟（David Shambaugh）对中国未来的观点和对中国战略主张的转变恐怕是美国对华战略共识瓦解和转变最明显的体现。作为研究中国问题的资深学者，沈大伟一贯以“温和、友好、诚恳、客观”的形象出现在杂志和媒体上。2008 年，他在专著《中国共产党：萎缩和适应》里，对 1989 年以后的中国共产党进行了积极、客观的评价。就连《华盛顿邮报》也做出点评：沈大伟想要描述的中国共产党，是一个充满智慧和不断反省的政党。2009 年，他向新华社记者高度评价中国共产党60 年执政之路，“‘抛开意识形态’正是中国共产党和中华人民共和国在过去 30 年取得成功的原因之一”，并表示“尽管大多数美国人和外国人并不知晓，但中国已经走上了自己的民主发展道路”。同年 9 月 28 日，美国《时代周刊》杂志刊登他执笔的封面文章《繁荣之路》。闪耀的红五星占据封面大部分空间，五角星肩头印有“中国”两个汉字，下方写了这样一句话：尽

① 斯蒂芬·沃尔特：《在制衡中国的问题上我们在哪里划线?》，《外交政策》双月刊网站，2015 年 4 月 27 日。转引：参考消息网，上网时间：2015 年 8 月 10 日，http：//column. cankaoxiaoxi. com/2015/0430/763334. shtml。

管走过一条漫长、曲折、有时痛苦的道路，在新中国成立60周年之际，中华人民共和国昂首挺立。[①] 但是，金融危机后，面对中国的崛起，沈大伟的思想倾向也在发生变化。在2015年2月底的一次学术会议中，沈大伟就已经表述了对中国的某些悲观看法，他认为，中国国内关于中国应扮演何种国际角色的争论从2008年就开始了，目前还在继续。

以上仅仅概述了进入2015年以来的一部分具有代表性的学者的观点。从这些观点中，我们可以得出以下几个判断：

第一，不管是主张对华接触、牵制、制衡，还是主张对华强硬、惩罚，绝大多数学者对中美关系的未来都持悲观的看法。这些学者基本都看到了中国崛起后，中美竞争的一面在上升，冲突的风险在增加，都对中美关系的未来持有悲观的看法。基于这种悲观的看法，学者们都为美国如何调整对华战略出谋划策，有主张继续接触与合作的；有主张对中国崛起进行牵制的；有主张强化联盟合作制衡中国的；也有主张对中国采取强硬的遏制战略，甚至是惩罚中国的所谓"坏行为"的。不管主张什么，学者们大都认为如果按照现在的状况持续下去，中美关系目前的合作均衡将会被打破，美国霸权或领导地位的未来将会受到挑战。

第二，中美的相对实力关系发生了变化，中美相互的战略地位和战略关系也需要调整，美国学者们的争论反映了这一现实情况。金融危机后，中国的国内生产总值于2010年超过了日本，并迅速与美国接近，中美实力差距越来越小。在此情况下，原有的战略关系和相互政策也需要调整。如何应对中国的崛起，成为美国必须面对的一个战略性课题，关系着美国的未来。在此背景下，美国国内出

---

① 关哲：《从知华派到崩溃论——"变色龙"沈大伟》，观察者网，上网时间：2015年8月12日，http：//www. guancha. cn/GuanZhe/2015_ 03_ 11_ 311841. shtml。

现的对华战略的大争论是对这一客观现实的反映。

第三，在所有这些观点中，主张对华制衡、牵制、强硬的观点占据主流，这体现出美国学者的帝国思维和维持帝国秩序的战略追求。如前所述，帝国思维是美国社会精英的偏好，也是美国追求帝国战略的主要动力。从以上观点的概述中，我们可以看出，大多学者还是站在后冷战时代美国的帝国地位上去思考对华战略，从帝国的地位上去思考如何应对中国崛起，这对美国制定顺应时代潮流的对华战略无疑是一个内在的局限。

结　语

本章指出，奥巴马的战略仍然没有摆脱追求帝国的窠臼。结合着奥巴马的战略报告和执政以来的所作所为，本文先对奥巴马任期以来的战略从七个方面进行了归纳和总结。接着，从时代背景和趋势的角度，从三个方面对奥巴马的战略进行了分析，这三个方面分别是：第一，美国如何应对单极实力优势的下降，也就是美国通过全球战略收缩和调整新的全球战略重点，将下降的实力和有限的战略资源用到最需要应对地区和问题上，此即“亚太再平衡”战略，本章分析了“再平衡”战略的实质，及其如何提出和实施的。第二，美国如何参与全球治理，也就是如何度过金融危机的冲击，使得美国经济脱离危机的影响，并通过全球经济治理及贸易政策的调整为美国未来的发展谋求新的优势。奥巴马政府将参与全球经济治理作为克服金融危机的战略手段，将改革国际金融体系作为吸引新兴经济体进行全球经济治理的途径，将调整其贸易政策和重构全球贸易体系作为谋求美国经济优势的突破口，这两者都是围绕着国内的经济复苏和振兴而展开。第三，美国如何处理与中国的关系，也就是如何处理新兴崛起的国家，这关系着未来国际秩序的调整和改革中的美国领导地位，本章分析了奥巴马政府的对华战略，并对美国对华战略共识的最新动向做了概述。当然，对于这三个部分的分析，都受到美国帝国思维的内在制约，本章亦对此进行了分析。

尾　章
帝国“余音”：金融危机后的美国实力地位和战略走向

金融危机以来，美国的实力地位是否衰落及其战略走向，牵动着世界格局和时代发展，也引起学界的巨大争论。美国的罗伯特·卡根（Robert Kagan）认为，美国无论怎么衡量都不能说是衰落了，甚至是相对的衰落也谈不上。“从经济角度看，尽管近几年美国经历经济衰退和缓慢增长，但是美国在世界上的地位并没有发生改变。”① 对于当前世界秩序的重大危机，卡根认为，这与其说是美国衰落引起的，不如说是美国自身主导世界的意愿下降引起的。当今世界难以找到像二战后美国接替英国的全球领导地位那样的“民主超级国家”，来接美国的班。“超级大国不能退休，疲惫的美国必须

---

① ［美］罗伯特·卡根著，刘若楠译：《美国缔造的世界》，社会科学文献出版社，2013 年版，第 156—157 页。

继续承担全球领导使命。”① 我们并不认同这一观点，认为2008年的金融危机对美国的单极霸权地位和自由资本主义模式造成重创，标志着美国实力地位衰落或相对下降已然成为事实。金融危机之后，虽然美国力图重振经济，但并没有扭转实力地位相对下降的趋势。伴随着实力相对下降和时代的变化，奥巴马政府追求全球领导地位的帝国战略将难以实现。基于以上观点，我们将结合后冷战时代美国的实力地位变化对美国冷战结束以来的战略做出分析，最后分析为什么奥巴马的“帝国追求”难以实现。

一、金融危机之后的美国和时代趋势

2008年金融危机是发生在资本主义世界中心地带——美国的经济危机，它在重创单极霸权的同时，也像海啸一样推向全球。如果现在回头看这次危机，可以感到它深刻地改变了美国和世界。

首先，从硬实力看，美国GDP在世界经济总量中的占比，即美国的单极地位在金融危机之后仍然在相对持续持续衰落。

放在一个较长的历史周期看，美国的实力地位在起起伏伏、涨涨落落的轨迹中，其总体的趋向是从二战结束时的历史峰值不断下降。根据联合国、国际货币基金组织和世界银行等三大数据，最后一波从波谷到波峰再到波谷的周期是从1992年到2009年。20世纪80年代，里根政府重振经济的努力获得收益，其在世界经济中的份额于1985年上升到占世界经济总额的大概33%左右，随后进入到下降的轨道，到1992年冷战结束即后冷战时代开始的时候，已经下降

---

① Robert Kagan，“Superpowers Don't Get to Retire——What our tired country still owes the world”，New Republic，MAY 26，2014，上网时间：2014年11月20日，http://www.newrepublic.com/article/117859/allure-normalcy-what-america-still-owes-world。

到25%左右的波谷。如果我们以2008年金融危机为后冷战时代结束的标志，有三个时间点能很好地勾勒出美国实力地位在后冷战时代的变迁：1992年苏东集团崩溃、2001年克林顿任期结束及小布什入主白宫、2009年金融危机爆发后奥巴马入主白宫。我们以联合国数据为例，美国经济经过克林顿八年执政的扩张，于2001年又一次达到了世界经济总量的31.9%左右，美国实力地位达到后冷战时代的顶峰。2009年作为一个重要的时间节点，它的意义在于随着后冷战时代的终结，美国实力地位又下降到1992年后冷战时代刚刚开始的水平，约占世界的23.9%。

2009年以后，世界进入到后金融危机时代。虽然在抗击经济衰退的进程中，美国经济的表现要好于任何一个发达国家，但美国单极地位的相对持续衰落仍然没有得到实质性的改变，即未来仍将处于相对下降的进程。这主要体现在以下两个方面：

一方面，美国的GDP在世界经济中的占比基本上维持在20%左右，这和2009年的美国经济水平基本处于同一水平。2010年美国GDP占世界经济总量的23.1%，2011年为21.4%，[①] 2013年底这一占比为22.1%。[②] 美国的复苏进程不温不火，在世界经济中的占比不断下降，并基本上维持在20%的水平略有波动。2014年底，有关美国是否已经摆脱衰落的争论再次引起广泛关注，这是因为美国经济在第二、三季度达到了4.6%和5%的增长率，舆论哗然，许多观点都认为美国经济已经摆脱衰退正在强劲复苏。然而，美国政府2015年1月30日公布的数据再次为“美国复苏论”泼了一盆冷水，

① 历年世界十大经济体国内生产总值列表（世界银行数据），维基解密，上网时间：2014年7月27日，http：//zh. wikipedia. org/wiki/历年世界十大经济体国内生产总值列表。

② Gross domestic product 2013，世界银行网站，上网时间：2015年6月20日，http：//databank. worldbank. org/data/download/GDP. pdf。

2014年其国内生产总值（GDP）年增速仅为2.4%，略高于近六年经济复苏期间的水平，仍然没有摆脱衰落的阴影。2015年5月底，美国商务部公布的数据显示美国经济第一季度GDP竟然萎缩了0.7%。[①] 这更令人对金融危机后持续了近六年的“反复无常”的复苏充满疑虑。而且，美国经济深层次的问题在金融危机之后并没有得到根本性的解决，[②] 也就是说它很难取得强劲复苏，只要其他国家保持相对较高的增长，未来美国仍然处于相对衰落的轨道上。IMF因此而下调了美国经济增长的预期，并呼吁美联储2015年不要加息。[③] 美国的实力地位维持在1992年和2009年的历史低位，意味着它仍处于相对衰落的进程中。

另一方面，美国的持续相对衰落主要体现在中美经济在世界经济总量占比的对比和变化。我们说，美国实力的衰落是相对于新兴国家的崛起而言的。在后危机时代，群体性崛起的新兴国家也发生了分化，一些国家的经济也受到金融危机的影响而增速降低，但中国仍然保持了较高的增长速度和崛起的进程。2009年，中国经济总量占世界的8.7%，约占美国的36.5%。到了2013年底，中国经济总量占到了世界的12.3%，[④] 约占美国的55.8%。[⑤] 2014年，中国

---

① 《美经济一季度萎缩0.7%》，载《参考消息》，2015年5月31日，第4版。

② 《美国经济复苏进程“反复无常”》，载《参考消息》，2015年6月1日，第4版。

③ 《IMF呼吁美联储2016年再加息》，载《参考消息》，2015年6月6日，第4版。

④ 《国家统计局：2013年我国经济总量占世界12.3%》，新华网，上网时间：2014年10月23日，http://news.xinhuanet.com/2014-09/28/c_1112666489.htm。

⑤ 这一数据时根据国家统计局和商务部发布的数据，并根据人民币和美国的汇率，计算出来的，其中中方的数据是568，845.21万亿人民币，来源（上网时间：2014年10月20日）：http://data.stats.gov.cn/workspace/index?m=hgnd；美国的数据为16.91万亿美元，来源（上网时间：2014年10月22日）：http://www.mofcom.gov.cn/article/i/dxfw/nbgz/201312/20131200437389.shtml。

国内生产总值达到636462.7亿元,[①] 已经突破了10万亿美元，超过欧洲，成为第二个GDP超过10万亿美元的国家。[②] 与此同时，关于中国经济总量从购买力平价方法测算已经超过美国的议论在2014年不绝于耳。5月，世界银行发布的《2011国际比较项目发布汇总结果》指出，从购买力平价测算，2011年中国的经济规模已经达到美国的86.9%，从2011年到2014年期间，中国经济规模将增长24%，而美国仅增长7.6%。据此，中国经济规模有可能2014年超越美国。IMF也曾发布报告预言中国将在2016年超越美国。10月7日，IMF发布的10月号《世界经济展望》显示，2014年美国GDP将达17.416万亿美元，中国GDP将达17.632万亿美元。这就意味着，中国GDP超越美国，成为世界第一大经济体。[③] 虽然，我们仍然坚持汇率测算法更加符合各国经济的客观情况，但凡此种种的议论折射出"突兀"的单极正在降低高度，再加上以中国为代表的广大新兴国家的崛起，单极结构呈现出扁平的"钝化"的趋势。同时，也反映出后冷战时代后期发生的所谓全球力量和财富从东方向西方转移的趋势，正越来越聚焦于中美之间。

其次，从软实力看，美国自由资本主义模式的弊端不断暴露，冷战胜利所树立起来的合法性和吸引力也大大衰落了。第一，金融危机是美国自由资本主义发展模式的内在缺陷所造成的，围绕着财政预算所爆发的政治危机也折射出美国模式的弊端，这些都打破了冷战胜利赋予它的"神话"和合法性。苏东社会主义集团的崩溃表

---

① 《国内生产总值年度数据》，中国国家统计局网站，上网时间：2015年6月20日，http://data.stats.gov.cn/easyquery.htm? cn = C01。

② 《2014年中国GDP将首次突破10万亿美元》，新华网，上网时间：2014年10月22日，http://news.xinhuanet.com/fortune/2014-03/05/c_119624704.htm。

③ 《GDP数据哪家强：中国经济总量超越美国，算法靠谱吗?》，新华网，上网时间：2014年10月20日，http://news.xinhuanet.com/fortune/2014-10/20/c_127116219.htm。

明美国自由民主模式的胜利，“历史终结论”将其视为人类历史演进的终点，这都赋予了美国模式“唯一合法性”的神话，也为美国模式的全球扩张提供了合法性。然而，2008 年金融危机表明美国模式并不是完美的，它仍然存在着内在的缺陷，多元文明国家探索自我发展道路的实践意义和合法性得以确立。同时，在后冷战时代，以中国为代表的新兴国家在探索自己发展道路的进程中也取得了举世瞩目的成就，使得世界对美国模式的看法更趋于理性。所有这些都打破了美国模式的“神话”，美国引以为荣的经济繁荣、自由市场和价值观等软实力都大大下降了。第二，小布什执政八年推行的单边主义和先发制人战略对美国的国际形象和软实力是个很大的损害。小布什时期，美国单方面宣布退出反导条约，拒绝在《京都议定书》上签字，拒绝参加《国际刑事法庭条约》等单边主义做法都遭到一致批评。在遭受“9・11”事件恐怖袭击后，单方面展开反恐部署和行动，其中的伊拉克战争、阿布格莱布监狱虐囚丑闻都使得美国恐怖主义受害者的道义形象损失殆尽。“小布什执政时期，世界反美情绪高涨，美国的软实力出现了明显的衰退，这是举世公认的。”① 虽然，奥巴马推行所谓“巧实力”战略，近期又有学者提出所谓辨别力（Discriminate Power）战略②，但美国的软实力始终没有恢复到小布什执政前的水平。第三，民主制度的衰败是美国软实力的硬伤。自由民主人权是美国软实力最核心的部分，但金融危机后美国却陷入了“民主的对峙和混乱”。从茶党运动到华尔街运动，到美国政府于 2013 年 10 月再次关门，美国国内的政治恶斗不断上升。历经 25

---

① 《解析小布什执政时期美国软实力的衰退》，外交观察网，上网时间：2015 年 6 月 23 日，http://www.faobserver.com/NewsInfo.aspx? id=8838。

② Michael J. Mazarr, A Strategy of Discriminate Power: A Global Posture for Sustained Leadership, in *The Washington Quarterly*, Spring 2014, pp. 137 – 150.

年，“历史终结论”的提出者福山仍然坚持“自由民主”仍然是人类历史进化的终点，[①] 但却把美国民主与他所谓人类历史终点的自由民主划清了界限。他犀利地指出，“因为分权制衡的传统越来越严重和僵化，美国政治制度日渐腐朽，政党分歧尖锐，分权体制越来越无法代表大多数人利益，而是给了利益集团和政治活动组织过度的话语权。”“国内政治弊病已经顽固不化，很难出现富有建设性的改革，美国政治衰败还将继续下去，直至外部震荡催化出真正的改革集团、并付诸实践。”[②] 这种民主的衰落恐怕是美国向外扩张自己的意识形态、价值观和民主政治的最大内在制约，也是美国软实力的最大硬伤。

2008 年金融危机在改变美国的同时，也深刻改变着世界，标志着后冷战时代的崩塌：[③] 第一，美国在后冷战时代的一超独大的单极优势地位实质性的削弱，单极体系正在发生质变。所谓“极”是世界力量格局中力量分布的描述。比如，我们说冷战时期的两极格局就是指美苏拥有雄厚的经济和军事实力并展开竞争。后冷战时期，美国的实力优势地位因苏联解体而在世界呈现出“突兀的单极”格局，单极体系得以确立。而且，在后冷战时代的前半期，美国的实力优势仍然在继续扩张，单极格局呈现出“锐化”的趋势，也就是作为单极霸权的美国与其他世界大国之间的综合实力对比呈现出优势扩大的趋势，如果用“柱状图”的对比结构来看，就像一个锋利的“剑矛”形状。一直到 2001 年之后，一些新兴大国的经济增长速

---

① 福山：《民主依然挺立在“历史的终结”处》，共识网，上网时间：2015 年 6 月 22 日，http：//www. 21ccom. net/articles/thought/zhongxi/20141027115279. html。

② 福山：《衰败的美利坚》，观察者网，上网时间：2015 年 6 月 15 日，http：//www. guancha. cn/fu-lang-xi-si-fu-shan/2014_ 10_ 12_ 275200. shtml。

③ 焦世新等：《后冷战时代的终结及其对中国的启示》，载《世界经济与政治》，2009 年 12 期。

度超过了美国，并在世界经济总量中的占比不断上升，美国的占比不断下降，这种突兀的单极格局开始呈现出“扁平化”的趋势。2008年金融危机之后，美国相对于其他新兴大国实力的相对下降趋势达到了一个关键点，经过后冷战时代的量变积累，单极体系发生了阶段性的质变。美国虽然在军事实力等方面仍维持着单极优势地位，但在某些方面或某些领域，已经失去了单极主导的优势地位。这种单极体系的变迁具有重大意义：一般大国的战略将会从倾向于与美国发展合作关系或尽可能避免与美国战略对抗向制衡美国单极霸权的方向转变。而美国的战略也将会受到国际上更多的牵制和制衡。单极协调的国际体系正在转变，地缘政治的竞争正在上升，这给美国的战略带来了有意义的挑战。①

第二，以经济、政治和安全为内容的全球化需要进行全球的协调和治理，这在金融危机后日益成为共识。从主观上看，后冷战时代的单极体系使得全球化突破了冷战的政治障碍，以经济全球化为核心的全球化加速进行，大大深化了世界各国之间的相互依存和联系。在全球化时代，任何一个国家无论多么强大都无法单独应对全球化带来的全球性的问题，需要世界各国合作应对这些全球性问题。2008年金融危机实质上是一场全球化的危机，它是相互依赖条件下世界经济的失衡所导致的。各国只有采取协调一致的全球性措施才是克服金融危机的根本之道，这次金融危机凸显了全球治理的价值和意义，凸显了人类共同命运的意识，并客观上促进了全球治理的民主意识。从客观上看，后冷战时代以美国模式的全球扩张为主要特征的全球化是不受约束的自由放任的全球化，它导致了全球市场的震荡、大宗商品价格的波动、能源危机、粮食问题，这种不受约

① Thomas Wright, “The Rise and Fall of the Unipolar Concert”, in the Washington Quarterly, Winter 2015, p. 7.

束的自由模式在人类生产中也带来了生态问题、气候问题、环境问题和过度开发带来的各种问题等许多全球性的问题。这从客观上要求，人类共同治理全球化，终结这种自由放任的全球化。

第三，综合国力的竞争转化为多元发展模式的竞争与合作。发展问题贯穿于冷战时期，在后冷战时代以综合国力竞争的形式出现。在新的时代，综合国力的竞争又转化为发展模式和道路的竞争与合作。后冷战时代，在西方模式向全球扩张的过程中，那些坚持自己发展道路的国家往往能取得成功。反之，许多国家都陷入到民主的动荡和发展停滞之中。后冷战时代的出现是以西方模式危机为标志而建立起来，世界进入到了秉持不同发展模式、发展道路的国家，进行改革和调整，谋求新一轮发展优势的阶段。这要求世界任何一个国家都要重新审视自己的发展模式和道路，为现实中的综合国力竞争和未来的发展确立制度和外部环境优势。

二、“帝国追求”与奥巴马政府的战略

后冷战时代是美国从一个因苏联崩溃而造就的单极霸权逐步发展为“美利坚帝国”的过程，“美利坚帝国”的到来也标志着后冷战时代达到巅峰。美国的“普世主义”本性、战略扩张的历史传统和国内社会精英的“帝国梦”，使得美国的霸权战略逐步向帝国战略的转变，这种“帝国追求”一直延续到今天。何为帝国战略追求？它主要包括两点内容：一是美国不可挑战的单极优势地位；另一个是美国对全球的左右、管理或控制能力。概括起来，就是美国对全球领导地位的追求，将自己的利益和意志强加于世界。在后冷战时代，美国的帝国战略追求经过老布什、克林顿和小布什三任政府逐步确立起来。

如果说，克林顿政府还有对多边主义的顾虑、帝国的追求还只是隐藏在心底的梦，到小布什政府时期，美国的帝国战略追求基本形成和展露出来，这也是后冷战时代的顶峰。2002 年 9 月，布什政府的《新国家安全战略》报告反映出“帝国战略”的要点。比如，报告强调必须在无赖国家和恐怖主义对美国构成威胁之前制止它们，也就是必须先发制人。用霍夫曼（Standley Hoffmann）的话来说，这个报告乃是“全球统治的信条”（a doctrine of global domination）。① 从单极、单边、先发制人、全球统治再到帝国，这确实是一种合乎逻辑的发展。伊兰认为，虽然美国政府没在正式使用“帝国”这个词，但小布什的安全战略中无疑已包含了“新帝国主义”的内涵。② 它有三点鲜明的特征：第一，美国的综合实力和军事实力在小布什入主白宫时达到后冷战时代的顶峰，许多学者都在谈论，单极时刻已经变成了单极时代。第二，“布什主义”战略的主要信条就是单边主义、先发制人、政权更迭、民主改造等，这体现出单极结构下的美国受到的制衡更少了，对国际机制和多边外交的需求少了，呈现出单边主义的战略取向，也就是帝国的行为取向。而民主改造和政权更迭，也体现出美国将自己的意志强加于世界的特征。第三，以反对恐怖主义而发动阿富汗战争和伊拉克战争，军事进入到中亚、中东等在冷战时期难以企及的地区，这种地缘政治的军事扩张具有帝国的特征。总之，小布什的战略将美国推向了后冷战时代的顶峰，也使得美国成为“新帝国”或“新罗马帝国”，其特征就是美国对全球领导地位的迷恋和追求，以及将自己意志强加于世界的战略

① Standley Hoffmann, “The High and the Mighty,” The American Prospect, Jan. 13, 2002.

② Ivan Eland, “The Empire Strikes Out, The ‘New Imperialism’ and Its Fatal Flaws,” Policy Analysis, No. 459, Nov. 22, 2002.

冲动。

“帝国论”反映了后冷战时代美国的单极地位强化到一个历史的高度，但是小布什推行的军事反恐和地缘军事扩张损耗了美国的实力地位。面对美国的衰落，奥巴马政府仍然在寻求世界领导地位，仍然寻求“帝国战略”。其2010年5月第一份国家安全战略报告写道，“我们的国家安全战略是集中精力、重振美国的领导地位。我们将立足国内，壮大自己的力量，我们将放眼国际，塑造能够应对当前时代挑战的国际秩序。”① 2015年2月发布的第二份国家安全战略报告继续强调，“任何一个保障美国人民和增加我们国家安全利益的成功战略必须基于一个不可否认的事实——美国必须处于领导地位。这对于维护基于规则的秩序非常关键，这不是美国该不该领导，而是如何领导的问题。”② 如果按照我们前述的“帝国战略”的两点内涵，奥巴马的战略虽然对小布什的战略进行了修正，但从其本质上看，仍没有摆脱追求“帝国”的窠臼，是对所谓“全球领导地位”的偏执和追求。

面对实力地位下降和时代趋势，在帝国追求的历史惯性下，奥巴马政府做出的战略回应包括：首先，实行“亚太再平衡”战略，应对单极实力优势的下降，也就是美国通过全球战略收缩和调整新的全球战略重点，将下降的实力和有限的战略资源用到最需要应对的地区和问题上。

自从奥巴马2009年入主白宫以来，美国大张旗鼓地从政治、经济、军事，以及地区合作机制上全方位地加强美国在亚太地区的存在，希拉里将其界定为所谓的“前置外交”（“forward-deployed” diplomacy），其三大任务为“塑造未来的亚太经济；确保地区安全；

---

① 参见2010年《美国国家安全战略报告》第一章。

② 参见2015年《美国国家安全战略报告》序言。

支持更强的民主机构，传播人类的普遍价值”。① 在2011年明确提出所谓“转身亚洲”后，② 这三大任务又被明晰为美国“再平衡”战略的五大支柱：加强与盟友的关系；加深与新兴强国的伙伴关系；发展稳定、有益和建设性的对华关系；加强区域机构；帮助建设能够维持共同繁荣的区域经济。③“再平衡”战略是冷战结束后，甚至是二战结束后，美国第一次将其全球战略的重心放在亚太。它首先是美国全球战略的收缩，也就是美国在战略资源相对不足的条件下，从“全线出击”转向“重点盯防”，减少和收缩在中东和欧洲等战略区的战略投入，以确保亚太地区作为新的全球重点的战略投入和关注。这种战略布局包括很多方面：加强与盟友关系和介入钓鱼岛和南海岛礁主权纠纷更多的是基于地缘战略的布局；将全球军力部署向亚太倾斜是基于军事能力的布局；加入东盟+X体系，推进TPP，打造新一代自贸协定是基于未来利益扩张的布局；改善与缅甸关系，将缅甸打造成民主改革的榜样是基于民主价值观的布局。

其次，奥巴马政府将参与全球经济治理作为克服金融危机和重振美国经济的战略手段，但采取了实用主义的立场，一旦度过了危机便从全球经济治理的立场上倒退了。一是美国以改革国际金融体系作为吸引新兴经济体进行全球经济治理的愿景，与美国一起共同应对危机与衰退；二是调整贸易政策和重构全球贸易体系，为美国谋求未来的经济优势。

从前者看，美国在金融危机后推动全球经济治理方面发挥了一

① Hillary Rodham Clinton，“America's Engagement in the Asia-Pacific”，Honolulu，HI，October 28，2010，http：//www.state.gov/secretary/rm/2010/10/150141.htm.

② Hillary Chinton，“America's Pacific Century”，Foreign Policy，November 2011，pp. 57－63.

③《美再平衡战略阐述难释疑》，新华网，上网时间：2013年5月8日，http：//news.xinhuanet.com/world/2013－03/27/c_124507056.htm。

定的作用：一是在历次二十国峰会上与各主要经济体就加强监管、维护国际金融稳定、促进世界经济增长协调各自的政策。虽然，在刺激经济增长优先，还是加强金融监管优先的问题上，欧美存在分歧，但美国基本上按照二十国峰会达成的一些共识来参与全球经济治理。在加强金融监管方面，在华盛顿、伦敦、匹兹堡等峰会的过程中和之后，美国加强了国内金融监管的改革和立法过程。2009 年 6 月，美国政府正式公布全面金融监管改革方案，[①] 此后经过两轮参众两院的投票、修改，此法案的最终版本于 2010 年 7 月 15 日在参议院以 60 票赞成、39 票反对的结果通过。[②] 这个法案版本被认为是"大萧条"以来最严厉的金融改革法案；[③] 在推行扩张性的财政政策以刺激经济，实现复苏等方面，美国与世界各国也都进行了协调。世界各国步调一致，同时进行经济刺激计划，可以使得各自的经济政策都产生正向的影响，推动世界经济的整体复苏。这也取得了一定的功效。2011 年 1 月 10 日，欧洲央行行长特里谢称，全球经济开始复苏，其势头之快超乎预期。[④] 但在经济度过最困难的阶段后，美国对全球经济协调和治理的态度越来越消极。二是美国通过将欧洲等发达国家的份额转给发展中国家来改革国际金融体系。2008 年 11 月的华盛顿金融峰会实际上提出了改革国际金融体系的要求，美国

---

① 《美国政府公布金融监管改革方案》，新华网，2009 年 6 月 18 日，上网时间：2014 年 12 月 15 日，http：//news. xinhuanet. com/world/2009 －06/18/content_ 11558080. htm。

② 《美国金融监管改革立法大事记》，新华网，2010 年 7 月 16 日，上网时间：2015 年 4 月 30 日，http：//news. xinhuanet. com/world/2010 －07/16/c_ 12339796. htm。

③ 《美国金融监管改革法案要点》，新华网，2010 年 7 月 16 日，上网时间：2015 年 5 月 30 日，http：//news. xinhuanet. com/world/2010 －07/16/c_ 111962029. htm。

④ 《国际清算银行央行行长会议确认全球经济复苏》，新华网，2011 年 1 月 11 日，上网时间：2015 年 2 月 2 日，http：//news. xinhuanet. com/world/2011 －01/11/c_ 12965709. htm。

并没有对此表示强烈反对，美国总统布什甚至表示，世界将迎来“布雷顿森林体系Ⅱ”。[①] 伦敦峰会前夕，美欧围绕着先救经济还是先推进国际金融改革大打“口水仗”，一度引起了外界的担忧。[②] 2009年9月，二十国集团匹兹堡峰会举行，就改革IMF的治理结构达成决议，发达国家需将部分配额转移给发展中国家。匹兹堡峰会后，IMF围绕着改革IMF的决议开始制定有关改革的方案，但这些改革方案最终由于美国国会的否决而搁置下来。三是在二十国集团机制提升为全球经济治理的首要平台的过程中，美国发挥了一定作用。二十国集团涵盖七国集团和新兴经济体，是具有代表性的一个机制。在后冷战时代，它一直是七国集团的补充。国际金融危机爆发后，在小布什政府的倡议下，二十国集团提升为领导人峰会，于2008年11月在华盛顿举行第一次峰会后，成为全球经济治理的平台。2009年匹兹堡峰会的《领导人声明》宣布二十国集团为“国际经济合作的主要论坛”，并被机制化，八国集团转为主要关注国际安全、外交等问题。虽然，美国发挥了一定作用，但这也与中国、巴西等新兴经济体的外交斗争和努力分不开，与新兴经济体在世界经济中日益重要的地位分不开。[③]

从后者看，奥巴马正式上台以来，推行的国际贸易战略或者说对国际贸易体系的“升级或改造”，主要围绕着以下三个方面：一，美国于2009年正式加入TPP谈判，并将不断推动其扩大，将美国的

---

① 《国际金融体系改革拉开序幕》，新华网，2008年11月16日，上网时间：2015年4月29日，http：//news. xinhuanet. com/world/2008 – 11/16/content_ 10366352_ 1. htm。

② 《伦敦峰会成果不菲》，新华网，2009年4月3日，上网时间：2015年5月9日，http：//news. xinhuanet. com/world/2009 – 04/03/content_ 11127281. htm。

③ 《G20“升级”取代八国集团成首要全球性经济论坛》，新华网，2009年9月26日，上网时间：2015年1月7日，http：//news. xinhuanet. com/world/2009 – 09/26/content_ 12112703. htm。

贸易标准和战略意图贯彻其中，使得其发展成一个由 12 个亚太国家组成的强大区域谈判网络。二，美国和澳大利亚牵头，并联合欧盟 20 多个国家于 2012 年在 WTO 框架之外，启动了一项新的《服务贸易协定》（Trade in Service Agreement）谈判。[①] 这跟 WTO 正在进行的服务业贸易谈判其实是两个平行的进程。三，2013 年奥巴马连任美国总统之后，正式宣布启动由欧盟提出的 TTIP 的谈判。这是历史上最大的 FTA 的谈判，美欧两大经济体覆盖了世界贸易量的 1/3、全球 GDP 的一半。这将在很大程度上成为美国重塑世界贸易规则、标准和格局的一个有力杠杆。[②] 美国通过这三大谈判来对全球贸易新规则的谈判和制定施加影响，并试图通过这种方式来左右整个谈判的进程，确立美国的主导地位，从而为美国未来的发展谋得"先机"，为其未来的发展确立有利的规则和地位。这构成奥巴马政府全球战略的一条主线。通过 TPP、TTIP 和 TiSA 的联合推进，美国形成了以北美自由贸易区（NAFTA）为躯干，以 TPP 和 TTIP 为两翼、以 TiSA 为辅助的战略格局，它将继续稳固美国在全球贸易版图上的中心位置而不受经济崛起国特别是中国的挑战。[③]

其三，在如何处理新兴国家的崛起问题上，奥巴马政府将中国作为战略重点。奥巴马将中国作为其战略重点，其对华战略在三个方向不断推进：一是美国将支持中国崛起与中国支持美国介入亚太事务挂钩。奥巴马上台后，他本人、国务卿、国防部长、财政部长等各级官员，在谈到中国时都表示欢迎中国的崛起。在 2009 年 11

---

① 《起底 TiSA 秘密谈判：中国加入服务贸易立规新游戏》，21 世纪网，2014 年 1 月 1 日，上网时间：2014 年 11 月 7 日，http：//epaper. 21cbh. com/html/2014 - 01/01/content _ 87768. htm？div = -1。

② 李巍、张玉环：《奥巴马政府国际贸易战略走向与中国的应对》，载《国际关系研究》，2014 年第 2 期，第 121—122 页。

③ 同上书，第 122—123 页。

月奥巴马第一次访问中国的《中美联合声明》中，“美方重申，美方欢迎一个强大、繁荣、成功、在国际事务中发挥更大作用的中国”。[①] 在2011年1月胡锦涛访问美国时签署的《中美联合声明》中，美方再次重申，“美方欢迎一个强大、繁荣、成功、在国际事务中发挥更大作用的中国”。[②] 面对中国的崛起，美国既然无法否定一个国家崛起的权利，那就表示支持，但这种支持是有条件的，那就是中国要支持美国的“重返亚太”战略，在同一份联合声明的同一条款中，往往包含两个相互对应的内容，一是美国欢迎中国崛起，另一个就是“中方表示，欢迎美国作为一个亚太国家为本地区和平、稳定与繁荣作出努力”。[③] 二是在对中国加强合作和接触的同时，利用中国与周边的领土、领海主权纠纷，实现其全面介入亚太战略目标。中美两国加强了在全球治理层面的协调，在气候谈判、核不扩散、公共卫生、二十国框架内的协调、推动全球经济复苏等许多重大问题上都加强了协调和沟通，展开了较为广泛的合作。与此同时，美国利用中国崛起给周边国家带来的战略疑虑和领土、领海主权纠纷，实现全面介入亚太事务的战略目的，达到“再平衡”战略的目标。在南海问题和钓鱼岛问题上，美国不断加强与日本、菲律宾和越南等国家的军事合作，使得这些国家在与中国的领土主权纠纷中立场变得更加强硬，还大力扶持印度崛起，以便使得与中国同样存在边界领土主权争端的印度实力迅速增强，达到牵制中国的目的。美国还借此而实现了在经济上和东亚地区合作上的全面介入。可以说，崛起中的中国实质上就是美国亚太“再平衡”战略的核心目标，

---

① 《中美联合声明（2009）》，新华网，2009年11月17日，上网时间：2014年4月7日，http://news.xinhuanet.com/world/2009-11/17/content_12475620_2.htm

② 《中美联合声明（2011）》，新华网，2011年1月20日，上网时间：2014年4月7日，http://news.xinhuanet.com/world/2011-01/20/c_121001428.htm。

③ 《中美联合声明（2009）》和《中美联合声明（2011）》。

其“再平衡”的对象就是中国，其再平衡的内容就是从政治、经济、地区合作、地缘安全等各个方面平衡中国崛起带来的影响，维护和确保美国的领导地位。[①] 三是对中国提出的构建“中美新型大国关系”的战略做出回应，但在帝国的心态下并没有完全接受。在2013年6月7日至8日的庄园会晤中，美国接受将中国提出的“中美新型大国关系”作为发展两国关系的目标，但美国并没有接受中国就新型大国关系的定义。

三、“帝国余音”：奥巴马战略的内在制约和时代局限

奥巴马政府仍然将全球领导地位和对世界的主导作为战略目标，美国仍然不改“帝国”本色。但是奥巴马政府的“帝国追求”既面临着自身战略的内在制约、内在矛盾，也受到时代大趋势的塑造和影响，“帝国”的概念正在成为历史，帝国战略正成为过去时。

从奥巴马战略自身来看，在其帝国思维下，也就是在追求领导地位和控制全球的思维下，其“亚太再平衡”、参与全球经济治理和对华战略都有其内在的战略制约。从“亚太再平衡”来看，美国追求全球领导地位的“帝国思维”使其很难从中东、欧洲等其他地区脱身，也很难有效把战略资源调配到亚太地区，这也决定着它很难实现自己的战略目的。在中东，进入2014年以来，随着中东安全局势的恶化，美国又慢慢地回到了刚刚撤离的伊拉克，向伊拉克增派军事人员，以对抗极端组织“伊斯兰国”（IS）。与此同时，美国国内要求加大打击“伊斯兰国”力度的主张抬头，甚至要求美国不排

① 美国对华战略显然与再平衡战略是有联系的，但也是有区别的。前述在分析再平衡战略主要是从全球层面，而此处则主要是从中美关系的双边层面。

除扩大对叙空袭。[①] 乌克兰危机之后，俄罗斯宣布收回克里米亚，俄罗斯与美欧的关系恶化。2015 年 6 月 23 日，美国防长卡特宣布将会向欧洲多国新部署坦克、装甲车和大炮等重型武器。俄方表示，在临近俄罗斯边境的北约国家部署武器是自从冷战以来美国做出的最为咄咄逼人的一个举动。[②] 除了“伊斯兰国”、乌克兰问题外，美国国务院还将伊朗核问题作为其外交重点投入大量资源。美国的帝国思维使其根本无法聚焦某个地区，过度扩张是其无法摆脱的宿命，它很难实现“亚太再平衡”的战略目标。从参与全球治理来看，帝国思维决定了美国只愿控制和利用国际机构，而不愿接受国际规则的约束，这使其在经济危机最严重的时刻寻求其他国家协调一致，一旦度过了最困难的阶段，它对全球经济治理的态度就后退。随着世界经济的复苏，二十国集团作为全球经济的首要平台越来越多地关注叙利亚、乌克兰等地区热点和安全问题。在改革国际金融体系的问题上，虽然美国口头上表示了支持，但行为上却消极应对。2012 年，奥巴马政府以大选为由不愿将提案提交给国会。在成功连任之后，国会却又在 2013 年 3 月初的会议上否决了这项提案。在全球贸易问题上，美国推行的三大贸易谈判，其最根本的战略意图就是确立美国的发展优势和在世界经济中的有利位置，重新夺回全球贸易的主导权，其本质上是一种贸易保护和“以新兴经济体为壑”的政策，必然导致全球经济相互依赖的疏离。从对华战略看，帝国思维使得美国根本不可能接受中国的崛起，它对华战略的根本出发

---

① 《奥巴马批准向伊拉克增兵 1500 人助剿 IS》，解放网，2014 年 11 月 9 日，上网时间：2014 年 11 月 9 日，http：//www. jfdaily. com/shouye/focus/201411/t20141109_ 942924. html。

② 《美国将在东欧部署重型武器，俄罗斯批评》，新华网，2015 年 6 月 25 日，上网时间：2015 年 6 月 25 日，http：//news. xinhuanet. com/video/2015 －06/25/c_ 127948132. htm。

点就是牵制中国的崛起，维护美国在全球和亚太的领导地位。正因为此，美国虽然表面上声称欢迎中国的崛起，实质是换取中国对其“重返亚太”的承认，它还不断利用亚太地区的领土主权纠纷来实现对中国的牵制，而根本不顾地区的和平与稳定。虽然，它不得不接受了中国提出来的建构“新型大国关系”的战略倡议，但却不接受中国对“新型大国关系”的理解。美国从不掩饰自己的战略目的就是维持在亚太地区的领导权，其“亚太再平衡”最直接的后果就是中美之间的战略互疑在长期的地缘竞争中很可能加剧，这会进一步加剧中美之间的困境。

从大的方面看，帝国战略越来越难以适应时代趋势和潮流。首先，单极体系的弱化带来的国际力量和能力对比的变化导致美国正在失去帝国能力。实力相对下降的美国已经无法再像后冷战时代那样行事，美国的国家能力和介入全球事务的意愿也大幅下降。经过小布什执政的八年，美国的软实力和硬实力俱损，所谓“巧实力”战略的提出就是这种窘境的体现。虽然，我们常说，美国仍然拥有单极实力优势，但它已经不能支撑美国的帝国地位和战略。尤其是面对其他新兴国家的崛起，及其在国际体系中的影响力和能力的上升，美国更加不可能再像小布什时期那样强制其他国家按照自己的意志行事。美国像“一个处于权力顶峰但裂痕开始显现的帝国。罗马和英国的经历表明，形势一旦开始恶化就无力回天，已经出现一些祸到临头的征兆：军事过度扩张、贫富分化加剧、经济外强中干、公民入不敷出靠举债度日、曾经有效的政策不再奏效等”。①

其次，“有中心”的全球化正在向“去中心”的全球化转变，

① Larry Elliott，“Decline and fall of the American empire，” The Guardian，Monday，6 June，2011. http：//www. guardian. co. uk/.

以帝国或霸权为主导的全球化正在成为历史，美国自由主义新帝国将成为历史上最后一种“帝国形式”。如前所述，后冷战时代的全球化常常被视为“美国化”，美国模式的全球扩张使得“世界的单极结构不仅使得全球化成为一个更加协调的进程，也日益使全球化与美帝国融合起来”。[①] 但是，科学技术和工业化、市场的全球拓展、自由主义理念以及资源的跨国联系等培育的“现代性革命”正在推动着全球化的“去中心化”。历史上，这种“现代性革命”使得英、法、德、美等大西洋国家拉大了与世界其他国家的实力差距，形成了全球化的中心。如今，这种“现代性革命”已经扩展到少数西方国家以外的地区，削弱了中心与边缘国家之间的实力差距。日本是率先实现了这一现代性革命的国家，中国的崛起是这一发展进程的当代例证。随着，跨入中心地位的、工业化的非西方国家越来越多，其结果是西方霸权时期正在走向终结，世界正由一个有中心的全球化时代向去中心的全球化时代转变。[②] 金融危机后，关于无极世界的议论越来越多，有观点认为世界正在进入“零国集团”，即美国越来越缺少能力承担全球公共产品，但又没有国家能够替代美国的领导地位，所以世界将进入缺乏国际领导的时代，[③] 或无极时代。美国的霸权正在随着全球化的去中心化而成为历史。

其三，后冷战时代的终结从根本上是维斯特伐利亚体系基本逻辑的一种转变，国家主权的规范正在发生适应性的变革，它需要适应当前全球治理的需要，这就意味着国际主权的规范正在受损，“一

---

① ［加］斯蒂芬·斯特里特等主编，陈家刚等译：《帝国与自主性——全球化进程中的重大时刻》，社会科学文献出版社，2010 年版，第 184 页。

② ［英］巴里·布赞、乔治·劳森著，储昭根译，《资本主义与新兴世界秩序》，载《国际安全研究》，2014 年第 1 期，第 81—82 页。

③ Ian Bremmer and David Gordon, “G-Zero,” http: //eurasia. foreignpolicy. com/posts/2011/01/07/g_ zero.

种观念被确立起来，即维斯特伐利亚式的主权并不是绝对的，国际社会在保护国家内部的个人具有道德和法律上的应得权利”。[①] 进而言之，在后冷战时代国家之间的相互联系空前加强，各种全球性问题日益具有“生死与共”的性质，这突破了主权的框架，使得世界必须共同应对各种全球性问题的后果，国家无论多么强大都无法单独应对这些全球性问题。基于这种维斯特伐利亚体系的转型，美国追求的、那种基于国家力量中心的极化的“领导地位”或“霸权地位”已经不适应时代趋势，美国应该学会如何作为“一个支配性国家在一个主权规范日益受到质疑的全球体系中行事”。[②] 这里面包含着权利和义务的平衡，责任、目的和手段的匹配一致。

四、结论

后冷战时代，从老布什、克林顿到小布什，美国的单极实力地位逐步攀升到顶峰，美国全球扩张的战略逐步成为帝国战略。“9·11”事件之后，小布什通过军事打击等传统的应对威胁的手段来应对恐怖主义治理，想要利用自己的单极优势地位来重新确定美国组织和领导的全球体系的方向，凌驾于多边规则和制度体系之上，这种帝国治理战略遭到了美国内外的反对和抗拒。[③] 奥巴马对小布什的帝国战略进行了修正，但仍没有摆脱追求“帝国”的窠臼。虽然，民调显示大部分民意希望美国不要在国际上去管那么多闲事，首先

---

① ［美］约翰·伊肯伯里著，赵明昊译：《自由主义利维坦——美利坚世界秩序的起源、危机和转型》，上海人民出版社，2013 年版，第 213 页。

② 同上书，第 208 页。

③ 同上书，第 197 页。

把自己的事情做好。[1] 但奥巴马的基本战略思维并没有太大的变化。不过，从大的方面看，美国能力的下降、全球化的“去中心化”、维斯特伐利亚体系的转型等从客观的时代背景上决定着未来的世界将不需要新的“帝国”。如果奥巴马仍然坚持追求帝国战略，那就必然会逆时代潮流而动，从而使得美国越来越失去其国际影响力和时代发展机遇。

① 《皮尤调查结果显示 2014 年美国安全预期不容乐观》，环球网，2014 年 2 月 3 日，http：//world. huanqiu. com/exclusive/2013 －12/4695775. html。

图书在版编目（CIP）数据

冷战后的时代变迁与美国战略/焦世新著．—北京：时事出版社，2015.11

ISBN 978-7-80232-884-6

Ⅰ.①冷… Ⅱ.①焦… Ⅲ.①发展战略—研究—美国 Ⅳ.①D771.2

中国版本图书馆 CIP 数据核字（2015）第 229755 号

出版发行：时事出版社
地　　址：北京市海淀区万寿寺甲 2 号
邮　　编：100081
发行热线：（010）88547590　88547591
读者服务部：（010）88547595
传　　真：（010）88547592
电子邮箱：shishichubanshe@sina.com
网　　址：www.shishishe.com
印　　刷：北京市昌平百善印刷厂

开本：787×1092　1/16　印张：17.25　字数：218 千字
2015 年 11 月第 1 版　2015 年 11 月第 1 次印刷
定价：78.00 元
（如有印装质量问题，请与本社发行部联系调换）